Como funciona o governo

Jorge Vianna Monteiro

Como funciona o governo

escolhas públicas
na democracia representativa

FGV
EDITORA

ISBN — 978-85-225-0608-8

Direitos desta edição reservados à
EDITORA FGV
Rua Jornalista Orlando Dantas, 37
22231-010 — Rio de Janeiro, RJ — Brasil
Tels.: 0800-021-7777 — 21-3799-4427
Fax: 21-3799-4430
e-mail: editora@fgv.br — pedidoseditora@fgv.br
web site: www.fgv.br/editora

Impresso no Brasil / *Printed in Brazil*

1ª edição — 2007; 1ª reimpressão — 2008; 2ª reimpressão — 2009; 3ª reimpressão — 2010; 4ª reimpressão — 2012; 5ª reimpressão — 2016.

PREPARAÇÃO DE ORIGINAIS: Claudia Gouvêa

EDITORAÇÃO ELETRÔNICA: FA Editoração

REVISÃO: Aleidis de Beltran, Fatima Caroni e Mauro Pinto de Faria

CAPA: aspecto:design

Ficha catalográfica elaborada pela Biblioteca
Mario Henrique Simonsen/FGV

Monteiro, Jorge Vianna
Como funciona o governo: escolhas públicas na democracia representativa / Jorge Vianna Monteiro. — Rio de Janeiro : Editora FGV, 2007.
220p.

1. Política econômica. 2. Políticas públicas. 3. Escolha social. 4. Grupos de pressão. I. Fundação Getulio Vargas. II. Título.

CDD — 338.9

Sumário

Instituições podem ser robustas em relação a lapsos ocasionais, porém não a desregramentos em larga escala.

B. Cain, 2003:963

Prefácio

Caro leitor, eis aqui o famoso prefácio do livro. Sabemos, eu e você, que o prefácio tem uma função importante: fornecer-lhe um pouco mais de informações sobre o autor do livro e sua obra. Como resumir em poucas páginas o que penso sobre o autor e sua contribuição para nosso entendimento da realidade?

Talvez seja mais fácil retornar no tempo e lembrar como um aluno de economia brasileira, no final da década de 1980, resolveu estudar um pouco mais a teoria econômica do funcionamento do setor público. Não havia muitas opções. Os livros-textos tradicionais falavam apenas do que um burocrata esclarecido – ou iluminado – deveria fazer para atingir este ou aquele objetivo social. Quase não se encontravam na literatura pistas para se entender os incentivos que levam os burocratas a agir como de fato agem (e este *modus operandi* não é exclusividade dos burocratas de Pindorama: burocratas são racionais aqui e no mundo).

A busca por esse conhecimento me levou aos livros de Jorge Vianna Monteiro *Fundamentos da política pública* (1982), *Economia do setor público* (1987), *Macroeconomia do crescimento do governo* (1990) e *Estratégia macroeconômica* (1994]). Claro, não se pode esquecer de alguns outros livros que se podiam encontrar escondidos sob as mais empoeiradas estantes das livrarias (ou apenas em sebos) e que cumpriam função similar, como os de Bruno Frey, um de Fröhlich e Oppenheimer e outro de Whynes e Bowles. Mas o único autor nacional, naquela época, que tratava do que hoje conhecemos como escolha pública era o Jorge. Assim, estamos falando aqui de um dos pioneiros da divulgação de toda uma agenda de pesquisas no Brasil.

Uma rápida viagem ao Rio de Janeiro na metade da década de 1990 rendeu-me não apenas uma agradável recepção, mas também um exemplar do, hoje clássico, livro de William Niskanen sobre a burocracia e seus objetivos num mundo em que o planejador social benevolente é, realmente, uma figura quase mitológica.

O leitor que hoje cursa a graduação em ciências econômicas não se assusta mais com termos como "escolha pública", "burocracia" ou "eleitor mediano". Se não é mérito exclusivo de Jorge Vianna, também não se pode ignorar que, na academia nacional, a escolha pública "começou com ele". Obviamente, as estripolias dos burocratas e políticos brasileiros nos vinte e poucos anos de regime democrático ajudaram um bocado na divulgação dessa agenda de pesquisa e nada me autoriza a pensar o oposto para o futuro...

Neste livro, o leitor que acompanha a trajetória de Jorge Vianna poderá perceber que, em certos aspectos, o autor atualizou sua bibliografia anterior. Em outras palavras, este é um livro que condensa, revisa e atualiza todas as suas obras publicadas anteriormente. Seu mérito principal é a profusão de exemplos relacionados à realidade brasileira, o que facilita não apenas a compreensão dos conceitos, como também sugere direções para mudanças institucionais que nem sempre são trivialmente compreendidas ou consensuais.

Para todos nós que gostamos e acompanhamos as discussões sobre a economia brasileira sob a ótica dos conceitos trazidos pela escolha pública fica apenas uma pergunta: por que não temos uma "Sociedade Brasileira de Escolha Pública"? Em um país como o nosso, no qual o papel do Estado chega a ser, em algumas métricas, de aproximadamente 40% do produto interno bruto (PIB), a existência de uma associação científica como essa seria interessante para reunir os resultados dos trabalhos de pesquisadores da área.

Após a leitura deste livro, o leitor deve-se perguntar se sua compreensão do complexo mundo das alocações econômicas feitas sob regras que não as de mercado, ou seja, sob a batuta política, foi desafiada. Conhecendo o autor, eu aposto que a resposta é um determinado "sim".

Boa leitura!

Cláudio Shikida
Doutor em economia,
professor do Ibmec-MG

Apresentação

É provável que o leitor deste livro, caso não conheça a obra do professor Jorge Vianna Monteiro, tenha sido atraído pelo título – *Como funciona o governo: escolhas públicas na democracia representativa.* Afinal, aqueles que desejam compreender como o governo funciona e o que são as escolhas públicas num contexto democrático, em especial o brasileiro, buscam encontrar neste livro algumas respostas. O trabalho do professor Jorge Vianna Monteiro nos ajuda a entender, a tornar compreensível e relevante o estudo da política através dos instrumentos de economia. Desejamos encontrar respostas para a questão básica: como o governo funciona, isto é, como são feitas as escolhas sociais numa democracia representativa?

Este novo livro do professor Jorge Vianna Monteiro é destinado a uma ampla audiência: economistas acadêmicos e profissionais que trabalham no setor público, cientistas políticos, juristas, cientistas sociais, políticos e a todos aqueles que se interessam em compreender as instituições fundamentais do mundo político utilizando a abordagem econômica, especialmente aquela desenvolvida pela Escola de Virgínia, também conhecida como escolha pública (*public choice*). O conhecimento da escolha pública tem-se tornado fundamental nos modernos cursos de economia e ciências sociais. Este livro vem, então, preencher uma significativa lacuna para o público brasileiro, sendo uma continuidade de outras obras do autor.

Os que têm contato com esta abordagem ficam fascinados. A agenda de pesquisa aberta pela teoria da escolha pública é fascinante e, aqui, o leitor tomará conhecimento da sua relevância para o entendimento da realidade brasileira. Isso faz valer a pena o tempo dedicado a esta obra.

O livro enfatiza a importância das instituições políticas e econômicas na formulação e condução das políticas públicas. Ele trata das relações entre o governo e a economia, dos determinantes institucionais, da relação entre os políticos, dos legisladores, das trocas de favores políticos (*logrolling*), da relação do Poder Executivo, na figura do presidente da República, e da relação com a burocracia, o Judiciário, os grupos de interesse, os eleitores e também as regras nas quais são feitas as regras, ou o que hodiernamente denominamos economia constitucional. Tudo isso é feito dentro de um rigor analítico no qual se utilizam modelos e gráficos em que essas idéias e relações são tratadas de modo claro. Um exemplo disso é o caso do déficit público. A grande maioria dos analistas desconsidera as suas origens políticas, porque ele persiste, porque é difícil reduzi-lo e combatê-lo. Uma das razões da limitação da análise, como aponta o autor, é que entre nós ainda vigora a visão do tesoureiro das finanças públicas. O que fazer para reduzir o déficit público? No final, a análise tradicional recomenda elevar os impostos e/ou reduzir os gastos. Contudo tais propostas ignoram por completo o quadro institucional, o modelo político, as limitações institucionais e os grupos de pressão que sustentam tais medidas. Sem uma análise da escolha pública tais medidas serão inviabilizadas. Assim, a escolha pública fornece um instrumental adicional para que possamos compreender a complexa realidade em que vivemos, e isso é muito relevante. Algumas respostas e caminhos serão vistos aqui.

O que este livro busca oferecer é um modo sistemático de pensar a política econômica quando ela é formulada por agentes econômicos que buscam atender seus próprios interesses e que atuam no mercado político, no qual existem determinantes institucionais e regras que condicionam as escolhas de legisladores, membros do Poder Executivo, juízes e grupos de interesse específicos. Aqui o leitor encontrará uma visão que é nova para aqueles não acostumados a ver a política com os "olhos da economia". O livro vai além da análise superficial da política econômica, ele busca destrinchar e expor os fundamentos da política pública. Ele segue a tradição de economistas de primeira linha como James Buchanan, Gordon Tullock, Kenneth Arrow, Duncan Black, Mancur Olson, Gary Becker, entre outros.

A obra está baseada nos fundamentos da moderna teoria da escolha pública. O conteúdo visto aqui é o que se ensina nas melhores universidades ao redor do mundo. Contudo o referencial empírico é a realidade brasileira recente. Aí está uma de suas grandes contribuições, ou seja, analisar o Brasil com um instrumental poderoso e atual. Embora o livro seja rigoroso e trate de temas pertinentes à realidade brasileira, é acessível aos que tenham algum conhecimento de economia e um mínimo de conhecimentos matemáticos e teoria dos jogos. Mesmo para aqueles que são reticentes, o esforço valerá a pena.

Este livro foi escrito com um grande respeito ao leitor, isto é, busca-se explorar as pesquisas modernas na área da escolha pública, o que dá ao leitor um ponto de partida que lhe permitirá explorar de modo mais profundo os diversos tópicos abordados e a flexibilidade para enfatizar detalhes específicos da realidade e do quadro institucional brasileiro. O objetivo do professor Jorge Vianna Monteiro, em mais este trabalho, é mostrar como as questões de nosso mundo político podem ser analisadas de modo rigoroso, dentro de uma visão da escolha pública.

Por fim, uma palavra sobre o idealizador do livro, o professor Jorge Vianna Monteiro. Através de seus livros sobre escolha pública e economia constitucional, de suas cartas de conjuntura e da oportunidade de um convívio sempre franco e honesto, da troca de idéias e pela paixão que tem pelo tema, ele nos traz inspiração e acesso a um conjunto de idéias que é de fundamental importância. Destaco também a persistência do autor no tema. Ele nunca desistiu de continuar escrevendo e publicando sobre esse tema. O professor muitas vezes remou contra a maré. Mas sua perseverança e sua honestidade intelectual estão dando frutos, visto que cada vez mais economistas de uma nova geração estão prestando atenção ao tema e realizando trabalhos nessa área. O professor Jorge Vianna Monteiro consegue mostrar nesta obra, tal como em outras publicações e trabalhos, brilhantismo, originalidade, honestidade, conhecimento e integridade intelectual.

Espero, assim, que este livro transmita aos leitores, como a mim o fez, não apenas conhecimentos e uma análise acurada e precisa da realidade brasileira recente, sob a ótica da escolha pública, mas também o entusiasmo e o senso de propósito da economia e da escolha pública e da economia constitucional como um importante campo de pesquisa. Assim, leitores, bem-vindos a este instigante e fascinante mundo que é a escolha pública!

Giacomo Balbinotto Neto
Doutor em economia,
professor do PPGE/UFRGS

Nota do autor

Já vai longe o tempo em que os economistas conceituavam "governo" a partir de uma estilização de processo decisório unitário, daí ser trivial pensar a política econômica como um conjunto de escolhas racionais de um vago agente de decisão, comumente rotulado "o formulador de políticas" ou *policy maker*. Na verdade, quando os economistas se deram conta da imperiosa necessidade de dispor de uma metodologia que os pudesse auxiliar no entendimento da intervenção governamental na realidade socioeconômica, foi esse o ponto de partida. Tal contribuição, embora extremamente simplificada pelos padrões atuais, representou significativo avanço metodológico na sistematização de políticas anticíclicas. Esses eram os tempos da Grande Depressão do final dos anos 20 e início dos anos 30 do século XX. Muito mais adiante, quando se passou a conceder o Prêmio Nobel a economistas, foi essa contribuição que inaugurou a distribuição da honraria.

Todavia a complexidade do envolvimento do governo na economia, e na sociedade em geral, foi progressivamente deixando à vista a necessidade de explicitar o ambiente institucional em que as escolhas públicas são engendradas. Afinal, é em um processo decisório coletivo que tais escolhas se originam. Por outro lado, tanto quanto a autonomia dos agentes privados nos mercados de bens e serviços passou a ficar crescentemente restringida pelo fluxo de políticas públicas, essas, por igual, apresentam-se fortemente condicionadas pelo significado político-eleitoral de seus impactos presumidos ou efetivos. Nos anos 1980, essa compreensão enfim incorpora-se ao *mainstream* da economia. Outra vez, o Nobel de 1986 sinaliza justamente tal reconhecimento.

É nessa trajetória que se situa a visão conceitual e analítica de governo aqui apresentada. Dispenso-me de rotular esse tipo de abordagem, lançando mão de uma variedade de possibilidades e seguindo um procedimento tão a gosto da comunidade acadêmica, especialmente a norte-americana. Afinal, o que é relevante é reconhecer que as fronteiras convencionais, arbitrariamente desenhadas no mapa da academia, hoje em dia não passam disso mesmo: subdivisões puramente cartoriais. Um olhar atento do leitor para a bibliografia apresentada ao final deste texto se constitui em um teste dessa afirmação.

O capítulo 1 provê a perspectiva de que as escolhas públicas se originam no processo político, sem, contudo, limitarem-se à decisão autônoma de políticos e seus agentes, burocratas e juízes. Por meio de uma variedade de mecanismos, esses agentes públicos interagem com o cidadão, que pode atuar individualmente, quando é eleitor, e em grupos formais que demandam atendimentos preferenciais. Os seis capítulos seguintes retomam essa perspectiva a partir de um foco específico: os legisladores (capítulo 2), o presidente da República (capítulo 3), os burocratas (capítulo 4), os juízes (capítulo 5), os grupos de interesses especiais (capítulo 6), o cidadão eleitor (capítulo 7). Já o capítulo 8 ("Regras do jogo") dá relevo à costura institucional que interliga as escolhas de estratégias dessa variedade de agentes na formação das escolhas públicas. Segue-se a bibliografia, que dá sustentação à argumentação apresentada ao longo de todo o texto. O livro se conclui com dois breves apêndices, com evidências da economia brasileira quanto ao sistema constitucional da separação de poderes (apêndice A) e ao caótico presidencialismo de medidas provisórias (apêndice B).

Embora este livro não seja escrito com o propósito de explicar a realidade brasileira, tenho a pretensão de estar contribuindo para que o debate econômico nacional se torne mais bem fundamentado na racionalidade dos diferentes agentes de decisão que intervêm na formação das escolhas públicas.

Um exemplo desse ponto de vista é a persistência da visão de tesouraria que domina, há longo tempo, o debate sobre o desequilíbrio das contas públicas. Tem sido fácil montar complexas análises que se afunilam para, ao fim e ao cabo, receitar vigorosos cortes nos gastos públicos, ignorando por completo a racionalidade de quem tomará tal decisão, de que segmento privado se estarão suprimindo benefícios de políticas públicas e, correspondentemente, a reação que possa empreender no processo político. Por igual, a condenação da elevada carga tributária é, muitas vezes, apresentada justo por segmentos da atividade produtiva que deixam de lado o fato de que, ao longo do tempo, eles próprios têm sido beneficiários de toda sorte de proteções ante a incidência de impostos; a mobilização de grupos de interesses preferenciais é o mecanismo que trivialmente é acionado na habilitação desses ganhos junto ao processo político.

No ambiente de instituições representativas, há que se acoplar essa visão de tesouraria a uma proposta de reconfiguração de complexos mecanismos decisórios, de modo a promover um bem-sucedido e duradouro ajuste fiscal.

Este livro foi escrito substancialmente entre abril e novembro de 2006. As idéias aqui apresentadas fluem de minha atividade de pesquisa e ensino no Departamento de Economia da Pontifícia Universidade Católica do Rio de Janeiro (PUC-Rio), onde meu dia-a-dia envolve a leitura de artigos de revistas técnicas e capítulos de livros. Apesar das fartas bases bibliográficas eletrônicas, hoje tão acessíveis no meio universitário brasileiro, a atualização em temas como os aqui tratados persiste sendo onerosa, tanto em termos financeiros (aquisição de livros), quanto no próprio acesso (boa parte dos avanços analíticos que relato costuma debutar em publicações que, para meu azar, costumam estar fora da cobertura das citadas bases eletrônicas). A vigilância constante a uma variedade de fontes de informação especializada, de livre acesso, também faz parte dessa atividade de retaguarda.

Sou grato a Flávia Manfrim (Departamento de Economia da PUC-Rio) e a Ligia Alves da Cruz (Biblioteca Mario Henrique Simonsen, da Fundação Getulio Vargas – FGV) por todo o auxílio que me puderam dar no acesso bibliográfico.

Na Editora FGV – por onde também publiquei meus três últimos livros –, agradeço o apoio de Alzira Alves de Abreu e, muito especialmente, a receptividade e competência profissional de Cristina Mary Paes da Cunha.

O estilo literário que aqui utilizo não é muito diferente do que tenho adotado em outros textos, sob igual foco analítico, muito especialmente no mais recente deles, *Lições de economia constitucional brasileira*: aqui reaparece a profusão de esquemas gráficos (em que a marca registrada são as setas largas) e de notas de rodapé. Com isso pretendo sinalizar com uma exposição mais fluida e acessível, voltada a um público mais amplo do que o da academia, e que já alcanço há longo tempo, com a minha carta de conjuntura, *Estratégia Macroeconômica*.

A escolha de Cláudio D. Shikida, do Ibmec-MG, e Giacomo Balbinotto Neto, da Universidade Federal do Rio Grande do Sul (UFRGS), como prefaciador e apresentador é uma tentativa para me associar a dois jovens excelentes professores de economia que atuam em áreas correlatas à da metodologia aqui desenvolvida. Porém devo confessar que, nesse convite para que ambos apresentassem este livro, minha intenção é também a de não ficar tanto no limbo em que tradicionalmente venho atuando, o que pode ser descrito por um comentário recorrente com que tenho me confrontado: "suas análises *políticas* são muito boas"...

Cláudio Shikida, ademais, se ofereceu para ser um primeiro leitor de todo o texto deste livro, com vistas a apontar desde dúvidas de entendimento e argumentação até puros erros de estilo e de uso da gramática. Giacomo Balbinotto Neto foi o responsável pelo convite para que, de 10 a 12 de novembro de 2004, eu apresentasse um curso de *public choice* no programa de pós-graduação de economia da UFRGS.

A ambos sou muito grato pelo apreço e pela generosidade que sempre demonstraram em relação ao meu trabalho acadêmico.

Deixo de relacionar alunos, amigos e leitores de minhas outras publicações (carta de conjuntura, livros e artigos) aos quais sou duradouramente agradecido por serem uma fonte de recorrente estímulo à minha vida profissional. Com isso evito repetir o que tenho manifestado em ocasiões anteriores. Mais ainda: sou grato àqueles que pouco conheço, mas que, com freqüência, expressam atenção, interesse e entusiasmo em relação às análises que apresento em minha *Estratégia Macroeconômica*.

Ficam todos reconhecidos na referência que presentemente faço a: Erich R. Willner, dr. Antonio Delfim Netto, Leonidas Zelmanovitz, Luiz Alberto Machado, Werner Baer, Armando Cunha, Bianor Scelza Cavalcanti, Deborah Zouain, Fernando Rezende, Wilson Suzigan, Luis Antônio Cunha Ribeiro, Tomaz Schneider e Genserico Encarnação Júnior.

Em termos de dedicação pessoal e sentimental deste livro, todos os que me são mais próximos bem sabem que nada poderia mudar o destinatário: Sonia, Candy e Mariana formam o trio que torna a minha vida tão feliz e esperançada.

A novidade, no entanto, é que, agora, esse trio transformou-se em um quarteto com a luz azul que a radiosa Lara trouxe para esse meu mundo.

Capítulo 1

Uma economia nacional

A figura 1 é um formato de estilizar o funcionamento de uma economia nacional. O foco dessa representação é a interação de agentes privados (mercados de bens e serviços) e agentes públicos (representantes eleitos, os políticos e os que, a seu mando, operam a máquina governamental, os burocratas).

Alternativamente, a figura 1 sintetiza a não-autonomia dos processos decisórios dos agentes privados na extensão em que eles têm seus conjuntos de escolhas condicionados por uma variedade de decisões originadas no processo político, em que se define o fluxo de regulação ou política econômica (conduto *A*).[1] Já o conduto *B* exprime o fato de a intervenção que se articula por meio de *A* não ser necessariamente autônoma: ela decorre, em boa margem, da atuação prévia de blocos de agentes privados que, por diferentes mecanismos, fazem chegar seus interesses, suas preferências e demandas aos que operam o processo político.

Figura 1
Uma economia nacional

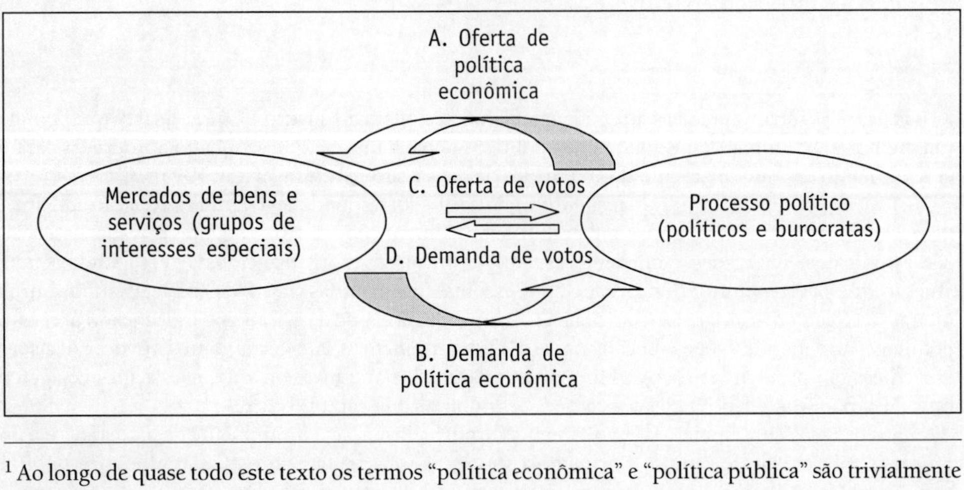

[1] Ao longo de quase todo este texto os termos "política econômica" e "política pública" são trivialmente intercambiáveis.

A interação de oferta, *A*, e a demanda, *B*, define um mercado de regulação ou política econômica que, conceitualmente, está relacionado ao mercado de votos estabelecido pelas forças *C* e *D*.

Um entendimento adicional quanto a esse fluxo circular leva à percepção de semelhanças e diferenças no envolvimento do agente de decisão individual, seja no mercado, seja no processo político. O quadro 1 lista uma variedade de atributos, e suas respectivas operacionalizações, nos mercados privados, quando o agente individual é um consumidor ou produtor, e na tomada de decisões públicas, quando esse mesmo indivíduo atua como eleitor ou político.[2]

A já referida não-autonomia do agente privado, em suas escolhas nos mercados de bens e serviços, induz a que esse agente se confronte com a necessidade de desenvolver uma estratégia de atuação junto ao processo político, em complementação às suas estratégias convencionais de mercado (do produtor, em sua atuação diante de competidores, por exemplo). O agente privado vê-se diante do problema de coordenar duas classes de estratégias antecipatórias. Diferentemente, uma estratégia reativa (Weidenbaum, 1980) engloba tanto uma reação *post hoc* quanto uma antecipação positiva, preparação interna para lidar com acontecimentos que se antecipam nas duas esferas de decisão (mercado e processo político): a que é direcionada ao próprio mercado de bens e serviços – "estratégia de mercado" – e a que é voltada para decisões que resultem do funcionamento do processo político, a "estratégia de ação coletiva"[3] (Baron, 2001).[4]

---

[2] Uma das relevantes inferências que podem ser feitas à margem do quadro 1 é que a análise que permite um melhor entendimento dos fenômenos políticos não é a mesma que se mostra apropriada para o entendimento do funcionamento dos mercados de bens e serviços (Mayerson, 1995:77).

[3] Ou, *nonmarket strategy*. O termo *nonmarket* tem aqui a correspondência figurada de "ação coletiva", de vez que: primeiro, é uma ação empreendida habitualmente por grupo de agentes privados (associações, sindicatos, federações, confederações, entre outras formas organizacionais); e, segundo, é uma atuação que ocorre junto a um processo de escolhas majoritárias, tal como na legislatura, ou na interação Executivo-Congresso Nacional. O objetivo dessa classe de estratégias é alcançar o processo político e suas manifestações. Localizam-se aí comportamentos que visam tanto provocar decisões específicas por parte de políticos e burocratas, quanto ajustar a margem em que esse mesmo agente privado expõe-se às decorrências dessas decisões públicas. Ver capítulo 6.

[4] Ambos os casos contemplam o envolvimento direto da firma, seja no ambiente de mercado, seja no processo político. Neste último, a *nonmarket strategy* é uma tentativa de moldar a política pública segundo uma configuração mais próxima às preferências do agente privado.

Quadro 1

Condicionamentos da escolha individual na economia privada e na economia pública[5]

Atributos	**Comportamento do agente de decisão** **Mercado de bens e serviços**	**Processo político ou mercado de votos**
1. Sintonia fina ou precisão – I	O consumidor é tanto o agente da escolha quanto seu beneficiário. Caso opte por não escolher, não há resultado Cada indivíduo determina diretamente sua própria cesta de mercadorias	A escolha ocorre por delegação, e o seu resultado pode se dar em contraposição às preferências do eleitor, ou mesmo em sua abstenção. Ou, dito de outro modo, diferentemente do consumidor, o ganho que resulta para o eleitor não decorre do que ele "comprou" (ou em quem ele votou), mas do político (partido ou coalizão) que venceu a eleição O consumidor-eleitor faz escolhas não apenas para si próprio, mas também para outros consumidores-eleitores[6]
2. Sintonia fina ou precisão – II	As decisões são calibradas na margem: um pouco mais ou um pouco menos do bem ou serviço transacionado	As decisões se estabelecem em termos de tudo ou nada: opção vencedora *versus* opção perdedora. Os candidatos em uma eleição representam um bloco de posições em vários temas; assim, os eleitores não têm de fato uma oportunidade de votar contra ou a favor de uma ação específica
3. Sintonia fina ou precisão – III	As ações são voluntárias e produzem benefícios privados	As ações tipicamente geram benefícios coletivos, podendo englobar o efeito carona (*free riding*)
4. Motivação individual	Uma dada cesta de mercadorias atende os interesses do agente de escolha	O eleitor vota expressando, por alguma razão, apoio a um candidato ou a sua plataforma (voto expressivo), ou porque a vitória desse candidato atende aos interesses pessoais do eleitor (voto instrumental)[7]

Continua

[5] Uma versão mais compacta deste quadro aparece em Monteiro (2004, cap. 1).

[6] Observe o leitor que este desempenho comparativo do mercado político, frente aos mercados convencionais, pode ser estendido a outros mecanismos das próprias escolhas públicas. A esse respeito, ver a figura 12, capítulo 5, na contraposição do processo político com o arranjo decisório judicial.

[7] Para uma aplicação dessa dicotomia de voto expressivo *versus* voto instrumental, ver capítulo 7.

Atributos	Comportamento do agente de decisão	
	Mercado de bens e serviços	**Processo político ou mercado de votos**
5. Intensidade das preferências	Trivialmente há espaço para se revelar a intensidade das preferências quanto a bens e serviços	Os participantes do mercado político não registram a intensidade de suas preferências, exceto na atividade de grupos de interesses, que sinalizam ou direcionam essa intensidade (capítulo 2)
6. Direito de propriedade – I	Ampla margem de transferência de direitos	Bloqueio à transferência de direitos quanto aos resultados do – e ao acesso ao – processo de escolha
7. Direito de propriedade – II	Prevalência da regra de unanimidade	Prevalência da regra de maioria
8. Durabilidade de contratos	Bem definida	Incerta
9. Divisibilidade de recursos	Recursos orçamentários amplamente divisíveis	O voto individual é indivisível
10. Grau virtual das opções sob escolha	Disponibilidades concretas de provisão de bens	Propostas de provisão de políticas públicas que somente se materializarão sob certas condições determinadas coletivamente
11. *Opting out* ou saída – I	Opção efetiva que evita uma relação formal de mercado[8]	Ausência dessa possibilidade. A analogia mais próxima é a do trânsito entre jurisdições políticas (arranjo federativo)
12. *Opting out* ou saída – II	O consumidor tem a possibilidade de "sair" de futuras interações	Apenas em situações muito especiais, o arranjo constitucional permite a "saída" (sistemas de *voucher*, por exemplo)
13. Nível do mercado	Compra e venda no atacado e no varejo	Compra e venda viabilizadas no mercado atacado de votos (doações a campanhas eleitorais), porém vedadas no mercado de votos no varejo (interação do político com o eleitor individual)

Continua

[8] Por exemplo, quando as partes envolvidas em uma transação *saem* de um regime de contrato formal, de modo a evitar os elevados custos judiciais na resolução de litígios.

Atributos	Comportamento do agente de decisão	
	Mercado de bens e serviços	Processo político ou mercado de votos
14. Associação de firmas	Generalizadamente tida como nociva às práticas de concorrência	Duas ou mais firmas, em uma dada indústria, podem operar como grupo de interesses especiais e empreender atividade de *lobbying*
15. Tipo de voto	O consumidor "vota" a descoberto	Com voto secreto, contratos de "compra" e "venda" de votos (*logrolling*) ficam prejudicados em sua implementação, em decorrência de renegações não poderem ser detectadas (capítulo 2). Com votação a descoberto, abre-se a possibilidade para a competição de grupos de interesses no mercado de votos[9]
16. *Lockup* ou imunidade	O poder de monopólio ou oligopólio impõe barreiras à entrada de rivais	Restringir o acesso a doações de campanha aumenta as vantagens de quem já detém mandato (incumbência) e que decorrem da reputação e da exposição na mídia – o que pode consolidar distribuições de poder já existentes
17. Arranjos casados	"Vendas casadas" são tidas como prática anticoncorrência, uma vez que alavancam poder de monopólio em um mercado não monopolizado	As legislaturas exploram seu poder de monopólio na interação com o Executivo: em um mesmo bloco de políticas são aprovadas demandas do Executivo e outros atendimentos preferenciais que interessam aos legisladores, individualmente
18. Avaliação de desempenho	Em grande parte, o critério é o do valor criado ou lucros gerados	Critério mais amplo que envolve princípios éticos e de responsabilidade coletiva
19. Responsabilidade – I	O processo – e, assim, os critérios – de decisão quanto ao montante de compensações por danos é atribuído a um agente neutro	A entidade que decide tipo e montante da compensação é a mesma que representa a vítima-eleitor. Os critérios estão relacionados a "justiça" e a requisitos de "justa compensação"

Continua

[9] Este argumento é retomado na figura 22 do capítulo 7.

Atributos	Comportamento do agente de decisão	
	Mercado de bens e serviços	Processo político ou mercado de votos
20. Responsabilidade - II	As regras de responsabilidade tratam de encontros únicos entre entidades que têm demandas conflitantes e são remédios após o fato. São impostas após o surgimento da disputa e tratam de um encontro específico	Os usos de regras de responsabilidade operam em um jogo que se repete continuadamente (*ongoing*)
21. Responsabilidade - III	O patrocinador usa incentivos como demissão e reputação para disciplinar o agente, uma vez que um mau desempenho da firma pode levar à transferência de seu controle e à demissão do agente	À parte suborno e extorsão, em geral não há obrigações legais dos representantes eleitos (agente) para com seus patrocinadores (eleitores)
22. Compatibilidade de interesses - I	Acionistas têm interesses basicamente uniformes e compatíveis	Eleitores têm diferentes interesses e, atuando por meio de intermediários muito diversos que representam esses interesses, buscam melhorar suas posições relativamente às dos demais
23. Compatibilidade de interesses - II	Desacordo entre patrocinadores é minimizado pelo fato de que eles têm basicamente interesses uniformes e compatíveis	Patrocinadores (eleitores) usam superagentes[10] para representar seus interesses e, assim, obter e sustentar atendimento preferencial para si em detrimento de outros patrocinadores (Issacharoff e Ortiz, 1999)
24. Correção automática - I	Consumidores insatisfeitos não compram o bem ou serviço, e a firma deixa de ofertá-lo	O custo privado para um político de uma ação de elevado custo social é tipicamente muito baixo. Assim, os eleitores não têm como sinalizar efetivamente com um menor apoio a esse político

Continua

[10] Tais como partidos políticos e grupos de interesses. Para mais detalhes quanto a esse conceito, ver capítulo 2.

Atributos	Comportamento do agente de decisão	
	Mercado de bens e serviços	**Processo político ou mercado de votos**
25. Correção automática – II	A insatisfação do consumidor diante das condições da provisão de um bem ou serviço leva a que esse consumidor não mais transacione com esse produtor no futuro	Diante de uma promessa não cumprida pelo político, o eleitor deve aguardar uma futura data eleitoral para ter a oportunidade de, juntamente com outros eleitores descontentes, disciplinar esse político
26. Possibilidades de pagamento	Trivialmente, o agente privado é livre para determinar o quanto de seu orçamento destina à compra de um bem ou serviço	A legislação eleitoral habitualmente estabelece variados limites quanto ao volume de recursos financeiros que o indivíduo pode destinar a financiamentos de campanhas políticas
27. Mercado de titularidades ou direitos	O preço de consumar uma transação de titularidade envolve preferencialmente processos privados: barganha entre as partes envolvidas. Para tanto se incorre em custos de transação propriamente ditos. Se forem baixos, a proteção da titularidade ocorre por regra de propriedade (Calabresi e Melamed, 1972; Hylton, 2006)	A rigor não há um mercado de direitos constitucionais. O "preço" de consumar uma transação de titularidade envolve processos públicos em que o governo é o único demandante. Para isso incorre-se em custos de transação judiciais
28. Incorporação (*buyout*)	A tomada de poder em uma firma ocorre pela compra de ações dos acionistas minoritários	Essa correspondência no processo político é inviável: um grupo que assuma o controle do processo político não pode limitar o alcance do governo somente ao grupo (Issacharoff e Ortiz, 1999)

Um dos aspectos centrais da análise de política econômica decorre de seu foco. Assim, por exemplo, a conjuntura é habitualmente avaliada por indicadores sumários, como taxa de inflação, nível do emprego e saldo das contas públicas. Contudo esse é um desempenho que resulta de escolhas extremamente complexas, cujas características também determinam o nível de bem-estar do cidadão. A ênfase exclusivamente nos resultados econômicos finais obscurece não apenas a extensão em que ocorre a intervenção governamental, por que ela, de todo, ocorre e, em alguma medida, pressupõe o consentimento do cidadão. Ademais, a atenção exclusiva aos resultados minimiza a dimensão do custo social que vem associado ao poder discricionário com que as políticas são formuladas e operacionalizadas.

É importante, pois, que os mecanismos dessas escolhas coletivas sejam tratados internamente ao modelo de políticas públicas. Para tanto se pode especificar a sua ocorrência em um jogo de estratégias, com diferentes participantes que interagem uns com os outros, segundo procedimentos ou regras previamente estabelecidos, alguns deles sendo, eles próprios, alterados no decorrer do jogo, incorporando-se, portanto, à definição de política pública.

O governo na economia

A visão analítica da política econômica, como resultante da atividade de uma autoridade monolítica e de comportamento benevolente que busca promover o interesse geral, revela-se um formato muito precário para acomodar as escolhas públicas que ocorrem na sociedade contemporânea.

A figura 2 ilustra uma primeira perspectiva, mais complexa, dessa presença governamental ao incorporar, na conceituação de políticas públicas, não apenas diferentes jurisdições (União, estados e municípios), mas igualmente a atividade de agentes privados que, sob variados tipos de ação regulatória pública, atuam na formação dessas políticas. Tal é o caso das cada vez mais complexas e relevantes interações de instâncias decisórias públicas e agentes privados (consórcios de empresas, por exemplo) na operação de arranjos de parcerias (Monteiro, 2006).[11]

Nessa configuração institucional ocorre um alongamento do processo decisório em que, entre a decisão política originária e a geração dos resultados finais de política, interpõem-se processos decisórios legislativos e gerenciais inerentes[12] à esfera governamental, tanto quanto escolhas de agentes privados aos quais são delegados poderes, funções e recursos.

[11] Em outra frente, deve-se levar em consideração o fato de a economia estar imersa em um contexto internacional, em que é restrita a capacidade do governo nacional de deter ou neutralizar condicionamentos que ali tenham origem; tal é o caso de volumosos e instáveis fluxos financeiros, práticas de blocos comerciais e diretrizes de entidades multilaterais. Todavia essa perspectiva não é incorporada ao jogo aqui especificado.

[12] Tais como agências reguladoras substantivas de que são exemplos o Banco Central (Bacen), e "agências nacionais" (Agência Nacional de Telecomunicações – Anatel, Agência Nacional de Energia Elétrica – Aneel, Agência Nacional do Petróleo, Gás Natural e Biocombustíveis – ANP, entre outras instâncias federais).

Figura 2
O alongamento da decisão de política econômica: o caso de parcerias público-privadas

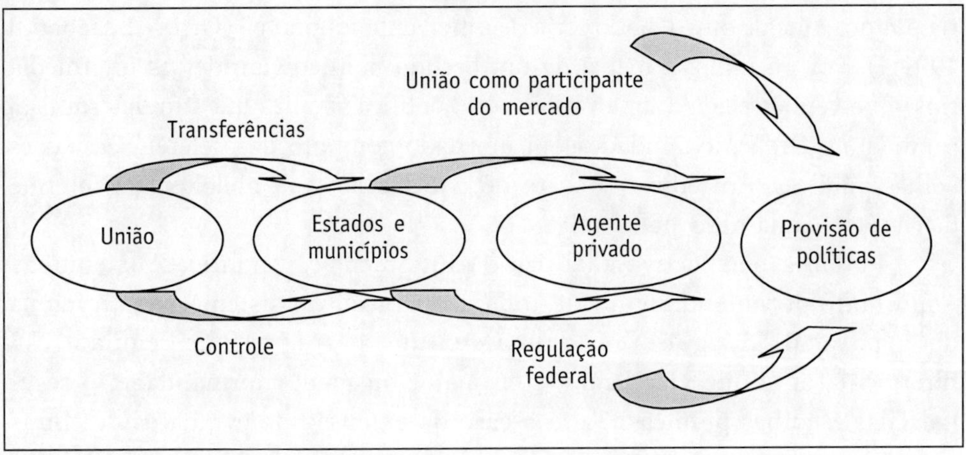

Há duas metáforas que têm sido usadas para tipificar essa face do governo ou Estado:

- governo de intermediários (Ortiz e Issacharoff, 1999) – a noção intuitiva da conexão eleitoral é a de que o eleitor vota e o reflexo desse ato manifesta-se diretamente nos resultados do processo político. Ainda que se aceite que a tradução dos votos em resultados seja feita por condutos administrativos e, eventualmente, judiciais – ambos fora do controle pelo voto –, permanece a percepção de que a conexão eleitoral opera com grande efetividade. Essa é, no entanto, uma concepção analítica muito limitada comparativamente à configuração das instituições de governo representativas do mundo real. Tanto a figura 2 quanto a figura 4, neste mesmo capítulo, sugerem que esse elo entre eleitor e representante eleito é suficientemente complexo para desaconselhar que ele sirva de base ao entendimento de como se formam e operam as escolhas públicas.[13]

[13] O tema da intermediação nas escolhas públicas e da associada teia de relações do tipo agente patrocinador é retomado em vários contextos da argumentação apresentada neste texto. A linguagem gráfica usada na figura 4 por certo limita a representação de encadeamentos adicionais aos ali exibidos. Todavia o leitor deve imaginar desdobramentos desse fenômeno do fracionamento das delegações de poderes e funções que se verifica nas economias do mundo real. Uma possibilidade é explorada logo a seguir por meio do conceito de Estado oco.

Por certo que essa intermediação não deve ser simplesmente depreciada: "Os intermediários (...) aumentam a significância da participação política individual, e seu papel pode ser explicado como formas de tipificação da mercadoria política, que de outro modo seria de difícil entendimento" (Ortiz e Issacharoff, 1999:4). Por exemplo, a marca de um partido político (um desses intermediários) que vem atrelada a uma proposta de política sinaliza que um determinado candidato guarda proximidade com um dado conjunto de preferências nas escolhas públicas. Ao reduzir o custo de informação para o eleitor, tal intermediação aproxima-o do político.[14]

Porém a perspectiva analítica da intermediação política é igualmente importante no entendimento de toda a operação do sistema constitucional da separação de poderes,[15] uma vez que há regras que regulam essa intermediação e que viabilizam, com maior ou menor formalidade, o resultado das escolhas públicas. Tal é o caso da extensão de mandatos de comissões legislativas (permanentes ou não), da atuação do Ministério Público, de novas regulações sobre partidos políticos e financiamento de campanhas eleitorais, já que partidos e outras organizações extragovernamentais são um mecanismo informal que sustenta acordos estabelecidos entre agentes formalmente alocados a diferentes departamentos pelo sistema de separação de poderes (Fitts, 1997).

- Estado oco (Milward, 1994; Milward e Provan, 2003, 2000; Howlett, 2000; Hill e Lynn Jr., 2005; Terry, 2005) – a presença dessa variedade de agentes públicos é o grau em que o governo se distancia de sua provisão de bens e serviços, ou seja, o número de estágios decisórios que se interpõe entre a origem e o uso de fundos públicos (Milward e Provan, 2000:362). Ou, alternativamente, o Estado oco contrapõe-se à suposição de que as políticas públicas se apóiam em uma estrutura típica, com os burocratas do Executivo se

[14] No jargão adotado em torno da figura 4, essa intermediação reduz para o *patrocinador* (o eleitor) o ônus de monitorar o *agente* (o político ou candidato). Observe o leitor que essa intermediação nem sempre é virtuosa ou grátis. Assim, por exemplo, as lideranças partidárias podem ter seus próprios objetivos na condução das escolhas públicas – o que as fará se desviar dos interesses do eleitor. A crise política iniciada no Brasil em meados de 2005 e que se estendeu com crescente intensidade por todo o ano eleitoral de 2006 serve como ilustração dessa possibilidade. No capítulo 6, a conexão eleitoral é refinada, de modo a introduzir nessa intermediação a atuação de grupos de interesses preferenciais e o associado mecanismo institucional do *rent seeking*.

[15] Ver o quadro 2 no cap. 3.

encarregando dessa provisão.[16] O grau em que esse distanciamento ocorre pode ser aferido segundo uma variedade de dimensões, entre outras (Fredericksen e London, 2000): o controle mantido por uma ou mais unidades governamentais, a extensão da delegação a agentes privados e a efetividade da coordenação e dos mecanismos que medem a entrega do serviço delegado. Isso leva a que o governo possa se distanciar em termos de responsabilização pela quantidade e qualidade do serviço provido pelo agente privado na parceria (Freeman, 2000:175-176).[17]

O Estado oco tem, por vezes, o significado mais restritivo de que é a parte privada (com ou sem fins lucrativos) que recebe a incumbência da provisão de políticas (Milward e Provan, 2000). Um outro uso da mesma metáfora inclui o alongamento da rede de provisão dentro da própria economia pública, como ocorre numa descentralização dessa provisão por jurisdições de governo (Milward e Provan, 2003). A figura 2 combina essas duas dimensões.

Nesse ambiente institucional, assegurar a obtenção de elevado desempenho de políticas públicas parece estar criticamente relacionado a estratégias de cooperação e contratação. As primeiras, por seus impactos em unificar critérios de decisão e tornar mais ágil o processo decisório de unidades governamentais intervenientes na parceria; as segundas, por induzirem competição nas duas pontas da parceria: dentro e fora da economia pública.[18]

Dadas as preferências desses participantes das escolhas públicas, os resultados de política serão aqueles decorrentes das regras que predominam no processo político. A ênfase da análise passa, assim, da escolha de resultados para a escolha de regras ou processos. Tais preferências definidas no conjunto dos processos derivam-se dos diferentes resultados que podem ser produzidos sob cada processo. Por implicação, os processos herdam o grau de estabilidade

---

[16] No Estado oco o uso de instrumentos de política vai além do simples recurso a empresas públicas, agências reguladoras e subsídios (instrumentos "substantivos"); há que lançar mão de um conjunto diferente de ferramentas (instrumentos de "procedimento") que tem o propósito de afetar indiretamente os resultados de política por meio da manipulação dos *processos* de política, tal como as parcerias público-privadas (PPPs) (Howlett, 2000).

[17] A tradicional provisão unificada pela decisão dos burocratas públicos cede lugar a uma "parafernália estrutural de *agencificação*, contratação e parcerias sob várias roupagens" (Painter, 2006:499). De fato, nesse ambiente institucional de complexas intermediações, as noções convencionais de responsabilização pelas escolhas públicas são levadas a um ponto crítico (Monteiro, 2006).

[18] Tanto menos competentes sejam essas estratégias, maiores e mais freqüentes se revelarão os conflitos de interesses entre as partes contratantes na parceria, tanto quanto mais exigidas serão as capacidades gerenciais dessas instâncias decisórias (Monteiro, 2006).

desses resultados finais, como, de resto, a escolha de processos para a escolha de processos herda essa estabilidade, e assim por diante. À Constituição cumpre a finalidade de truncar essa regressão infinita, permitindo estabelecer um lócus de expectativas estáveis.[19]

Qualquer exploração sobre processos ou resultados das escolhas públicas requer que se especifique uma lista de participantes (ou jogadores), r_i; um conjunto de regras, *R*, a serem observadas no desenrolar do jogo,[20] e que definem, inclusive, a apuração do resultado, e a alocação de prêmios e penalidades. E diante de tais regras cada participante escolhe entre as estratégias que lhe são disponíveis, E_{ij}, segundo um critério de maior utilidade individual, c_i.

$$(r_i, E_{ij}(c_i) \mid R) \qquad (1)$$

É a definição do jogo, em que *i* e *j* são índices, respectivamente, das classes de agentes e das classes de estratégias a que podem recorrer cada um desses agentes. O conjunto de regras, *R*, estabelece a extensão e o grau da interdependência dos participantes, sendo de especificação complexa, pois envolve regras constitucionais, que são comuns a todos os subjogos, e regras próprias de cada subjogo.[21]

Define-se um subjogo tanto para uma mesma classe da lista, r_i (isto é, a todo *i* corresponde um subjogo; na competição de grupos de interesses, por exemplo), como para cada interação de agentes de duas ou mais classes distintas (tal como na supervisão legislativa da burocracia). Assim, *R* pode ser estabelecido como:

$$R = (R^*, R_i) \qquad (2)$$

em que R^* e R_i são, respectivamente, as regras válidas para todo o jogo (as regras constitucionais), e as regras pertinentes apenas ao *i-ésimo* jogo. Essas instituições políticas formam um conjunto de contratos de duração e

[19] As perspectivas de intermediação política e de delegação de poderes, como apresentadas anteriormente, reforçam a noção de que as escolhas públicas são mais descritas como um jogo de coordenação do que de controle (Strauss, 1998:155).

[20] O capítulo 8 retoma, com maior refinamento, esse aspecto das escolhas públicas.

[21] No subjogo da legislatura, os Regimentos Internos da Câmara dos Deputados, do Senado Federal e o Regimento Comum do Congresso Nacional são exemplos de conjunto específico de regras.

abrangência variadas. Num extremo estão as regras constitucionais (R^*), caracterizadas por sua vigência de longo prazo, ampla abrangência e elevados custos de recontratação, daí decorrendo seu potencial de estabilidade.[22]

Idealmente, na perspectiva constitucional do jogo, os participantes optam pela regra de unanimidade, de vez que só assim eliminam o risco de vir a integrar o segmento perdedor ou minoritário nas decisões pós-constitucionais.[23]

---

[22] A trajetória da economia brasileira, no entanto, tem evidenciado expedientes que tornam questionável essa estabilidade. Ver, a propósito, o capítulo 8. Mais recentemente (25-2-2006), foi criada na Câmara dos Deputados uma comissão especial para examinar a Proposta de Emenda Constitucional (PEC) nº 157-03, que propõe uma Assembléia de Revisão Constitucional, que iniciaria seus trabalhos em 1º de fevereiro de 2007, com a participação da nova composição do Congresso Nacional que resultou das eleições de outubro de 2006. Tal proposta não apenas viabiliza alterar o texto constitucional por maioria de metade mais um, obtida em dois turnos de votação no Congresso (art. 2º da PEC nº 157-03), assim como antecipa que o período revisional possa se estender por até 12 meses (art. 3º). Ademais, o substitutivo aprovado na Comissão de Constituição e Justiça e de Cidadania da Câmara dos Deputados fixa um ciclo decenal de revisão constitucional (art. 4º do Parecer do relator na Comissão de Constituição, Justiça e Cidadania – CCJ). Ver, a propósito, "Que coisa é essa?", *O Globo*, 27 fev. 2006, Panorama Político, 2; "Proposta de faxina constitucional", *Valor Econômico*, 3 a 5 fev. 2006, *Jornal do Brasil*, A2. Chamo a atenção do leitor para o raciocínio ingênuo apresentado no citado parecer da CCJ no que diz respeito ao ciclo decenal de revisões das regras constitucionais: "O engessamento rigoroso da Lei Magna pode levar a rupturas constitucionais indesejáveis. E a revisão, a cada dez anos, garantirá a sua manutenção" (§ 24 do parecer). Ora, ora. Qualquer agente de decisão sofisticado incorporará em seu cálculo de estratégias no jogo de política econômica esse ciclo decenal, descontando a ocorrência do ciclo; com tal comportamento, a alegada permanência das regras do jogo será uma quimera. Por outro lado, uma interpretação para a retomada dessa PEC (originalmente datada de 2003), justo em uma época eleitoral, é que ela se ajusta a uma *estratégia de seguro*, ou seja, a oposição busca precaver-se quanto a um segundo mandato do governo Lula, condicionando-lhe, por antecipação, a margem de manobra que esse governo poderia ter a partir de 2007; ao mesmo tempo, tal estratégia abre campo para empreender políticas constitucionais em sintonia com as preferências da oposição no caso de uma vitória eleitoral do PSDB/PFL. Marginalmente, essa estratégia também passa a condicionar os termos das trocas legislativas que ocorrem no ano eleitoral de 2006. Para um outro exemplo de estratégia análoga, na regulação da emissão de medidas provisórias (MPs), em 2001, ver Monteiro (2004:142). Em qualquer das circunstâncias, o fato de a mudança constitucional tornar-se moeda de troca nas negociações políticas encerra uma perversão quanto à durabilidade que se almeja para as regras constitucionais, tanto quanto para o interesse geral que deve presidir a tarefa de revisar o texto constitucional. Um contexto analítico mais promissor para conciliar uma *Constituição "viva"* e um governo democrático é o que incorpora a capacidade de interpretação constitucional a ser exercida pelo Congresso Nacional (Katyal, 2001:1338). Para tanto é preciso ter em conta o *dilema contramajoritário*, como apresentado no quadro 4 do capítulo 5.

[23] Knut Wicksell é generalizadamente tido por precursor do uso da regra de unanimidade como norma do acordo constitucional. Com efeito, sob unanimidade pode-se assegurar que somente as propostas superiores, no sentido de Pareto, serão selecionadas. Coube a Buchanan e Tullock (1962) recuperar essa noção. Uma outra perspectiva de análise é supor que as regras constitucionais são estabelecidas sob um "véu de ignorância" (Rawls, 1971), no sentido de que elas são tais que neutralizam o comportamento movido pelo auto-interesse dos que participam da decisão. O véu produz uma incerteza distributiva, seja porque esses agentes ficam sob uma restrição de incerteza quanto às suas próprias identidades e

Já as regras do processo legislativo – um exemplo de R_i – são de vigência menos longa, sua incidência é mais restrita e de alteração mais simples, de vez que aí predomina o consenso majoritário.

Na estilização da relação (1) anterior, ressalta a extensão em que os diferentes agentes cooperam. Tal cooperação estará condicionada pelas regras do jogo, que acabam por definir os limites do exercício de racionalidade por parte de cada um desses agentes. Sob essa perspectiva, a cooperação (ou a busca pelo bem-estar social) não requer que, necessariamente, esses agentes sejam altruístas ou benevolentes.[24] Benevolência e altruísmo podem ser a resultante, mesmo no mundo de comportamentos individualistas, decorrendo, todavia, de induções geradas no conjunto *R*. Desse modo, transfere-se à arquitetura das instituições políticas a função de promover a cooperação social, o que, numa visão convencional, é tratado como virtude necessária dos agentes de decisão. Ou, dito de outro modo, o fato de os participantes do jogo de governo representativo serem tidos por maximizadores de seu próprio bem-estar, não pretende ser uma opção de validade empírica, mas sim uma decorrência do interesse em estabelecer um conjunto de regras que funcionam bem, independentemente de quais sejam os comportamentos individuais desses participantes. Portanto, na tarefa de reforma das instituições políticas, a ênfase está menos em reeducar os indivíduos do que em promover mudanças nas regras da interação social.

Determinantes institucionais e padrões econômicos

Embora seja amplamente reconhecido no debate nacional que, do ponto de vista dos agentes privados, o comprometimento do governo relativamente ao curso de uma política gera expectativas de um padrão favorável aos investimentos, não se dá igual atenção ao comprometimento institucional que está subjacente a essa política. É como supor que a predisposição a contratar nos

---

atributos, na ordem pós-constitucional, seja porque, embora o agente conheça ou possa supor que posição ocupará nessa ordem, o véu introduz incerteza quanto a ser esse agente aquele que obterá os maiores ganhos líquidos dessa decisão constitucional (Vermeule, 2001:399). Ver, a propósito, o quadro 10 do capítulo 8. Observe o leitor que o pressuposto do altruísmo, como motivação do participante do jogo, resulta em que esse agente de decisão sequer levantaria o véu de incerteza na fase pós-constitucional do jogo (Riley, 2001:151). Esse mesmo tema é detalhado na figura 4, adiante.

[24] Para uma abordagem quanto à intenção do bem-estar individual, comparativamente ao bem-estar social, ver Fallon (2003).

mercados de bens e serviços independe da qualidade das regras das escolhas públicas e de seu grau de estabilidade.

Figura 3
Percepções da qualidade da política econômica

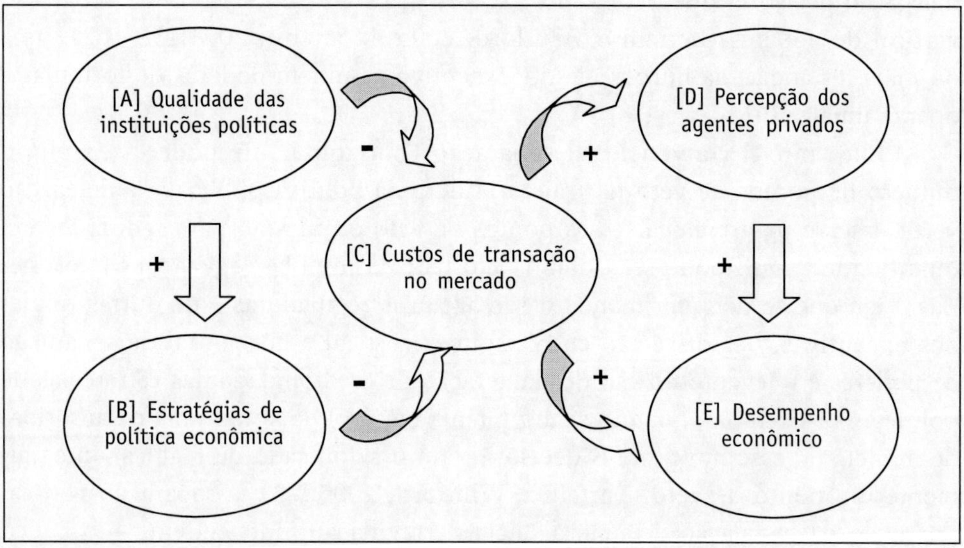

Progressivamente, a literatura econômica vai apresentando raciocínios mais específicos quanto à relevância da qualidade das instituições políticas na geração e sustentação de bons resultados em uma economia nacional (Bertelli e Whitford, 2005; De Groot et al., 2004). Uma dessas linhas de exploração analítica oferece a perspectiva de que as decisões de investimento das empresas privadas estariam significativamente condicionadas pela qualidade do ambiente em que se definem as estratégias de regulação operadas pelos agentes públicos.

Essa visão é ilustrada na figura 3. Nessa figura, (+) e (–) indicam, respectivamente, "melhoria" e "redução".

Assim, por exemplo, a seqüência *{[A] → [B] → [C]} → {[D] → [E]}* pode ser ilustrada pela viabilidade com que as estratégias de governo sinalizam comprometimentos com credibilidade *[B]*, visto que seus formuladores ou operadores apresentam-se como razoavelmente insulados do poder político *[A]*; tal é o caso da autonomia da autoridade monetária ou de outras agências reguladoras substantivas, como a Agência Nacional de Telecomunicações (Anatel) ou a Agência Nacional de Energia Elétrica (Aneel). Essa auto-restrição no exercício de mando por parte dos políticos reduz os custos de implementação de contratos de mercado *[C]* e, portanto, gera uma percepção mais virtuosa dos agentes regulados quanto à regulação econômica *[D]*, promovendo maior atividade econômica *[E]*.

A seqüência *{[A] → [B]}* pode ser captada, em boa margem, pelo grau de delegação decisória que ocorre no Executivo. Esse é um sistema de separação vertical de poderes (Bertelli e Whitford, 2005; Monteiro, 2004:158-162): uma ou mais instâncias da burocracia do Executivo assumem poderes de formular e operar uma política substantiva.

Enquanto a convencional separação (horizontal) de poderes amplia o número de pontos de veto na trajetória de uma política pública,[25] a delegação vertical serve para realocar esses pontos de veto ou mesmo para reduzi-los em quantidade.[26] Isso pode ser notado pelo teor das amplas legislações ("leis gerais") em que se definem mandatos de agências reguladoras e de outras unidades executivas.[27] A distinção entre regimes vertical e horizontal de separação de poderes é relevante no estudo da geração de credibilidade das estratégias de política. Por exemplo, quando se argumenta em prol da autonomia da autoridade monetária, esse novo *status* decisório tem o significado de realocar integralmente um ponto de veto (Bertelli e Whitford, 2005:2-3): a separação vertical por meio da instalação de uma agência de regulação independente – o Banco Central (Bacen) – pode induzir a estabilidade da política monetária, uma vez que a tomada de decisão é transposta da área de influência eleitoral-partidária para a instância técnico-burocrática.

Em certo sentido, esse exemplo também ilustra uma redundância na *verticalização* da separação de poderes: a política monetária – que é processada nas instâncias legislativa (diretrizes orçamentárias e orçamento da União), ministerial (ministério da Fazenda e Conselho Monetário Nacional), como a fixação de metas de superávit fiscal e metas inflacionárias, e do Bacen – tem reforçada suas proteções quanto a estratégias oportunistas de agentes públicos, tornando o ambiente contratual mais previsível para os agentes privados (seqüência *{[C] → [D]}*, na figura 3).

---

[25] Tal como ocorre na passagem legislativa de um projeto de lei originado no Executivo.

[26] Ou seja, as instâncias cuja anuência é necessária para que o *status quo* seja alterado.

[27] São exemplos recentes dessa separação vertical a autonomia orçamentária do mecanismo da Desvinculação das Receitas da União (DRU), que permite ao governo atenuar a rigidez orçamentária; o formato organizacional adotado pelo governo em maio de 2001 para lidar com a crise de energia elétrica; e a complexa operação do mecanismo de emissão de MPs na feitura das leis (Monteiro, 2000, 2004).

Estudos que têm por foco o comércio internacional mostram a relevância de barreiras informais ou fatores intangíveis (De Groot et al., 2004). Tal é o caso da influência das instituições sobre os custos de transação nos mercados na seqüência *{([C] → [D]) → [E]}* da figura 3. A baixa qualidade institucional traz efeitos perversos sobre trocas e investimentos, uma vez que esse ambiente dissipa o papel relevante que as regras das escolhas públicas podem assumir na redução de incerteza nas transações de mercado, especialmente porque a boa qualidade das escolhas públicas acaba por tornar mais virtuosos os procedimentos (formais e informais) privados de atuação nos mercados (De Groot et al., 2004:118).

O jogo de política econômica

A figura 2 apresenta uma perspectiva de análise de políticas que implicitamente sugere a interação estratégica que está subjacente à formação de uma política pública. Não apenas os agentes públicos interagem uns com os outros, mas também com agentes privados. Tal ambiente analítico sugere que se associe à formação de políticas a noção de jogo de estratégias.[28] Tal é a perspectiva que dá sustentação ao restante deste texto.

Para os efeitos da argumentação aqui desenvolvida são reconhecidas seis classes de participantes na escolha pública:

- políticos-legisladores – em número *N* atua nas decisões majoritárias da legislatura e, muito especialmente, por sua prerrogativa exclusiva de decidir quanto à mudança nas regras constitucionais;[29]
- burocratas – operam o dia-a-dia da organização governamental, distribuindo-se por variados níveis e unidades de decisão, mantendo uma relação de monopólio bilateral com a legislatura-patrocinadora;
- presidente da República – personifica o Executivo Federal[30] e é sob sua autoridade que opera a burocracia governamental;

---

[28] Um dos grandes avanços metodológicos em economia nos últimos 40 anos tem sido a exploração das escolhas públicas como um jogo de estratégias. Como tal, muito se tem aprendido sobre surgimento, transformação, difusão e estabilização de formas de comportamento de seus agentes de decisão (Gintis, 2000).

[29] No capítulo 2, os políticos-legisladores são associados a organizações formais, os partidos.

[30] No simpósio "The most dangerous branch? Mayors, governors, presidents and the rule of law", promovido em 2006 pelo *Yale Law Journal*, a tendência contemporânea do Poder Executivo nas escolhas públicas foi rotulada como "a força mais acessível e politicamente responsabilizável" de governo, em qualquer de suas jurisdições. Tal proeminência provoca, por certo, substancial impacto no funcionamento do sistema constitucional da separação de poderes. Sobre esse sistema, ver especialmente o quadro 2 do capítulo 3.

- juizes – um colegiado que tem a seu cargo fazer a revisão das decisões da legislatura, do presidente da República e da burocracia, e produzir leis em relação às quais tem habilidades restritas de implementação e monitoramento;[31]
- grupos de interesses especiais – identificados nas ações dos cidadãos no processo político, exclusive o uso do voto;[32]
- cidadãos – como eleitores da representação legislativa e do presidente da República.[33]

A figura 4 é uma estilização desse jogo.[34]

---

[31] O que é aqui fundamentalmente tratado como o desempenho da função de revisão constitucional que se acredita ser mais efetiva sem a interferência de agentes não-judiciais. Tribunais são, distintivamente, a instância de princípios, e a legislatura e o Executivo, a instância da política (Tushnet, 2003:453). A revisão judicial é uma salvaguarda dos direitos dos indivíduos e de minorias contra os exageros das maiorias. O capítulo 5 elabora o sentido normativo desse envolvimento de agentes não eleitos pela sociedade e com mandato vitalício em decisões de legislaturas democraticamente eleitas. De todo modo, há problemas *práticos* com que um juiz se defronta no jogo de escolhas públicas, como o fato de o Judiciário ser um colegiado e a necessidade de se assegurar quanto à operacionalização das decisões do Judiciário pelos demais participantes desse jogo.
Não se deve pressupor que, na visão analítica aqui adotada, o Judiciário seja sempre o *último* a atuar no jogo de escolhas públicas. À medida que a legislatura possa anular uma decisão judicial (com a aprovação de uma lei que torne essa decisão judicial irrelevante, por exemplo), os juízes podem jogar sofisticadamente esse jogo, prevenindo-se quanto à possibilidade de que a legislatura neutralize uma decisão judicial. Nesse caso, o processo político condiciona a revisão judicial. Tal percepção é fundamental para que se tenha um melhor entendimento do processo decisório dos juízes (Rodriguez e McCubbins, 2006; McNollgast, 2006).

[32] Deve-se notar o sentido específico que é dado ao grupo de interesses neste texto. De modo mais amplo, o grupo de interesses também poderia estar associado a grupos que são, pura e simplesmente, menores do que uma maioria de indivíduos, embora formalmente organizados em torno de uma agenda comum. Igualmente, o grupo de interesses pode ser pensado como operando *dentro* do próprio processo decisório público. Assim, por exemplo, governadores, prefeitos, burocratas, ou mesmo bancadas de legisladores, podem ser considerados grupos de interesses. Todavia essas duas conceituações mais amplas estão excluídas da que é aqui adotada. O capítulo 6 apresenta uma qualificação adicional sobre o conceito de grupos de interesses.
Ver, igualmente, a conjectura de Moe (2005), referida no capítulo 4, com os burocratas podendo atuar por meio de organizações sindicais próprias e, portanto, tornando-se efetivos agentes políticos nas escolhas públicas. Nessa perspectiva, há incentivos derivados da retenção ou promoção do posto que o burocrata ocupe na organização governamental, quando ele atua simultaneamente como eleitor.

[33] Por certo que se pode passar da democracia representativa para a democracia direta, em que legisladores eleitos cedem lugar a cidadãos-legisladores. Ao longo dos últimos cinco anos, um vigoroso programa de pesquisas tem focalizado escolhas dos cidadãos sob arranjos de plebiscitos e referendos. Este texto não enfatiza essa linha de indagação analítica. Não obstante, alguns atributos das escolhas públicas na democracia direta são explorados no quadro 6 do capítulo 6. Ver também Garrett (2005); Garrett e Smith (2004); e Cronin (1989).

[34] Aí estão representados, por seus participantes e suas interações, os principais segmentos do jogo de governo representativo. Não se pretende que tal esquematização indique haver um tratamento analítico equiparável em sofisticação e grau de explicação das escolhas públicas no mundo real para cada um de seus subjogos.

Figura 4

A formação das escolhas públicas: ou, o jogo de política econômica

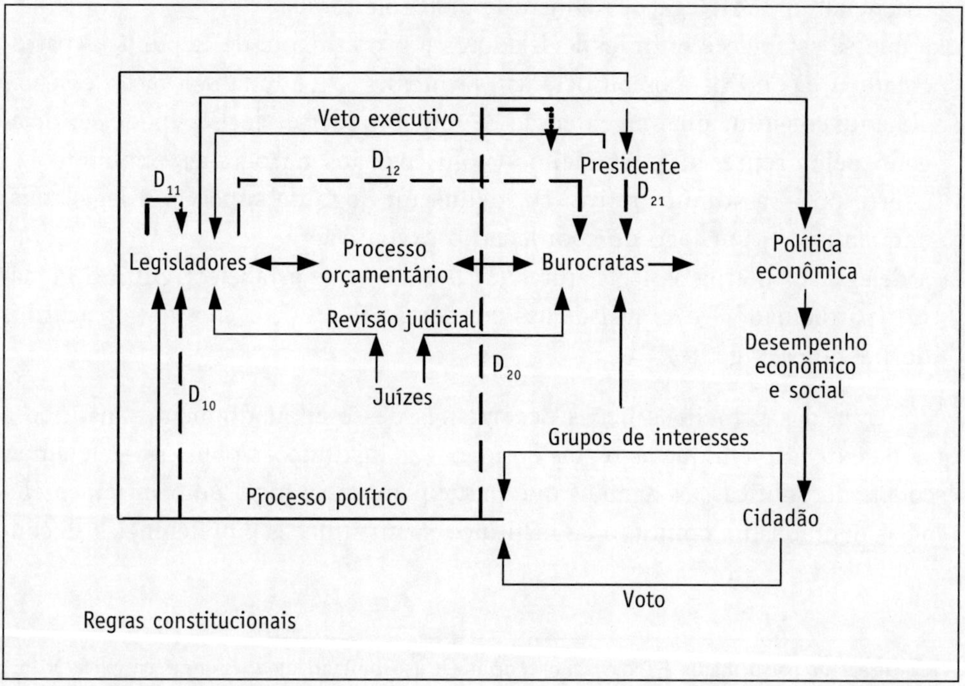

A figura 4 também pode ser interpretada como uma seqüência de delegações (D_{kl}) que define complexa rede de relações de agentes e patrocinadores.[35]

Entre outras delegações, aí estão mostradas:

[35] Essa é uma relação entre dois indivíduos (ou grupos de indivíduos), um dos quais – o *patrocinador* – beneficia-se quando o outro – o *agente* – desempenha uma tarefa. Em geral, o agente detém alguma capacidade especializada que o patrocinador não possui, não obstante o patrocinador poder beneficiar-se substancialmente da atuação do agente; por outro lado, o agente pouco tem a perder empreendendo tal ação e, ademais, o patrocinador pode remunerá-lo por essa atuação. As dificuldades nessa relação – genericamente, *problemas de agência* – começam quando o patrocinador não observa diretamente o nível de esforço empregado pelo agente no desempenho da tarefa. Na figura 4, relações do tipo agente-patrocinador estão indicadas pelas setas tracejadas.

No ambiente de governo representativo, o grau de tolerância do patrocinador relativamente ao agente tende a ser maior do que na democracia direta (plebiscitos e referendos) quando os eleitores, eles próprios, assumem funções legislativas.

Outra observação pertinente à figura 4 é que não são apenas legisladores e burocratas que desempenham funções relevantes na formulação de políticas. Como apresentado mais adiante (capítulo 6), instâncias judiciais podem ter influência significativa nos resultados finais de política pública e, portanto, é possível arrolar o Judiciário no conjunto de *policy makers* (Iaryczower, Spiller e Tommasi, 2005).

- a delegação da sociedade (patrocinador) para seus representantes eleitos (legisladores, D_{10}, e presidente da República, D_{20}) – o agente. D_{10} e D_{20} são essencialmente delegações constitucionais-eleitorais;
- a que se estabelece entre os legisladores e o presidente da República (patrocinador), D_{12} e D_{21}, e os burocratas (agentes).[36] D_{12} é uma delegação essencialmente constitucional na extensão em que o poder de legislar pode ser delegado pelos representantes eleitos (políticos) aos burocratas, enquanto D_{21} ocorre por via administrativa. D_{12} define um jogo de supervisão legislativa, enquanto D_{21}, um jogo de coordenação executiva;[37]
- a delegação interna às legislaturas (D_{11}) é a que se estabelece entre o Plenário (patrocinador) e as jurisdições em comissões $\{C_j\}$, e, mesmo, os acordos de liderança (agente).[38]

Uma das principais lições decorrentes desse enquadramento analítico é que, na extensão em que as regras do jogo – as instituições políticas – afetam as escolhas de políticas, os agentes que participam desse jogo também têm preferências definidas no conjunto de instituições. Instituições e preferências se con-

---

A relação agente-patrocinador é, todavia, um conceito de uso limitado, uma vez que a sua aplicação fora do contexto bilateral deixa de captar todas as decorrências da intermediação política, antes referida. O elo agente-patrocinador sugere hierarquia e cumprimento de funções e, portanto, não focaliza interdependência e colaboração existentes na trajetória das escolhas públicas. Para implicações dessa diferença de ambiente institucional, ver Skelcher (2007).

[36] Os burocratas são *superagentes* no sentido de que eles idealmente atuam para minimizar os custos diretos da delegação inerentes a D_{10} e D_{20}. Como pode ser notado na figura 4, há um problema de legitimidade política implícito nessa delegação, uma vez que os burocratas não mantêm uma linha de representação que os ligue aos eleitores (o *patrocinador* de última instância). Por conseqüência pode-se reconhecer nesse jogo um *custo de superagência* que decorre do descolamento das decisões tomadas pelos burocratas relativamente às preferências dos eleitores.
Vale igualmente ressaltar que, no sistema constitucional da separação de poderes, o presidente da República não se põe como *agente* do Congresso. Todavia leis aprovadas no Congresso podem condicionar a atuação presidencial (ver capítulos 2 e 3).

[37] Observe o leitor que, entretanto, o presidente da República não é um *agente* do Congresso Nacional: é por meio de regras constitucionais que se definem os poderes exercidos pelo presidente da República, e esses não são poderes delegados pelo Congresso (Moe e Wilson, 1994).

[38] A jurisdição em comissões é reconhecida em regra constitucional (art. 58). Por essa regra cria-se um direito de *guardar o portão* na decisão legislativa, isto é, a comissão (primeiro estágio dessa decisão) detém o direito processual de implementar unilateralmente uma política, no caso de ser negada (*o portão é mantido fechado*) ao segundo estágio (decisão majoritária do Plenário) a oportunidade de atuar na escolha coletiva (Crombez et al., 2006:322). Uma variante atenuada desse poder de guardar o portão é a comissão deter o *poder de propor*, sem, contudo, manter fechado o portão. O caso tratado no apêndice A serve de exemplo desse poder da jurisdição de comissão.

fundem inapelavelmente. Isso pode ser mais bem entendido quando segmentamos essa conexão, como aparece na figura 4.

Já a figura 5 indica que essa também é uma abstração de uma democracia constitucional, operando em dois estágios de decisão. Observe o leitor que essa figura embute ensinamentos analiticamente poderosos. Nesse jogo, os agentes econômicos têm uma mistura de motivações. Quando no "jogo constitucional", no qual se escolhe entre regras ou regimes de política alternativos, supõe-se que o político, por exemplo, é imparcial em sua escolha de estratégias, no sentido de que, ao escolher regras gerais (que definem a extensão de poder do governante, por exemplo), ele atua sob um véu de ignorância ou incerteza.

E por que ele assim o faria? Possivelmente porque está fazendo escolhas duráveis (regras constitucionais); nesse sentido, mesmo o agente motivado pelo auto-interesse percebe não apenas sua situação presente, mas como ela se desenrolará no futuro incerto. Assim, esse agente revela-se prudente em sua ação, "como se ele não conhecesse sua posição corrente quando seleciona um código constitucional para coordenar e restringir o que são, de fato, indefinidas interações políticas, repetidas entre indivíduos como ele próprio (...)" (Riley, 2001:149). Pode-se, então, supor que, nesse estágio do jogo de políticas, os participantes cultivam a imparcialidade e optam por estratégias cooperativas.[39]

Já no estágio do "jogo de política econômica propriamente dita", nessa mesma figura 5, escolhe-se entre resultados finais de política sob um conjunto de regras pré-acordadas.[40] Aí prevalecem as escolhas majoritárias e mesmo a decisão gerencial dos formuladores de política.

A conceituação explicitada na figura 5 amplia os limites em que se pode entender a política econômica ao incluir nas escolhas públicas a própria com-

---

[39] Para um contra-exemplo, considere o leitor a seguinte observação sobre a mudança política transcorrida nas economias da Europa oriental na segunda metade da década de 1980. À proporção que a feitura da Constituição foi atribuída aos respectivos parlamentos, os constituintes tinham um interesse velado em decidir por um arranjo de governo parlamentarista. Afinal, muitos desses parlamentares-constituintes investiam em seu futuro como membros do primeiro parlamento sob a nova ordem constitucional, daí não existir qualquer incentivo a optarem por condicionamentos mais fortes ao poder parlamentar (Osiatynski, 2003:259).
Lamentavelmente, o caso brasileiro também não pode ser tomado como exemplo de estabilidade de regras constitucionais que induza um comportamento imparcial do governante e dos políticos em geral (Monteiro, 1997, 2000, 2004).

[40] Ou, usando uma linguagem figurada, ocorrências na *superfície* da economia (como inflação, crescimento econômico, emprego e déficit nas contas públicas) são substancialmente explicadas pelo comportamento das *águas profundas* dessa economia que, no caso, são os *processos* acionados na alteração da Constituição e de outras regras decisórias mais específicas e menos duráveis.

posição e extensão do poder de decisão governamental *[1]* – o que torna menos esporádica do que se tem admitido a mudança constitucional, como um conduto para que se operacionalize a intervenção governamental na economia.[41] Se, por um lado, a vertente *[3]* dessa intervenção é mais direta e transparente, por outro a vertente *[1]* manifesta-se no aumento do poder de propor (Baron e Ferejohn, 1989) do Executivo e especialmente dos burocratas.

Figura 5

A democracia constitucional em dois estágios: jogos vinculados de política econômica

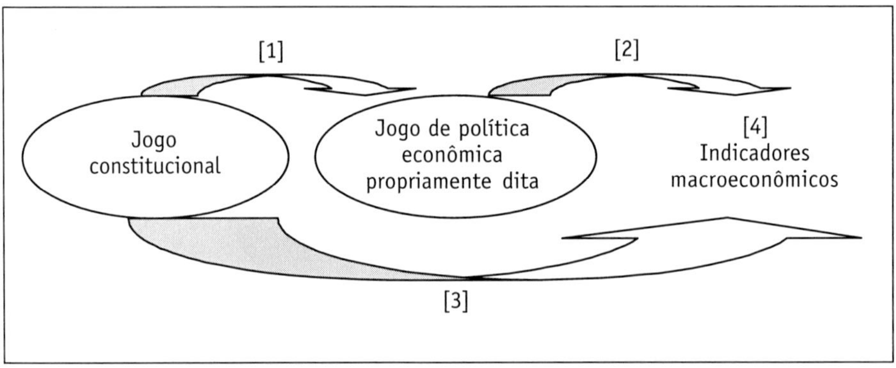

Em períodos recentes, são exemplos de relações dos tipos *[1]* e *[3]*, como indicado na figura 5:

- as recorrentes referências a uma eventual mudança do *status* da autoridade monetária, cogitando-se a adoção plena de um regime constitucional de independência do Bacen (Monteiro, 2004:196-199).
- com o ardiloso mecanismo da PEC paralela[42] introduzido na "reforma da Previdência Social" (Emenda Constitucional nº 41, de 19-12-2003) e com essa inovação institucional foi possível atenuar substancialmente resistências que se apresentavam no Congresso à aprovação da nova política previdenciária;[43]

---

[41] Para o contraponto empírico dessa freqüência na realidade brasileira, ver o capítulo 8.

[42] "O zero inexorável", *Estratégia Macroeconômica*, v. 12, n. 286, 15 fev. 2004.

[43] Uma das conseqüências potenciais do tratamento parcelado da criação de um novo conjunto de regras *[1]* no jogo de políticas é a redução da transparência da mudança de regime assim promovida: diretamente, pela redefinição das bases em que o consenso político pode ser construído, e, indiretamente, por transferir para a legislação simplesmente majoritária *[2]* temas de política econômica que anteriormente requeriam maioria de 3/5 obtida em quatro votações no Congresso.

- a manipulação deliberada do andamento dos trabalhos legislativos que o mecanismo das medidas provisórias (MPs) passou a viabilizar sob o regime da EC nº 32, de 11 de setembro de 2001.[44]

O desempenho macroeconômico *[4]* em um dado período de tempo envolve muita incerteza. No entanto a atenção que venha a ser dada ao aprimoramento das regras do jogo de política econômica *[1]* e *[3]* – e, em alguma extensão, às regras implícitas em *[2]* – pode atuar positivamente sobre esse desempenho.

[44] "Sobre incumbência, medidas provisórias e um dilema", *Estratégia Macroeconômica*, v. 14, n. 335, 30 jan. 2006.

Capítulo 2

Políticos legisladores

A racionalidade do político é, em última instância, definida pelo critério de que eles têm interesse privado no resultado das escolhas públicas e, assim, atuam levando em conta o máximo de votos (ou apoio político) que tal resultado lhes possa trazer;[45] as regras em sua decisão derivam-se de qualificações feitas à vigência da regra de maioria; sua escolha de estratégias leva em conta os impactos distributivos das políticas públicas numa complexa "conexão eleitoral":[46] as estratégias de cada político são diferenciadas segundo a visibilidade do benefício líquido das políticas nos respectivos redutos eleitorais.[47]

Esse jogo também pode ser caracterizado do ponto de vista dos partidos políticos. Os partidos políticos provêm mecanismos de unificação de preferências e, desse modo, contribuem para reduzir os custos de transação para que se formem coalizões legislativas. Por conseqüência, os partidos cumprem essencialmente uma função de resolver problemas de ação coletiva.

---

[45] De todo modo, essa é sempre uma primeira aproximação do que efetivamente motiva o político, mesmo porque, em muitas circunstâncias, é bastante para o político obter mais votos do que seus opositores. Sutter (1999) expande a questão da motivação do político estabelecendo uma tipologia que combina: a) a necessidade de evitar a reação negativa por parte dos membros (ou de uma maioria) de seu reduto eleitoral; b) trivialmente obter votos e apoios que viabilizem votos (tal é o caso das doações de campanha); c) atender às preferências dos eleitores que simultaneamente são beneficiários das ações patrocinadas pelo político, ainda que esses eleitores não tenham toda a informação que lhes permita tal percepção; d) atender a seus interesses estritamente pessoais que vão desde a garantia de sua vida futura como ex-político até o puro recebimento de suborno; e) dimensões estritamente ideológicas que muitas vezes decorrem da "cultura" (Payne, 1991) em que o político está imerso.

[46] Esse conceito é retomado no capítulo 6. De igual modo, uma percepção quanto à incidência distributiva da política econômica é apresentada na discussão em torno do quadro 5 do mesmo capítulo.

[47] A relação de agente patrocinador que se estabelece entre os políticos e a sociedade envolve um problema de incentivo adverso ou *moral hazard*: uma vez se tenha assegurado de seu posto na representação eleita, o político buscará atender seus próprios interesses, e não os de seus eleitores.

Por outro lado, os partidos operam como superagentes no jogo de políticas e, como tal, têm interesses próprios que podem divergir dos de seus patrocinadores (os eleitores). Tal encadeamento na intermediação política pode ser especialmente danoso ao interesse geral, uma vez que, tendo os partidos assumido posições e tomado decisões em causa própria, eles podem arrastar consigo os agentes primários (os políticos) na mesma direção (Ortiz e Issacharoff, 1999:20). Uma possibilidade nesse sentido é a preferência dos partidos por limitar a competição eleitoral, com o que podem obter ganhos especiais (*rents*) no mercado político.[48]

Essa é uma perspectiva pela qual se pode entender que uma tentativa de alterar a legislação eleitoral, como se tem tido freqüente na economia brasileira, não é encarada com neutralidade por partidos e políticos individualmente. Em geral, a estratégia maior desses agentes é estabelecer barreiras à entrada no mercado político (Issacharoff e Pildes, 1998).[49]

Complementarmente a essa intermediação dos partidos políticos, a figura 6 descreve um jogo de superagência e uma surpreendente conclusão a que se pode chegar com a intermediação de outros agentes se sobrepondo à delegação original entre eleitor e político. Daí o termo superagente atribuído a essas instâncias decisórias adicionais (Ortiz e Issacharoff, 1999). Nessa figura, o acesso pelo voto *[7]* do patrocinador ao agente é complementado pela relação desse mesmo patrocinador com dois tipos de superagentes: uma empresa e um grupo de interesses.

Relativamente à empresa, o patrocinador *(A)* desempenha o papel de acionista *[1]*; já por meio do superagente *(D)*, esse mesmo consumidor-eleitor provê recursos *[2]* que viabilizem atividade de monitoramento e controle *{[6] → [9]}* de externalidades negativas que possam estar associadas ao desempenho *[8]* dessa empresa. Por seu turno, a empresa *(B)* empreende *lobbying* e doa recursos *[3]* aos políticos *(C)*, na expectativa de operar sob regulação econômica *[5]* menos restritiva, enquanto *(D)* recorre ao uso da mídia *[4]* para fazer chegar os seus pleitos ambientalistas aos políticos. Por certo que, individualmente, cada um desses mecanismos de intermediação, *{[1] → [3]} e {[2] →*

48 Pode-se supor que o comportamento do partido político seja voltado para maximizar o total esperado de cadeiras na legislatura ou, ainda, a probabilidade de obter uma maioria dessas cadeiras.

49 Vale notar que, mesmo que as barreiras à entrada no mercado político sejam muito fracas ou inexistentes, o fato de um candidato ter acesso a poucos recursos (ou mesmo a nenhum recurso) de campanha o confronta com reduzidas chances de se eleger. Essa é uma situação em que o mercado político pode tornar-se virtualmente *incontestado*.

[4]}, pode ser mais efetivo do que a própria atuação do leitor, *[7]*, porém em seu conjunto esses dois mecanismos podem gerar conseqüências nocivas às preferências do eleitor e da sociedade em geral.

Figura 6
O paradoxo da superdelegação política

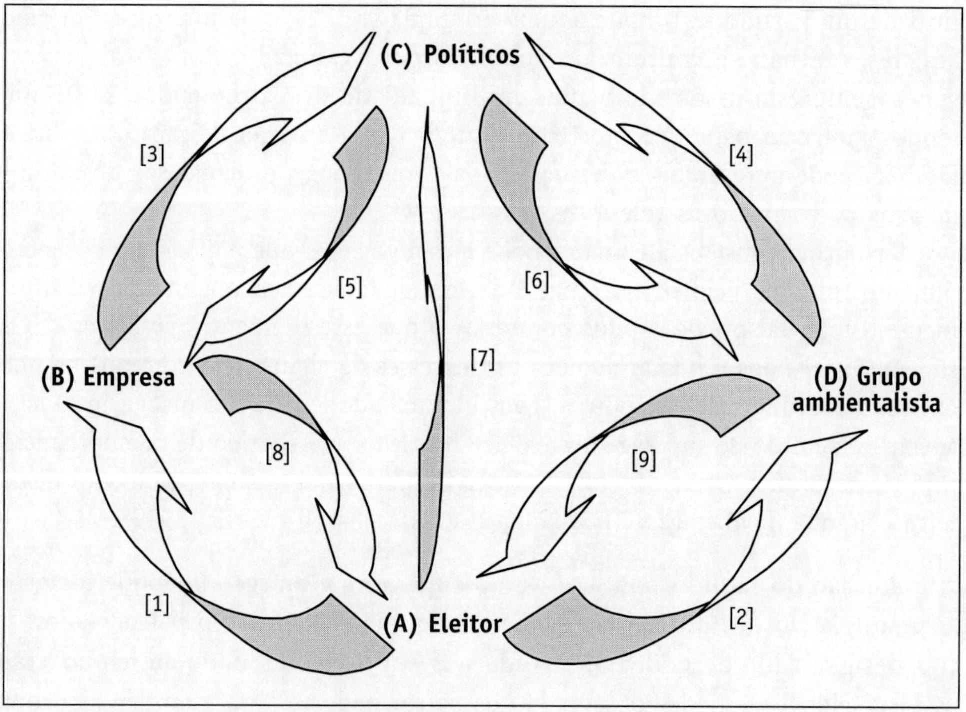

De fato, nesse ambiente institucional-constitucional das escolhas públicas ocorre o seguinte paradoxo (Ortiz e Issacharoff, 1999):

- embora *[1]* e *[2]* possam trazer resultados *[8]* e *[9]* que atendam às preferências do eleitor *(A)*, *[5]* e *[6]* podem ser adversos a essas preferências;
- os custos de superagência estão diretamente associados a que as demandas *[3]* e *[4]* possam se descolar daquelas encaminhadas por via eleitoral *[7]*, apesar de as estratégias dos superagentes, *(A)* e *(B)*, serem mais efetivas no condicionamento das escolhas dos políticos, comparativamente à que é processada pelo voto *[7]*.

Em resumo, a intermediação política, como mostrada na figura 6, pode deprimir a legitimidade das escolhas de governo representativo. Ou, em outros termos, o interesse conjunto servido por via dos dois mecanismos de superagência mostrados nessa figura pode ficar aquém do interesse geral.

O partido político também se qualifica como um superagente nesse jogo. De fato, os partidos podem ser tomados como superagentes políticos de atendimento pleno (Issacharoff e Ortiz, 1999:23), uma vez que a plataforma de políticas de um partido se propõe a atender ampla variedade de interesses, mesmo aqueles que não se configuram como grupo organizado. Por corolário, tal superagente está associado a uma multiplicidade de patrocinadores. De um modo similar ao paradoxo mostrado na figura 6, a atuação do partido político também pode apresentar-se dissociada das preferências e demandas de muitos de seus patrocinadores (eleitores).

Numa circunstância extrema, pode mesmo ocorrer que, na mistura dos atendimentos provida pelo partido, parte de seu eleitorado acabe atendida negativamente, isto é, tal provisão pode contrariar o que esse segmento reivindica. "[Os superagentes] podem buscar atender os interesses de alguns [em contrapartida da exclusão dos interesses de outros, com impunidade legal]. Em última instância, apenas o mercado de superagentes oferece restrições [a esse tipo de comportamento]" (Issacharoff e Ortiz, 1999:24). Observe o leitor que duas repercussões dessa folga com que o superagente pode atuar são (Issacharoff e Ortiz, 1999:24):

- a atuação do partido político – e do superagente em geral – pode afetar o peso relativo dos diferentes segmentos de que se compõe o patrocinador;
- a desigualdade de poder observada nos superagentes pode aumentar essa desigualdade de poder observada nos patrocinadores para estender-se a toda distribuição de poder na sociedade, dissipando as instituições democráticas.

Além da agregação das preferências de seus membros e de seus potenciais adeptos em uma plataforma de políticas consistente, outras funções mais triviais do partido político incluem a indicação de candidatos às eleições e a ajuda a esses candidatos para se elegerem pelo gerenciamento de recursos e serviços dos ativistas do partido.[50] Os partidos são tratados como maximizadores

[50] Por seu turno, os eleitores avaliam o partido por dois critérios básicos: a proximidade da plataforma partidária de suas próprias preferências (o que tecnicamente é reconhecido como o padrão de preferências *euclidianas*), e o grau de confiança que eles têm no candidato, isto é, a extensão em que eles acreditam que o partido ou o candidato irá cumprir as promessas eleitorais.

de utilidade esperada, sendo que tal preferência se traduz por temas de política e se orienta pelo objetivo de vencer as eleições, de modo a operacionalizar as suas políticas mais preferidas.

Uma possibilidade nesse sentido é modelar partidos e políticos, individualmente, como tendo preferências em termos da posição que assumem nas escolhas majoritárias (*position taking*), isto é, essas preferências derivam-se das de seus eleitores quanto ao voto de seus representantes na legislatura.[51] Seja, por exemplo, a função de utilidade *(3)* do *i-ésimo* político, em que *x* é a política preferida por uma maioria de seu reduto eleitoral, *w* é a política mais preferida ou ideal nas preferências do representante eleito e *r(w)*, o volume de recursos que os eleitores se dispõem a doar à campanha do político e seu partido, e *a*, a intensidade das preferências:

$$u_j(w, x) = -a(w - x)^2 + r(w) \qquad a > 0 \qquad (3)$$

Alternativamente, consideram-se as preferências decorrentes dos resultados de uma dada política pública patrocinada pelo político ou partido. Formalmente:

$$u_j(x, y) = p[(x - x^*)^2] + (1 - p)[(y - y^*)^2] + pk \qquad j = 1, 2 \qquad (4)$$

sendo que *x* e *y* representam, respectivamente, os níveis de provisão dessa política pelos partidos 1 e 2; *p* é a probabilidade de que o partido 1 vença as eleições (e que depende de certas propriedades da percepção dos eleitores quanto a *x*); x^* e y^* são os pontos ideais quanto a essa provisão, respectivamente, dos partidos 1 e 2; e *k* representa as regalias do poder ou um bônus pela vitória.

Dadas uma coalizão no poder (ou governo-incumbente [*G*]) e uma coalizão minoritária (ou oposição [*OP*]), o cálculo de estratégias – e, assim, o nível de bem-estar – de ambas as partes envolve três tipos de considerações:

- a satisfação puramente oportunista de estar no poder e ter o comando da máquina governamental;
- a decorrência da vitória (estar no poder, *G*) e, portanto, detendo a capacidade de implementar as suas políticas mais preferidas, $(x_G)^*$;

---

[51] Vale dizer, os eleitores premiam (punem) o político tão-somente pela posição que ele assume relativamente às suas posições mais preferidas ou ideais.

- a decorrência da derrota (estar na oposição, *OP*)[52] e, assim, simultaneamente conviver com a implementação de políticas mais preferidas pela outra parte ("situação"), $(x_G)^*$.

Sob essa percepção analítica, cada uma das partes envolvidas no jogo empreenderá o seu cálculo tomando como ponto de reversão a impossibilidade total de cooperação. Tudo transcorreria como se a interação se desenrolasse uma única vez, levando cada parte a um equilíbrio discricionário: cada qual faz o melhor para si, pressupondo que o mesmo é válido para o outro. Contudo a racionalidade coletiva pode ditar a necessidade de um acordo entre as partes. A questão relevante passa a ser: comparativamente à possibilidade do equilíbrio discricionário, há alguma alternativa que viabilize ganhos em bem-estar simultaneamente para ambas as partes? Ou, ainda, qual a combinação de políticas que maximiza os ganhos conjuntos da cooperação?

Se existirem, tais políticas estarão na fronteira de eficiência do jogo, no sentido de que, a partir de uma opção aí localizada, apenas serão viáveis movimentos compensatórios: para que uma das partes se beneficie em termos de bem-estar, é necessário que isso ocorra à custa da redução do bem-estar da outra parte.

A competição política pode, assim, ser sumariada pelo problema de decisão de um partido de maximizar seu bem-estar, *B*, isto é,

$$B\{E[u(x)],\ p\} \tag{5}$$

em que $E[u(x)]$ é a utilidade esperada, consoante a ideologia do partido; $u(.)$ é a função de utilidade ou a ideologia; x, a política ou o resultado dessa política; e p, a probabilidade de integrar a coalizão majoritária.

Todavia políticos e partidos políticos desempenham um papel muito mais complexo nas escolhas públicas no ambiente de governo representativo.

---

[52] Trivialmente, supõe-se que o desempenho corrente da coalizão no poder (*G*) é o sinal mais relevante da competência dos partidos que a integram. Em conseqüência, pode-se pressupor que os eleitores fundamentam sua decisão de voto em suas expectativas quanto ao desempenho desses partidos – o que, por seu turno, depende da experiência vivenciada até então. Porém, e quanto à oposição (*OP*)? Como esses mesmos eleitores avaliam a competência de partidos que, correntemente, estão fora do poder de mando? Há, portanto, uma assimetria de informação quanto a *G* e *OP*. Uma forma de lidar com tal assimetria é apresentada na dupla hipótese (Butt, 2006:747): quanto pior a avaliação do desempenho corrente de *G*, tanto menos otimistas estarão os eleitores quanto ao futuro desempenho dessa mesma coalizão; e, quanto pior a avaliação do desempenho corrente de *G*, tanto mais otimistas estarão os eleitores quanto ao futuro desempenho da coalizão alternativa, *OP*.

Primeiramente, a correspondência entre as ações do político e as preferências de seu eleitorado são ditadas por vários tipos de "folga", como, por exemplo, as eleições ocorrem a intervalos discretos e, assim sendo, os arrependimentos dos eleitores só poderão ser remediados na eleição seguinte.

Com isso a representação política será exercida com diferentes graus de folga, dependendo de quão próximo ou quão distante se esteja de uma data eleitoral – o que produz um ciclo na trajetória das políticas.[53]

A racionalidade dessa atuação de governo representativo é ilustrada pela figura 7.

Seja um eleitorado que tem a expectativa de que o nível de gastos públicos siga a trajetória P^* ("ajuste fiscal"), menos radical[54] do que a trajetória adotada pelo governo e pelos políticos em geral, P^G. Todavia o grau de coerção ($P^* \neq P^G$) da política oficial vai se reduzindo à medida que a data eleitoral se aproxima. No entorno dessa data, os políticos estarão praticando uma política econômica que oferece aos eleitores resultados finais muito próximos aos que eles estariam demandando.[55] Na verdade, a partir de um *t'* convenientemente próximo da nova data eleitoral, P^G passa a seguir pelo caminho tracejado P^e. Esse deslocamento de trajetória[56] é tornado institucionalmente viável pela redução de transparência com que o ajuste fiscal passa a ser executado ao longo de P^e comparativamente a P^G.[57] Quanto menor o custo político de operar essa estratégia de redução de transparência, tanto mais abrupta pode ser a troca da

---

53 Ou, dito de outro modo, há uma deliberada (ou *oportunista*) manipulação por parte dos políticos com o propósito de obter resultados que lhes sejam mais favoráveis nas escolhas públicas empreendidas na proximidade de uma data eleitoral. De todo modo, o pressuposto que se faz é que o eleitor tem informação incompleta sobre as *virtudes* dos políticos, vale dizer, quanto ao apreço que eles tenham pelo interesse geral.

54 Em termos de supressão de crescimento do produto interno bruto (PIB) e de melhorias sociais. Daí a inclinação mais suave da curva P^*, comparativamente à curva P^G.

55 Veja-se a progressiva redução da diferença vertical entre as curvas que delimitam a área em forma de uma lente quando o calendário avança no eixo horizontal. Para uma evidência avulsa dessa conjectura de afrouxamento do ajuste fiscal em época eleitoral recente, ver "Gasto reduz aperto fiscal no 1º. semestre", *Folha de S. Paulo*, 28 jul. 2006, Dinheiro, B4. Observe o leitor que o ciclo também pode assumir o formato de postergação deliberada de um comprometimento de política. Um exemplo nesse sentido é a política de PPPs em sua trajetória de 2005/06. Para essa interpretação, ver o apêndice A, adiante.

56 No caso específico mostrado na figura 7 há não apenas uma mudança do patamar de gastos públicos, mas também uma atenuação da taxa em que a redução de gastos ocorre.

57 Sobre a questão de testes empíricos da presença de ciclos eleitorais na política orçamentária em países da Organização para Cooperação e Desenvolvimento Econômico (OCDE), ver Alt e Lassen (2006).

trajetória P^G por P^e, sinalizando uma convergência mais acentuada na direção de demandas e valores originados nos redutos eleitorais dos políticos.[58]

Figura 7
O conceito de ciclo político-eleitoral na política econômica

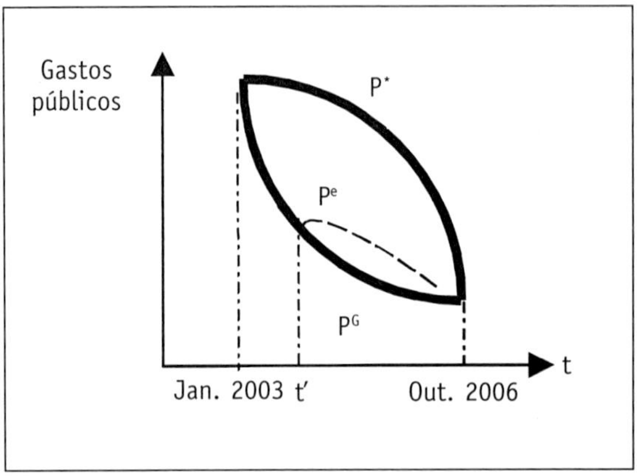

De toda maneira, a trajetória da política de um programa antiinflacionário apresenta flutuações que, independentemente de outros fatores determinantes, estão associadas ao calendário eleitoral.[59]

---

58 Uma ocorrência na campanha eleitoral do segundo turno em 2006 qualifica esta observação. Por meio da MP nº 324, de 4 de outubro de 2006, o presidente da República abre crédito extraordinário em favor dos ministérios da Agricultura, Pecuária e Abastecimento, da Fazenda, da Justiça, da Previdência Social, do Trabalho e Emprego, dos Transportes, da Defesa, do Desenvolvimento Social e Combate à Fome e das Cidades no valor global de R$ 1,5 bilhão. Por ser uma MP, sua validade é imediata. Todavia, por provocação de deputado federal da oposição, o Judiciário Federal de Brasília concedeu liminar (18-10-2006) suspendendo os efeitos da referida legislação. A argüição original é que o intento desse gasto público é estritamente eleitoral; a manifestação do Judiciário, por seu turno, não vê fatos urgentes e emergenciais que justifiquem essa decisão de política econômica. Assim sendo, a mudança de P^G para P^e encontrou inesperada fonte de custo decorrente da revisão judicial. Posteriormente (27-10-2006), no entanto, o Tribunal Regional Federal (TRF) da 1ª Região tornou sem efeito a liminar de 18 de outubro de 2006 ("Justiça autoriza governo federal a gastar R$ 1,5 bilhão", *O Globo*, 28 out. 2006, O País, 9).

59 O ciclo mostrado na figura 7 sustenta a noção de que, pelo menos nas vizinhanças da data eleitoral, o político comporta-se como um "autômato" e, ademais, isso igualmente indica que os eleitores preferem que o político entenda o seu papel como um mero intermediário. Como corolário tem-se que um aspirante a posto eletivo atrairá votos a seu favor ao adotar uma estratégia de espelhar as preferências de seus potenciais eleitores, ao mesmo tempo em que se torna mais distante do alcance das ações de grupos de interesses preferenciais (Levmore, 1996:567-568). Por outro lado, a possibilidade da ocorrência de

Outro fator de folga é ditado por um atributo tecnológico: as políticas públicas são oferecidas em bloco, daí os políticos podem empreender muito mais o que seja de seu próprio interesse, distanciando-se do interesse geral ou coletivo.[60]

Cada eleitor reconhecerá nessa oferta de políticas precisamente a fatia ou dimensão que atende às suas preferências, embora essa oferta inclua muito mais do que ele demanda ou mesmo políticas com as quais ele não se identifica.

As regras da escolha eleitoral (por exemplo, pluralidade, regra de maioria) induzem a que o político necessariamente atenda apenas a uma parte dos cidadãos – o seu reduto ou sua base eleitoral.

A conexão eleitoral faz com que o representante opte por uma provisão de política pública em maior sintonia com os seus eleitores apenas quando ele percebe que o seu voto na escolha majoritária na legislatura envolve risco eleitoral.[61]

---

um ciclo político-eleitoral não está limitada aos *resultados finais* das políticas públicas, como ilustrado frontalmente na figura 7; tais ciclos podem se manifestar em uma etapa precedente: nos *processos* que são acionados para gerar esses resultados. No sempre peculiar ambiente institucional da economia brasileira, conjecture o leitor, por exemplo, sobre a possibilidade de que o recurso à emissão de MPs possa incorporar tal componente cíclica. Na figura 7, a possibilidade de, em *t'*, os políticos se transferirem da trajetória P^G para P^e pode acomodar essa perspectiva analítica de um *ciclo de processo*. Em certo sentido, o uso de MP (comparativamente ao recurso à tramitação de um projeto de lei) torna mais fácil à alta gerência do Executivo e aos políticos em geral promover esse tipo de ciclo na trajetória de uma política.

Um exemplo que se aproxima da ilustração da figura 7 é a ocorrência da MP nº 288, de 28 de março de 2006, convertida em lei em 4 de julho de 2006. Uma MP oferece aos legisladores, tanto quanto ao Executivo, a possibilidade de tornar-se *hospedeira* de decisões que podem servir a interesses privados de legisladores e do próprio Executivo, porém mascaradas pela dubiedade quanto à sua responsabilização (Mashaw, 2006). No momento eleitoral de meados de 2006, a mencionada MP nº 288, que estabelecia originalmente a correção do valor do salário mínimo, serviu para que deputados e senadores a reconfigurassem como uma lei que estende o percentual de atualização do salário mínimo (16,67%) para todas as pensões e aposentadorias pagas pelo Instituto Nacional do Seguro Social (INSS). De fato, essa iniciativa de uma maioria de legisladores em ambas as casas do Congresso é uma notável ilustração do ciclo mostrado na figura 7. Por um lado, ela disfarça a prodigalidade do expressivo impacto negativo que essa extensão traz para a política de ajuste fiscal e, por outro, exagera uma preocupação – *que o Executivo não teria tido* – com a *iniciativa* da MP nº 288: dar um tratamento equânime a todos os beneficiários da Previdência Social.

Por fim, sugiro ao leitor que avance até o capítulo 7 para uma ocorrência na economia brasileira em maio de 2004 em que se evidencia a complexidade da construção da estratégia dos políticos. Por essa perspectiva o político instrumenta uma decisão tributária, de modo a tornar opacas repercussões que, de outro modo, comprometeriam o seu capital eleitoral.

[60] Retomando o exemplo das MPs, a circunstância de que diversas delas possam tramitar simultaneamente na legislatura cria esse ambiente de *oferta em bloco*. Tal era a conjuntura em meados de 2006, quando a já citada MP nº 288 foi polemicamente convertida em lei ("Senado dá 16,67% para aposentados", *Estado de S. Paulo*, 5 jul. 2006, Economia, B4).

[61] O risco eleitoral é função (Spence, 2001): a) da percepção do legislador de quão *notório* é o tema de política em seu reduto e quão provável é que seus eleitores se tornem conscientes da escolha feita pelo

Todos esses fatores fazem com que acordos e promessas sejam altamente renegáveis, tanto da parte dos políticos e partidos, quanto dos próprios eleitores. Ou, dito de outro modo, são esses fatores que muito contribuem para que os custos de transação nas escolhas públicas sejam elevados.

Em segundo lugar, além da relação difusa do partido com o eleitor individual, deve-se levar em conta toda a variedade de comportamentos que é ditada pela busca por obter ganhos decorrentes da atuação do governo num tema preferencial (o que a literatura especializada chama de *rent seeking*).[62]

Desse modo, há duas questões que assumem grande importância na modelagem dos partidos políticos:

- Por que os partidos atraem recursos e inspiram lealdade no eleitor, não obstante a sua inabilidade em impor sanções efetivas aos políticos que venham a transgredir a linha partidária?
- Por que os partidos atraem recursos e inspiram lealdade por parte de grupos de indivíduos, se há um notório declínio na força do partido político, como exemplificado na ampla falta de coesão ideológica de plataformas partidárias, nas alianças bizarras entre partidos tão ideologicamente distintos, ou mesmo nas migrações entre partidos?

O argumento é que, na circunstância de os custos de transação, incorridos sob a forma de organizar um grupo de interesses, superarem os benefícios, para certos grupos de indivíduos, a opção do partido político viabiliza que esses interesses não-organizados encontrem expressão no processo político a um custo relativamente mais baixo. Assim, os partidos políticos podem ser modelados como uma firma de corretagem. O objetivo desses intermediários é aumentar o seu valor para os políticos que atuam como seus clientes. Os partidos servem como árbitros que sinalizam para os políticos com as preferências dos cidadãos e, portanto, informam-lhes sobre como obter apoio político. Esse é um processo de acoplamento que reduz os custos da transação para que certos cidadãos possam entrar no processo político.

---

legislador; b) do grau de *vulnerabilidade da vaga* que ocupa na legislatura (por exemplo, é um mandato já detido de longa data; é o primeiro mandato; é um mandato obtido por suplência?); c) da percepção do legislador quanto à *intensidade das preferências de seus eleitores*, vale dizer, a repercussão que uma decisão sobre um dado tema tem em seu reduto comparativamente a outros temas de política.

[62] Esse tema é explorado no capítulo 6.

Esse papel desempenhado pelo partido político expande o conjunto de indivíduos que pensam que podem influenciar o governo e, em conseqüência, o partido amplia a gama de interesses que encontra expressão através da ação governamental e expande o apoio político agregado disponível para os políticos.[63] De todo modo, os partidos detêm o importante papel de ser um mecanismo pelo qual os políticos podem fazer promessas com credibilidade aos diferentes segmentos da sociedade mais ou menos organizados. Essa relevância traduz-se pelo auxílio que os partidos prestam aumentando a durabilidade e a confiabilidade das barganhas que os grupos de interesses estabelecem com os políticos. Mesmo porque a filiação partidária oferece características de bem público, posto que o partido provê identificação ideológica, e "marca", a seus membros, simplificando a articulação junto aos redutos eleitorais. Fora do partido político tal processo torna-se oneroso e ineficiente.[64]

O valor desse tipo de serviço prestado pelo partido político é tanto mais significativo quando se nota que, em geral, o apoio político que é dado pelos grupos de interesse aos políticos precede a apresentação das demandas por tais grupos, ou seja, primeiro vem o apoio, depois é que surgem as cobranças em termos de atendimentos preferenciais de política pública (o que é rotulado como o problema da não-simultaneidade de desempenho). Em conseqüência, tanto os políticos quanto os grupos buscam, constantemente, modos de melhorar a credibilidade associada ao processo de *rent seeking*. E os partidos políticos constituem-se num desses modos de melhorar a confiabilidade das barganhas com os grupos. Ao desenvolver uma competência por lealdade a um determinado partido, o político pode apresentar comprometimentos firmes a esses grupos. Observe ser esse um atributo que independe da identificação ideológica do partido político.

A questão fundamental a respeito dos partidos não está propriamente vinculada a seus propósitos ou à sua estrutura, mas aos objetivos individuais dos legisladores. Como é que um partido que tenha substancial coerência em seu propósito coletivo pode emergir a partir da interação voluntária de políticos individuais? Como é que um grupo de legisladores formalmente iguais, e

---

[63] Esse ponto de vista já havia sido apresentado no capítulo 1, com a metáfora do "governo de intermediários" (Ortiz e Issacharoff, 1999).

[64] Pense o leitor no significado destas duas últimas sentenças para o caso brasileiro. Ver também o capítulo 7 para o significado da associação entre candidato e partido político do ponto de vista da construção da estratégia de voto do eleitor.

movidos pelo auto-interesse, concorda com a criação ou manutenção de um partido, com seu *design* organizacional, e com o estabelecimento de objetivos coletivos? Em decorrência, o partido pode ser caracterizado como uma coalizão de votos no Plenário da legislatura e, portanto, o foco é transferido para a lealdade dos legisladores individuais às lideranças partidárias.[65]

Entende-se, pois, que há grande flexibilidade nos custos de transação, os quais poderão ser moldados pelo próprio político em sintonia com suas preferências. Pode-se reconhecer um comportamento mais restrito, no qual o governo maximiza suas chances de apoio político, na hipótese de que "cada voto é um voto"; ou, num sentido mais amplo, essa maximização decorre da diferenciação (ou ponderação) das chances de voto, caso o apoio político seja proveniente de um grupo de interesses.[66]

A modelagem do jogo dos políticos vai além da simples escolha majoritária de um conjunto de N representantes eleitos para incorporar elementos típicos da estrutura legislativa, como as jurisdições em comissões temáticas, a atuação de partidos políticos e suas lideranças.

A legislatura estruturada apresenta problemas de relevância empírica e analítica, como, por exemplo:

- o condicionamento da representatividade das decisões dos políticos;
- a transferência de poder decisório do plenário de N membros em favor dos subconjuntos formados por $p < N$ membros – comissões e subcomissões temáticas[67] – traz dois efeitos potencialmente perversos para a relação entre agente (o político) e patrocinador (a sociedade): por um lado, um menor contingente de representantes eleitos passa a ter maior controle sobre a agenda

[65] Na relação do político com o partido há incentivos para que o político atue como "carona", com a opção por posições individualistas que diferem da identificação partidária. Um excesso desse tipo de comportamento de *free rider* reduzirá a provisão de bem público que decorre da filiação partidária, e os eleitores não mais verão grandes vantagens em usar tal filiação para avaliar os candidatos aos postos eletivos (Kiewiet e McCubbins, 1991, cap. 3). É nesse ambiente que passa a ter especial relevo o papel disciplinador da liderança partidária.

[66] Outra vez, ver o capítulo 6.

[67] Na figura 4 no cap. 2, a delegação D_{11}. Enquanto o Plenário tem preferências de política heterogêneas, refletindo a diversidade e as contradições dos variados redutos eleitorais de seus N membros, as comissões são instâncias em que essas preferências se tornam homogêneas em suas respectivas jurisdições. Em verdade, é essa fragmentação em jurisdições que torna a comissão legislativa um lócus de preferências homogêneas (Eavey e Miller, 1995:125).

da legislatura e, por outro, reduz-se o custo de transação[68] para os grupos de interesses especiais em sua tentativa de influenciar a decisão legislativa;

- o estabelecimento de barreiras que podem reter, ou mesmo fazer arquivar, um projeto de lei em atendimento a interesses minoritários a que o legislador (ou grupo de legisladores) possa estar associado.

A estrutura em jurisdições de comissões, as regras regimentais de precedência no preenchimento de postos no Legislativo, o arranjo decisório bicameral e as manobras regimentais que bloqueiem o andamento da sessão legislativa criam variadas oportunidades de que ações de *lobbying* junto aos legisladores sejam bem-sucedidas.

Assim sendo, a estruturação do processo legislativo tem o vício de promover as chances de reeleição dos legisladores, muito mais do que captar eficientemente as preferências dos eleitores. Por outro lado, se a percepção das preferências de eleitores e grupos de interesses especiais – o público externo do partido político – pesa substancialmente na decisão do partido quanto ao seu *output*, isto é, seus programas e candidatos, há também a considerar a conexão do partido com o seu público interno (seus legisladores, líderes e ativistas[69] de modo geral). Cabe ao partido ponderar a importância desses dois públicos em sua escolha do nível e da mistura em que provê seu *output*. Segundo uma corrente analítica (Peltzman, 1990; Demsetz, 1969), o partido atua sob a indução de dar um peso consideravelmente maior a seu público interno (o segmento menos difuso de seus dois públicos), e é a motivação desses agentes de decisão que explicaria uma resposta do partido político tão fora de proporção relativamente ao tamanho de seu eleitorado.

Logrolling

As escolhas majoritárias dos legisladores são qualificadas por um importante mecanismo institucional: a troca de votos (*logrolling*).

---

[68] Este termo sumaria múltiplas dimensões, entre outras: custos de se assegurar da qualidade das políticas e de seu "preço"; de obter um acordo com uma outra parte que tem motivação tão distinta; o custo esperado do não-cumprimento do acordo; as decorrências do comportamento estratégico de uma das partes. Para uma relevante discussão dos custos de transação no ambiente constitucional, ver Kontorovich (2005). O pressuposto de que na transação com a comissão o custo incorrido pelo grupo de interesses é menor (comparativamente ao que seria interagindo com uma maioria no Plenário da legislatura) decorre de que na jurisdição da comissão a maioria da qual se espera a provisão do benefício é mais homogênea e numericamente menor.

[69] Aqueles que contribuem com seu tempo, energia e capital para o partido.

Na democracia direta (quadro 7 do capítulo 6), os eleitores não exprimem a intensidade de suas preferências, mas somente a ordenação de preferências entre os resultados do jogo. Ou, dito de outra forma, "a cada um, um voto". Em decorrência, esse processo de escolhas não capta a intensidade das preferências dos eleitores: seja essa preferência forte ou fraca, o eleitor simplesmente dá o seu voto em favor de sua opção preferida. Na democracia direta em torno de um único tema de política inexiste um mecanismo que reflita as prioridades do eleitor entre temas. Tal é o problema da intensidade: em um referendo, por exemplo, a maioria prevalece independentemente da desproporcionalidade de tamanho dos grupos que se situam de cada lado da votação;[70] já no processo legislativo, a intensidade dos interesses conflitantes é captada pelo voto.

Na escala hipotética apresentada na tabela 1, a pontuação (– 4, – 3, 8) indica se um determinado resultado é ou não desejável para cada político e seu reduto eleitoral (1, 2 e 3) em uma seqüência de votações majoritárias envolvendo as políticas *A*, *B*, ..., *F*. O ganho de cada legislador associado a um projeto derrotado é zero, e os projetos não estão relacionados entre si, de modo que o ganho líquido é o somatório dos ganhos por projeto.

Tabela 1
***Logrolling* – I**

Legisladores	**Projetos de políticas públicas**					
	A	**B**	**C**	**D**	**E**	**F**
Sr. 1	- 4	- 4	- 3	8	8	- 3
Sra. 2	- 3	8	8	- 3	- 4	- 4
Sr. 3	8	- 3	- 4	- 4	- 3	8

Esses políticos devem atuar competindo em mercados eleitorais, caso contrário eles não se mantêm políticos; em conseqüência, há uma restrição de mercado a ser observada na política. Em razão dessa restrição, quando os eleito-

[70] Sem um mecanismo que processe a intensidade de sua preferência, o eleitor acaba exagerando sua preferência *cardinal*, de modo a maximizar o impacto de seu voto. Ressalte-se, igualmente, que o problema da intensidade independe da ocorrência de abstenção, da plena informação dos eleitores quanto ao que está sendo votado, da manipulação de agenda, ou da influência de poder econômico sobre os eleitores (Clark, 1998:451).

res não se importam muito com um dado tema de política pública (veja, por exemplo, o caso do legislador 1 e os temas *A*, *B*, *C* e *F*), os políticos racionais se dispõem a trocar o seu voto nesse tema por um voto naquilo em que seus eleitores estão interessados (outra vez, no caso do sr. 1, os temas *D* e *E*). Sem *logrolling*, cada uma dessas votações resulta na derrota do projeto apresentado. Todavia, com *logrolling* (voto estratégico ou sofisticado),[71] esse legislativo – e a coletividade aí representada – pode ser mais bem atendido, quando todos os projetos acabarão aprovados: observe o leitor a troca de votos que a sra. 2 e o sr. 3 (uma coalizão majoritária) empreendem em torno da aprovação de *A* e *B*, com cada qual obtendo ganho líquido de cinco unidades diante da alternativa de não ver aprovado nem *A* nem *B* (isto é, ~ A, ~ B) e, assim, não realizando ganho algum.

Portanto, uma vez que se permita aos legisladores trocar votos, eles se darão conta do custo de oportunidade de votar. Agora, eles poderão votar apenas nos casos em que tenham forte motivação a fazê-lo. Eles atuarão transferindo o seu voto em políticas menos preferidas para trocá-los por "pagamentos" ou concessões em espécie.[72] Daí eles se confrontarem com um custo de oportunidade – o que não ocorre no mundo sem *logrolling*.[73] O argumento apresentado anteriormente resolve o problema da intensidade em bases estritamente

---

[71] Com voto *sincero*, o votante ou eleitor age como ele agiria na ausência de qualquer outra influência, consoante o seu melhor entendimento pessoal do problema sob consideração. Já no voto *sofisticado* ou *estratégico*, há oportunidades para que esse mesmo eleitor ajuste sua posição na votação de modo a torná-la mais compatível com suas convicções gerais, enquanto *falseia* suas convicções quanto a aspectos específicos do tema ou da proposta sob votação. O participante de uma escolha coletiva logo descobrirá que, apoiando um resultado final ou ponto de vista com o qual discorda, ele pode impedir que seus pares venham a optar por algum outro resultado que ele acredita ser pior em sua perspectiva individual.

Assim sendo, o ponto central do voto sofisticado é o seu foco nas interdependências inerentes às escolhas coletivas: um dado eleitor vota ou expressa suas preferências de modo a juntar-se à opinião majoritária, com base tanto em seus objetivos individuais de política pública, quanto nas etapas estratégicas necessárias para garantir que qualquer opinião que ele encampe reflita tais objetivos de política (Maltzman, Spriggs e Wahlbeck, 2000:148). Essas etapas podem incluir a reação que esse eleitor venha a demonstrar a propostas ou opiniões dos demais votantes, fazendo reparos e sugestões quanto à linguagem usada em tais propostas, entendendo-se seletivamente com um subconjunto de membros do grupo, ou mesmo tornando-se um membro silencioso da coalizão majoritária (Friedman, 2005:285).

[72] Ou, por uma outra perspectiva, os legisladores trocam apoios entre si em termos de propostas que viabilizem benefícios concentrados e dispersam custos. A decorrência desse ambiente institucional é a aprovação de um excesso de políticas clientelistas. No caso da tradução de tais políticas em apropriações no orçamento público, isso leva a que a soma total dessas apropriações deixe a coletividade pior do que ela estaria caso nenhuma dessas legislações fosse aprovada (Stearns, 1997:92). Ver, logo adiante, a discussão em torno da tabela 2.

[73] Ao permitir que os votantes "que se sintam mais fortemente [inclinados] em relação a um tema [de política pública] compensarem, de algum modo, aqueles que têm opinião apenas superficial [sobre esse

utilitaristas: o *logrolling* maximiza o bem-estar da coletividade. Com efeito, na tabela 1, partindo de zero de bem-estar, essa coletividade alcança seis unidades (somatório dos totais obtidos por legislador com a aprovação de todos os projetos). Por outra perspectiva, essa resolução da escolha majoritária pode ser vista como alocando maior poder político àqueles que têm mais a perder (quatro unidades). Ainda por uma terceira perspectiva, a expressão da relativa intensidade dos projetos para 1, 2 e 3 reflete tanto prioridades quanto preferências.[74]

Uma outra perspectiva do *logrolling* pode ser obtida considerando-se a tabela 2 (Baker, 1992), que sumaria um jogo de maioria envolvendo igualmente três legisladores (1, 2 e 3) e duas propostas de política (*A* e *B*).[75]

Tabela 2
***Logrolling* – II**

	Propostas de política econômica	
Legisladores	**A**	**B**
Sr. 1	+3	– 1
Sra. 2	– 1	+3
Sr. 3	– 4	– 8

mesmo tema], pode resultar em um grande aumento no bem-estar de ambos os grupos, e a proibição de tais transações servirá para impedir o movimento na direção da superfície conceitual de "ótimo social", sob quase todas as definições desse termo" (Buchanan e Tullock, 1962:133). Ao mesmo tempo, o *logrolling* serve para proteger os grupos minoritários.

É interessante notar que, embora seja um mecanismo típico e amplamente aceito no ambiente parlamentar, a troca de votos é generalizadamente considerada indefensável na votação colegiada no Judiciário. Nessas votações, a determinação do mérito das questões envolvidas deve predominar sobre considerações estratégicas dos juízes (Caminker, 1999:2300).

[74] Para essa qualificação no âmbito da democracia direta, ver Clark (1998:437).

Em termos empíricos, a ocorrência do *logrolling* está associada ao fenômeno da "votação final" que induz uma componente sazonal na produção de leis no Congresso Nacional. Em última instância, seria o *logrolling* o responsável pelo acúmulo de projetos de leis votados e aprovados ao final de cada ano legislativo, constituindo-se no que já foi rotulado jocosamente de "legislação por fadiga". Para a evidência brasileira desse fenômeno, no período 1986-99, ver a nota metodológica em Monteiro (2000:305-306). Essa sazonalidade da produção legislativa, ao final de cada ano, sinalizaria o crescente comprometimento de deputados e senadores para que a legislação fosse aprovada; se assim fosse, isso reforçaria o argumento de que os políticos não são indiferentes ao destino daquilo que o Congresso aprova (Sinclair, 2005:295) – uma qualificação importante ao argumento explorado anteriormente na figura 7.

[75] Outra vez, esses legisladores são capazes de assumir posições de voto favoráveis a propostas que sejam menos relevantes para seus redutos eleitorais em troca de apoio a propostas que lhes sejam de grande interesse. (– 8, – 4, – 1, + 3) são valores de utilidade absoluta, com os sinais + ou – indicando se um dado resultado é desejável ou indesejável na perspectiva de cada legislador (e, portanto, de seu respectivo reduto eleitoral).

A estratégia do sr. 1 de trocar votos com o sr. 3 para aprovar *A* (seu interesse) e rejeitar *B* (ou ~B), no interesse do sr. 3, leva a que o sr. 1 obtenha ganho agregado de *4 [= 3(A) + 1 (~B)]*, com o sr. 3 obtendo ganho agregado também de *4 [= – 4(A) + 8(~B)]*. Para a sra. 2, a formação da coalizão (1, 3) lhe impõe perda agregada de *–4* (= *– 1 – 3*). Com efeito, (1, 3) é a única coalizão estável nesse jogo.[76]

Por fim, observe o leitor que:

- não é necessariamente verdadeiro que a troca de votos (*logrolling*) empreendida nesse jogo leve a que cada resultado individual reflita a maior preferência individual. Com *logrolling*, em (1, 2), o sr. 1 obtém *4 (> 3)*; a sra. 2 obtém *– 4 (< +3)* e sr. 3 obtém *4 (≥ 4)*. Contudo, em *(1, 2)* o ganho do sr. 1 é de 2 *(< 3)*; da sra. 2 é de 2 *(< 3)* e do sr. 3 é de *– 12 (≤ 4)*;
- igualmente, não é necessariamente verdadeiro que a troca de votos empreendida nesse jogo leve a que o somatório dos ganhos individuais corresponda ao ótimo social.

Nesse jogo, o ótimo social é de oito unidades. A não-aprovação de *A* e *B* (ou seja, ~ *A* e ~ *B*) leva a que essa sociedade (*1*, *2* e *3*) deixe de perder o somatório dos totais das duas colunas da tabela 2: *– 8* = *(– 2 – 6)*. Com *logrolling*, no resultado em *(1, 3)* o ganho social é de *4* (= *4* + *4 – 4*). Já no resultado em *(1, 2)* o ganho social é de *– 8* (= 2 + 2 *– 12*).

---

[76] Já a coalizão *(1, 2)*, para aprovar *A* (interesse do sr. 1) e *B* (interesse da sra. 2), levaria a que o sr. 1 obtivesse ganho agregado de 2 *(= 3 – 1)*, e a sra. 2, ganho agregado também igual a 2 *(= – 1 + 3)*, sendo que o sr. 3 teria perda agregada de *– 12 (= 4 – 8)*. Todavia o sr. 1 se sai melhor na coalizão *(1, 3)*; daí, *(1, 2)* não se formará, ou seja, *(A, B)* não está no *core* desse jogo. Igualmente, com *logrolling*, a rejeição de *A* e *B* simultaneamente, isto é *(~ A, ~ B)*, não está no *core* do jogo.
O *core* de um jogo (Wiley Jr., 1987:558) é:

- o conjunto de soluções que não deixa qualquer coalizão em posição de poder melhorar seus ganhos (*payoffs*) para todos os seus membros;
- portanto, uma solução que pertença ao *core* oferece a possibilidade de que um subconjunto de jogadores tenha a opção de deixar a coalizão e formar outra coalizão e sair-se melhor;
- se algum grupo pode melhorar seu ganho coletivo, jogando de um modo diferente, então esse subconjunto se reconstituirá como uma nova coalizão que jogará o jogo de um modo diferente e, assim, distribuirá os ganhos do jogo de um modo diferente. Porque a nova coalizão impedirá que a primeira rodada de resultados surja como a resolução estável ou permanente do jogo, a solução da primeira rodada é dita *fora do core*;
- se alguma nova coalizão de jogadores pode impedir todas as possíveis soluções de um jogo, nenhuma solução estará *dentro do core*, ou seja, um tal jogo tem o *core vazio*.

Capítulo 3

Presidente da República

Uma dimensão muito especial do jogo dos políticos é a interação que se estabelece entre a legislatura e o presidente da República.

Comparativamente aos demais *N* representantes eleitos (legisladores), o presidente tem menor indução ao clientelismo e ao oportunismo eleitoral em decorrência de sua base de representação ser mais ampla e heterogênea,[77] assim como de ter mandato eletivo limitado,[78] e, portanto, sua motivação eleitoral tende a ser mais atenuada, sobretudo no segundo mandato.[79] Em decorrência, o presidente busca legar um conjunto de realizações[80] ao longo de sua limitada estada no poder, de quatro a oito anos (Moe e Howell, 1999). A busca

[77] De lado os partidos políticos, o Congresso e o presidente da República representam diferentes redutos eleitorais "majoritários" em termos temporais e geográficos e que têm preferências de políticas públicas diferentes – o que dá lugar a um atendimento legislativo mais paroquial e a um foco muito mais ampliado nesse atendimento da parte do presidente (Levinson, 2005:959).

[78] Restrito a dois mandatos de quatro anos consecutivos. De fato, essa é uma regra que foi introduzida no jogo de políticas com a EC nº 16, de 4 de junho de 1997. Essa nova regra apresenta potencial qualificação ao argumento de que o requisito de eleições periódicas ajuda a assegurar que o político esteja propenso a sincronizar suas preferências com as dos cidadãos eleitores. Ao contrário, uma regra tal qual a EC nº 16 talvez produza uma indução perversa, não antecipada: os poderes derivados da incumbência são usados para erguer barreiras no processo político, de modo a tornar menos competitiva a eleição pelo segundo mandato, ao mesmo tempo em que levam à adoção de políticas que melhor agreguem o apoio de grupos de interesses preferenciais necessários à reeleição (Briffault, 1985:1367). Para uma análise da passagem da proposta que resultou na EC nº 16, ver Monteiro (1997:41-105).

[79] Vale adicionar que, para boa parte de suas decisões legislativas (emissão de um decreto e, em certa extensão, de uma MP), o presidente decide sob virtual ausência de um processo deliberativo, tal como ocorre na legislatura.

[80] Ou, alternativamente, o presidente da República é movido a criar e promover sua reputação pessoal. Diferentemente dos demais políticos (legisladores), o presidente tem mais liberdade para desenvolver sua própria agenda de políticas públicas, uma vez que ele não atua sob a necessidade de se apresentar repetidamente para a sua reeleição (Levinson, 2005:956).

pelo poder para levar adiante tais realizações seria a base da atuação do presidente nas escolhas públicas.[81]

Suas estratégias para influenciar o resultado legislativo envolvem duas classes de instrumentos:

- informais – *coattails* ou efeitos de associação ao prestígio, à imagem e à popularidade do presidente da República; preenchimento de cargos na administração pública, entre outros;
- formais – iniciação do processo legislativo e a marcação da agenda da legislatura (especialmente no caso orçamentário); poder de veto *ex post* às decisões da legislatura.

O mais típico desses instrumentos formais é representado pelo poder de veto executivo, que contrasta com os demais poderes que, eventualmente, decorrem de uma delegação da legislatura ao Executivo. Assim, o veto caracteriza-se, em si mesmo, como um direito de propriedade no processo legislativo. Outra peculiaridade do veto é que, por sua efetivação posterior à decisão da legislatura, ele acaba por incidir sobre a totalidade do processo de formação legislativa, ainda que formalizado em relação ao resultado final desse processo.[82]

---

[81] Um reforço a essa busca decorre da visibilidade do presidente como centro de toda a liderança política nacional. Ao mesmo tempo, perceba o leitor que o presidente da República ocupa uma posição privilegiada nas escolhas públicas, o que decorre do fato de que virtualmente qualquer decisão do Congresso Nacional implica aumento do poder do Executivo, visto que é o Executivo quem deve operacionalizar as novas leis produzidas pela legislatura, quer o Congresso queira ou não esse crescimento (Macey, 2006; Moe e Wilson, 1994).

[82] O poder de veto tem um inequívoco sentido condicionante no conjunto de escolhas dos legisladores, posto que a simples sinalização do presidente da República em vir a recorrer ao veto pode levar a que os legisladores se inclinem a fazer escolhas de maior sintonia com as preferências do Executivo. Esse é o atributo dissuasório do veto presidencial.

Todavia o Congresso pode, igualmente, comportar-se sofisticadamente ante o poder de veto executivo. Tome-se o jogo orçamentário: os legisladores podem adicionar à proposta orçamentária da União novas dotações, forçando o presidente a vetá-las. Sendo essas alocações de recursos públicos expressivas do ponto de vista de segmentos da coletividade, os legisladores estarão empurrando o presidente para uma posição politicamente desconfortável perante tais segmentos. Sob essa perspectiva, o presidente passa a ter o poder de veto disponível sob condicionamentos que o levam a ampliar a margem de negociações com os legisladores ou, de todo, a confrontar-se com uma decisão legislativa virtualmente *à prova de veto*.

Uma conseqüência desse condicionamento é que as lideranças partidárias antecipam-se à decisão de veto (ou não-veto), ativando a *troca de votos* (*logrolling*) em torno das provisões na proposta orçamentária. Desse modo, quando for a vez de o presidente atuar no jogo orçamentário, ele o fará ante uma nova configuração de *trade offs*. Nessa interpretação, a decisão de veto seria mais um *simbolismo político* do que um exercício fundamental de poder do Executivo diante do Congresso (Devins, 1997:1605).

Alternativamente, a tipologia Shugart-Carey de poderes presidenciais distribui a participação do presidente da República nas escolhas públicas em duas classes (Shugart e Carey, 1992):

- poderes legislativos – o veto presidencial (total e parcial), e com a possibilidade de sua apreciação pela legislatura, sob condições de votação especiais;[83] a emissão de decretos com utilização em temas de política exclusivos; a iniciativa legislativa, isto é, desempenhando o papel de *first mover* no jogo de políticas.[84]
- poderes não-legislativos – sujeitos à influência que se admite que a legislatura possa ter em escolhas do Executivo (por exemplo, nas indicações de titula-

---

Por outro lado, em circunstâncias em que a mesma coalizão que detém o Executivo é, igualmente, majoritária no Legislativo, o senso comum indica que a quantidade de vetos presidenciais tende a ser reduzida. Uma conjectura quanto ao veto, como mecanismo de promoção da durabilidade das leis, leva a que se conclua justo na direção oposta (Crain e Tollison, 1990:108-109): tanto menor o custo legislativo de aprovar leis (em razão da coalizão governista ser majoritária, por exemplo), tanto menos duráveis tenderão a ser essas leis; isso se dá porque tais maiorias reduzem o valor dos contratos legislativos com grupos de interesses. Por conseqüência, o veto presidencial torna-se uma ferramenta para aumentar o valor presente dessas leis do ponto de vista desses grupos.

Sobretudo no período 1994-2001, o poder de emissão de MPs condicionou fortemente o uso do veto presidencial, uma vez que as MPs *esvaziam* a agenda do Congresso Nacional (Monteiro, 2000:293, nota 21). Uma variante desse esvaziamento é a possibilidade de uma MP anular uma lei *logo em seguida à sua aprovação pelo Congresso, que poderá tê-la aprovado, já antecipando a emissão da MP*. Uma ocorrência desse teor é a MP nº 342, de 29 de dezembro de 2006, que estabelece um teto de 1% do imposto de renda da pessoa jurídica (IRPJ) para incentivo ao esporte. Essa MP foi anunciada e logo emitida, na seqüência da Lei nº 11.438, de 29 de dezembro de 2006 ("Incentivo ao esporte terá teto de R$ 300 milhões de renúncia fiscal", *Valor Econômico*, 29 a 30 dez. 2006, Brasil, A2).

É relevante notar que a experiência do presidencialismo norte-americano também revela um recurso que muito tem contribuído para a hipertrofia decisória do Executivo. Especialmente a partir da administração Reagan, o presidente dos EUA pode lançar mão de *signing statements*, que são mensagens por meio das quais o presidente exclui ou revisa provisões existentes em leis aprovadas pelo Congresso, ou seja, o presidente explica como ele interpreta uma lei para fins de sua implementação ("Veto? Who needs a veto?", *New York Times*, 5 may 2006, Editorial). Trata-se, em verdade, de um virtual veto absoluto e que dá ao presidente a primazia de interpretar uma lei aprovada pelos legisladores. Uma ordem de grandeza desse recurso disponível ao presidente norte-americano é que, nos seis primeiros anos de mandato, o presidente Bush recorreu apenas uma vez ao veto executivo, porém emitiu 130 *signing statements*, objetando mais de 750 leis (Manheim e Ides, 2006:8). Esse contencioso tornou-se especialmente agudo em julho de 2006, com a tomada de posição do órgão de classe dos advogados nos EUA (American Bar Association), instando a que o Congresso norte-americano atue contra esse "abuso" que compromete a separação de poderes.

[83] No caso brasileiro, ainda que se mantenha a exigência de metade mais um de votos, requer-se voto secreto (art. 66, §4º, da Constituição).

[84] Como o encaminhamento original de projetos de lei à legislatura (o que é exemplificado pela tramitação da proposta orçamentária da União).

res de postos na alta gerência econômica) e nos questionamentos de decisões executivas, com a autonomia das comissões legislativas.

É óbvio que o poder presidencial no Brasil pode ser exercido muito além dessa decomposição, especialmente porque o presidente detém substancial capacidade emissora de leis – medidas provisórias – que, ao longo da década de 1990, chegou a suplantar essa mesma função no Congresso Nacional.[85] Por outro lado, a interferência informal do Executivo nas tarefas da legislatura assume formas variadas em decorrência do intenso *logrolling* que o presidente pode ativar em matérias que são de seu interesse ver ou não aprovadas.[86]

No Brasil, uma especificação mínima do jogo do Executivo com a legislatura define um sistema decisório tricameral, envolvendo o presidente, os 513 membros da Câmara dos Deputados e os 81 membros do Senado Federal.[87]

Muito relevante nessa articulação é o sistema constitucional de separação de poderes que, ao fim e ao cabo, estabelece a margem de cooperação em que pode se sustentar uma política.[88] Para tanto, esse sistema confere aos participantes do jogo um poder de bloquear uma decisão, condicionando, assim, a estabilidade da política pública. Todavia muito do poder presidencial pode decorrer de atribuições que não estão formalmente definidas na Constituição. Isso se dá em razão da ampla delegação que pode estar implícita na definição de regras ou políticas aprovadas na legislatura (Macey, 2006:105).[89] Isso tenderá a ocorrer nas seguintes circunstâncias (Moe e Howell, 1999):

---

[85] Essa evidência é profusamente ilustrada em Monteiro (1997, 2000, 2004). Ver, igualmente, o apêndice B.

[86] Como exemplo avulso desse tipo de ocorrência, ver a manifestação, no primeiro semestre de 2001, de lideranças no Congresso em favor de um projeto de lei que atualizaria os limites de isenção da tabela do imposto de renda: o Executivo prontamente desestimulou o acordo que permitiria levar esse projeto à aprovação. E note o leitor que, ainda assim, restaria ao presidente da República exercer o seu intrínseco poder de legislar: o veto executivo. Contudo, sendo uma época eleitoral, não houve interesse do governo em reduzir o custo de informação para o cidadão contribuinte, sinalizando com a efetiva responsabilidade por deixar de atualizar a tabela de descontos daquele imposto. Monteiro (2004), especialmente nos capítulos III e VII, oferece outras evidências desse gênero de ocorrência.

[87] Em verdade, esse é um sistema multicameral, na extensão em que também pode envolver a instância judicial e a decisão em comissões e subcomissões legislativas, ou mesmo os partidos políticos, entre outras instâncias.

[88] Ver o caso empírico apresentado no apêndice A.

[89] Quando, por exemplo, ao começo de setembro de 2001, o presidente da República emitiu uma conclamação do tipo "exportar ou morrer", ele estava definindo um bloco de ações que resultam de sua decisão unilateral, e que têm substanciais impactos no conjunto de ações de agentes públicos e privados; de igual modo, ao divulgar um "Memorando de Política Econômica" (no gênero dos acordos feitos com o Fundo Monetário Internacional (FMI), típicos da política associada ao Plano Real, nos anos 1990), ele está estabelecendo opções e iniciativas de políticas que alteram o *status quo* sem a anuência prévia ou direta do Congresso.

- quando há similaridade de preferências quanto aos objetivos de política entre legisladores e presidente da República;
- nos casos em que a decisão legislativa pressupõe elevado grau de especialização e experiência em sua implementação. Institucionalmente, essa condição pode ocorrer quando, em face da complexidade do tema de política, torna-se difícil ter a escolha coletiva na legislatura convergindo para uma decisão mais específica;[90]
- quando é deliberada a transferência de responsabilidades para o Executivo, o que pode ocorrer em temas contenciosos dentro da própria legislatura;[91]
- em situações de crise, quando o ambiente socioeconômico tende a se alterar abruptamente, o que se requer é uma via rápida de decisão.[92]

A seqüência mostrada na figura 8 resume essa margem de poder unilateral que o presidente da República acaba por exercer nas escolhas públicas.

Por sua dinâmica, a interação do presidente da República com a legislatura no sistema de separação de poderes é comparável a um monopólio bilateral (Robinson, 1988): como decorrência do *logrolling*, as propostas de política aprovadas pelos legisladores tomam a característica de blocos de escolhas que pressionam o orçamento público, o que traduz, ademais, a variedade de interesses preferenciais que essas leis acomodam em seu texto. Em face da coerção que tal procedimento pode impor às preferências do Executivo, o presidente da República lança mão de seu instrumento de uso exclusivo, o veto.

Nessa estrutura do mercado político, é interessante notar que (Stearns, 1997):

- não necessariamente os legisladores têm o incentivo a compartilhar com o presidente da República o patrocínio do atendimento às demandas preferenciais; afinal é do interesse do legislador individual capitalizar em proveito

---

90 Esse tema reaparece no capítulo 8, a partir de uma tipologia de leis ou regras do jogo.

91 A delegação apresenta-se como estratégia para administrar conflitos legislativos entre grupos de interesses preferenciais dispersos e concentrados, ao *contentar* os grupos dispersos, com a aparência de estar provendo um atendimento de política pública, enquanto permite aos grupos concentrados influenciar o resultado das decisões no âmbito propriamente gerencial (Fiorina, 1982:49): os membros do grupo de interesses dispersos dificilmente perceberão os detalhes da operacionalização da política; são os burocratas que terão crédito pelo sucesso da ação, tanto quanto é a eles que será transferida a culpa por eventual insucesso.

92 De fato, essa sempre foi a argumentação central em defesa da emissão irrestrita de MPs na condução da política econômica.

próprio esse atendimento e a reciprocidade em apoio político e votos que isso lhe possa trazer;

- o veto presidencial que venha a incidir sobre essa classe de demandas, como representadas em alocações de verbas no orçamento público, consolida, assim, um poder legislativo muito peculiar exercido pelo presidente: especialmente com o veto parcial, o presidente tem a oportunidade de reconfigurar o equilíbrio entre os poderes ao influenciar a direção e a forma das prioridades legislativas (Stearns, 1997:86-87).

Figura 8

Um mecanismo de geração de poder unilateral do Executivo

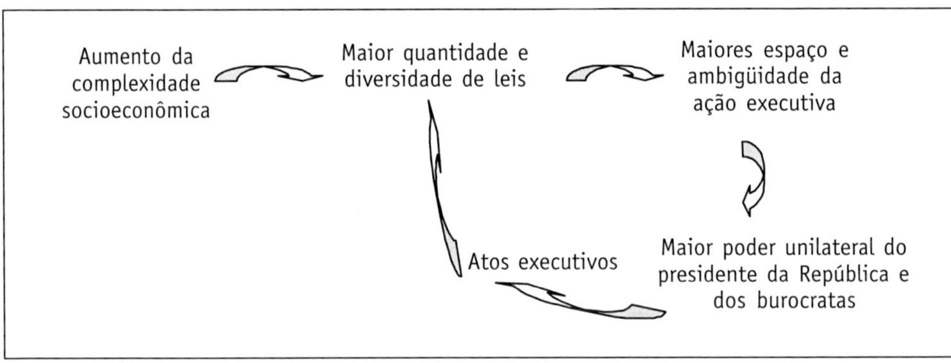

É ainda relevante notar que a vantagem que o presidente detém em sua relação com o Congresso, por meio do uso do veto parcial, por exemplo, leva a que as preferências do presidente fiquem mais bem atendidas comparativamente às dos legisladores. Todavia não é necessário que esse estrito antagonismo prevaleça, uma vez que uma maioria de legisladores poderá antecipar a reação presidencial ao conteúdo do projeto de lei encaminhado à sanção do presidente. Isso habilita a que o Congresso barganhe com o presidente, deixando no texto do PL conteúdos que o presidente favorece, desde que o presidente não vete certas provisões que a coalizão majoritária optou por incluir na lei (Robinson, 1988:417-418).[93]

O quadro 2 apresenta outras dimensões do sistema de separação de poderes.

---

[93] Dada a recorrência dessa interação do presidente e o Congresso, é pouco provável que tais barganhas não sejam sustentadas *ex post* pelo presidente.

Quadro 2

O arranjo multicameral das escolhas públicas[94]

A grande questão presente na arquitetura do sistema de separação de poderes (SP) é que ele diz respeito a três departamentos que não são estritamente comparáveis, pela razão de que eles não envolvem entes unitários que têm interesses coerentes. De fato, é uma "fantasia" identificá-los como entes que têm interesses unitários (Magill, 2001:645).

Afinal, subjacente a esse sistema há um processo majoritário que envolve algumas centenas de representantes eleitos (Congresso Nacional), uma escolha coletiva de 11 juízes (sem mandato eletivo) e uma escolha individual personificada pelo presidente da República que, entre todos os que detêm mandato eletivo, é o único com limite preestabelecido para sua estada no posto, e tendo a base de representação mais ampla e heterogênea de todas, uma vez que se confunde com o território nacional. A difusão de poder é ainda mais substancial tomando-se em consideração, no Congresso, as inúmeras instâncias de tomadores de decisão: presidentes e relatores das comissões legislativas em cada uma das casas e as lideranças da maioria e da minoria, por exemplo; no Executivo, há que lembrar a alta gerência[95] que se distribui por ministérios, Bacen e demais agências reguladoras; no Judiciário, as diferentes instâncias judiciais.

Assim, cada departamento é, de fato, composto por subpartes de interesses variados e que nem sempre coincidem uns com os outros.[96] No caso de uma política estabelecida por meio de uma MP, por exemplo, a razão de seu sucesso – do ponto de vista dos burocratas que deram origem a essa MP – é que tal política seja acatada por determinados segmentos externos a essa burocracia: estejam eles em outras partes do processo decisório do Executivo, na comissão legislativa relevante, no plenário da Câmara ou do Senado ou em relevantes grupos de interesses especiais (Wilson, 1989, 2002:105). Há, portanto, objetivos, preferências e agendas a serem conciliados – o que está longe de ser um processo trivial.[97]

Continua

[94] Há um generalizado sentimento de que as políticas públicas são impróprias, ineficientes e perdulárias, e a principal razão para tanto se deve às instituições políticas em desarranjo. À medida que a SP possa ser entendida como uma *segunda linha de defesa* das instituições de governo representativo, que é habilitada, quando a conexão eleitoral funciona impropriamente (Gardner, 2005), as evidências apresentadas no apêndice B revelam o déficit de democracia com que opera a economia brasileira.

[95] E que tem influência substancial na ativação do peculiar poder de legislar detido pelo presidente da República com a emissão de MPs.

[96] Como mencionado no capítulo 1, uma imagem muito apta desse ambiente institucional é a do "governo de intermediários" (Ortiz e Issacharoff, 1999).

[97] Todavia, como explorado mais adiante (capítulo 6), não há por que tomar tal impacto distributivo como inexorável ou sistemático, uma vez que se põe em marcha o mecanismo institucional do *logrolling* que poderá atenuar esses ganhos diferenciados. Para um outro exemplo, ver, no apêndice A, a passagem legislativa que originou a Lei nº 11.079, de 30 de dezembro de 2004, que define a política de PPPs.

Nessa interação entre desiguais há amplo espaço de manobra para que se estabeleçam acordos e alianças entre os departamentos e suas subpartes: "ainda que [esses objetivos] possam ser contrariados por outras subpartes de [seus departamentos] e não sejam endossados pelo [departamento] maior em que tais subunidades operam" (Magill, 2001:646).

Por conseqüência, a caracterização de um enfraquecimento ou fortalecimento de um departamento ou poder diante dos demais também não é trivial.[98]

À medida que esse tipo de diagnóstico subentende que os poderes preferem diferentes resultados de política e que o resultado que prevalecer decorre de algum tipo de entendimento entre poderes, tem-se, por implicação, que o desequilíbrio observado no sistema de SP tem por contrapartida (Magill, 2001:647) o não-atendimento dos interesses associados com o departamento que é enfraquecido na SP e o atendimento dos interesses associados ao departamento que é fortalecido. Em suma, há uma contrapartida de atendimento preferencial que resulta de uma dada reconfiguração da SP.

A atuação de partidos políticos, por exemplo, pode recondicionar os incentivos a que estão sujeitos legisladores e presidente da República nesse sistema. Tome-se o fato de um ou mais partidos poderem transformar a presidência da República em um contrapeso genuinamente independente do Congresso (Levinson e Pildes, 2006:2321): os interesses políticos do presidente da República acabam por se afastar de um suposto papel apropriado que ele desempenharia na SP; em troca, tais interesses andam a reboque de interesses partidários. Ou, visto por outro ângulo, os ocupantes dos postos no Executivo

Continua

[98] Outra vez, rememore o leitor a longa e complexa experiência brasileira com o mecanismo de MP, contrapondo Executivo, Legislativo e Judiciário (Monteiro, 1997, 2000, 2004): a questão objetiva é determinar se essa experiência tem por contrapartida um avanço *não consentido* do Executivo sobre a agenda do Congresso Nacional. Muito embora se possa argumentar que disputas no sistema de separação de poderes não refletem um dilema contramajoritário (quadro 4 no cap. 5), a hipertrofia do Executivo na feitura de leis na economia brasileira qualifica tal percepção, visto que as escolhas majoritárias cedem lugar a um regime decisório administrativo (Monteiro, 1997, 2000, 2004).
Igualmente, lembro ao leitor a permissividade das regras constitucionais no Brasil que viabilizam que um legislador possa deslocar-se de seu posto para ocupar uma posição na burocracia do Executivo e, mesmo assim, reter seu mandato eletivo. Vale lembrar que o sistema da SP tem impacto na governança democrática, não apenas por alocar tarefas governamentais a departamentos políticos distintos, mas também por pressupor que esses departamentos não transfiram ou realoquem essas tarefas entre si. O vínculo do legislador no Executivo pode condicionar fortemente a autonomia de seu partido nas deliberações no Congresso Nacional. Esse tipo de migração de deputado ou senador ocorre, ademais, sem a concordância de seus eleitores: afinal, seus votos foram dados na circunstância tácita de uma *escolha legislativa*. O caso norte-americano é, nesse sentido, exemplar: esse tipo de migração tem por contrapartida a correspondente perda de mandato eletivo.

e no Congresso passam a ter poder e motivação atados a temas de políticas públicas e eleições – o que se configura como incentivos a que eles sejam amplamente indiferentes aos poderes e interesses dos departamentos de governo *per se* (Levinson e Pildes, 2006:2323). Essa é a hipótese de construção de um império institucional (Levinson, 2005:916-972).[99]

A perspectiva analítica adotada neste texto, que toma a política pública como resultante de um jogo, é muito adequada para que se possa melhor entender o significado de episódios como os que freqüentemente têm ocorrido na economia brasileira e que deixam antever a tensão com que opera a SP. Tome-se por exemplo a decisão (22-3-2006) do Supremo Tribunal Federal (STF) quanto à inconstitucionalidade da EC nº 52 (8-3-2006).[100] Tanto a EC nº 52 com validade imediata para a verticalização quanto a declaração da inconstitucionalidade de sua aplicação já nas eleições de outubro de 2006 reconfiguram o processo político, assim como recondicionam o eventual resultado das eleições legislativas e presidencial.[101]

Cabe notar, ademais, o significado de que, independentemente da variedade dos confrontos aqui citados, eles refletem um ponto central no arranjo de governo repre-

Continua

[99] Diante da complexa intermediação política (*governo de intermediários*), esse comportamento facilmente contorna a relação agente/patrocinador que se estabelece entre político e eleitor. Ver, igualmente, a discussão à margem do uso de MP, como apresentada no apêndice B, adiante.

[100] Incidentalmente, chamo a atenção do leitor para um importante sinal do descaso com que as regras constitucionais podem ser tratadas no Brasil. Na pressa de evitar maiores delongas na discussão do texto da EC nº 52, parcialmente aprovado quatro anos antes, e fazer aprovar o novo regime de alianças partidárias com efeitos já para as eleições de outubro de 2006, deixou-se ficar na EC nº 52 a redação original do art. 2º: "Esta Emenda Constitucional entra em vigor na data de sua publicação, aplicando-se às eleições que ocorrerão no ano de **2002** (destaque do autor)".
Por certo não se trata de um erro de revisão do documento, mas de uma estratégia que abreviaria a entrada em vigor da nova regra constitucional que, não obstante, esbarrava, como notado pelo STF, no art. 16 da Constituição: "A lei que alterar o processo eleitoral entrará em vigor na data de sua publicação, não se aplicando à eleição que ocorra até 1 (um) ano da data de sua vigência". Portanto o descaso é duplo: apressa o que deveria ser decidido com serenidade e conflita com as regras constitucionais em vigor.

[101] Dois outros contenciosos também observados em 2005/06 são: o acolhimento pelo STF de pleitos que limitam a capacidade investigativa de comissões legislativas em operação no Congresso Nacional desde meados de 2005 e a competição por liminares do Supremo Tribunal de Justiça (STJ) na regulação da vida partidária, como ocorrido em março de 2006 (convenção do PMDB para indicação prévia do nome do candidato presidencial pelo partido). Para os contornos mais efetivos do embate entre Congresso e Judiciário, ver "Ministros do STF criticam 'abuso' de CPIs", *Folha de S. Paulo*, 24 mar. 2006, Brasil, A9.

sentativo: a quem compete suprir o conteúdo substantivo das regras constitucionais? (Friedman, 2005; Barkow, 2002; Ortiz, 1999.) Implícito nessa questão está o pressuposto de que os departamentos políticos, muito especialmente o Congresso, têm características institucionais que os tornam superiores ao Judiciário na solução de certos problemas constitucionais (Barkow, 2002:240).[102]

Em verdade, a relação entre Executivo, Legislativo e Judiciário distribui-se entre os extremos da pura hierarquia e o arranjo coordenado. No primeiro caso, o topo da hierarquia é ocupado pelo STF, que tem o monopólio da interpretação constitucional. No arranjo coordenado, apesar de caber ao STF estabelecer os limites de sua própria jurisdição, o seu papel constitucional quanto a temas substantivos é transferido, desde que o tema seja identificado como uma questão política (Barkow, 2002:241-242).[103]

De todo modo, o tipo de fragmentação aqui identificado pode ser muito complexo e mesmo caótico, porém isso "é também o que nos assegura contra ameaçadoras concentrações de poder governamental" (Magill, 2001:651). Mesmo porque a SP não objetiva criar um processo decisório eficiente, mas minimizar o exercício de um poder arbitrário (Katyal, 2006).

Mais recentemente vem sendo ressaltada uma outra dimensão do poder do Executivo, a qual o reconfigura na separação de poderes: a autoridade do Executivo na interpretação legal, especialmente pelo avanço da fronteira regulatória estabelecida por "agências nacionais" (Anatel, Aneel, ANP, entre outras). Diante da crescente complexidade dos problemas econômicos e das ambigüidades nos textos de leis aprovadas no Congresso Nacional, o governo fica pressionado em sua expertise técnica, tanto quanto em sua responsabilização política – dimensões em que o Executivo se adapta melhor do que as instâncias judiciais (Sunstein, 2006).[104]

Um problema de ação coletiva que, identificado uma década atrás no arranjo institucional norte-americano (Calabresi, 1995), ajusta-se ao caso brasi-

[102] O quadro 4 no cap. 5, retoma esse tipo de questão.

[103] De todo modo, a feitura das leis e a política não são a mesma coisa e não devem ser consideradas como tais; todavia a experiência sugere que uma estrita separação entre lei e política é imprescindível (Friedman, 2005:264). Quase sempre os limites dessa separação têm aflorado em questões como a independência do Judiciário e o grau de responsabilização de decisões tomadas pelo Executivo e pelo Congresso. Nos anos 1990, por exemplo, o tema da emissão de MP é a ilustração mais saliente desse ponto de vista.

[104] Esta questão também se interliga ao "dilema contramajoritário" (quadro 4 no cap. 5): uma vez que é o Congresso que estrutura o processo decisório das agências reguladoras, de modo a refletir as preferências de políticas públicas dos legisladores, a interpretação de leis pelo Executivo promoveria a responsabilização pública mais democraticamente do que se fosse deixada à consideração judicial (Eskridge e Schwartz, 2006:2626).

leiro, de modo a colocar a questão eleitoral e a da capacidade legislativa do Executivo em bases mais densas do que tem sido habitual. Desde 1988, quando entraram em vigor as novas regras constitucionais, apesar de o tamanho da jurisdição federal ter-se expandido em poder de legislar e de geração de gastos, o sistema eleitoral e o conjunto de incentivos que esse poder cria mantiveram-se essencialmente os mesmos (Calabresi, 1995:34). Ou, visto por outro ângulo, o conteúdo e a natureza das políticas públicas estabelecidas na jurisdição federal são correntemente muito mais complexos do que eram ao final dos anos 1980, quando a arquitetura constitucional foi estabelecida, enquanto a estrutura de incentivos para a redistribuição do "bolo federal" foi se expandindo e se estabelecendo em bases localizadas.

Em decorrência disso, a conexão eleitoral que aloca esses atendimentos federais tornou-se cada vez mais paroquial, seguindo um padrão típico em que poucos obtêm os benefícios, enquanto os encargos (impostos, regulações) incidem sobre segmentos bem mais amplos, senão sobre o eleitorado como um todo.

Esse é, portanto, um dilema de ação coletiva, uma vez que boa parte desses redutos eleitorais poderia ficar melhor recebendo menores benefícios e, simultaneamente, menores níveis de encargos. Todavia esse é um mundo que não se realiza, pois nenhum legislador apoiaria tal mudança sem ter a certeza de que todos os demais políticos iriam caminhar na mesma direção.[105] Sendo o presidente da República, entre todos os políticos, o que representa o maior e mais heterogêneo reduto eleitoral e, ademais, sendo ele o único que tem limite a seu tempo de permanência no posto eletivo, uma outra saída para o dilema apontado por Calabresi é promover essa complexa distribuição do atendimento de políticas por meio da legislação emitida pelo Executivo.

É sob essa perspectiva que se pode mais bem entender a relevância das MPs, assim como a expansão das delegações que o Legislativo concede ao Executivo.

Uma conjectura para a hipertrofia do Executivo

Ao longo dos anos, seja no rastro de sucessivas crises econômicas, seja pela visão de mundo dos que se alçaram aos postos de mando na formulação da política econômica,[106] o Executivo passou a deter substancial poder decisório

---

[105] Mais genericamente, esse é também um exemplo de um "dilema de prisioneiros", no jargão da teoria de jogos.

[106] O que pode ser sintetizado pela observação feita em 1986 por um economista da equipe que, então, empreendia correções de rumo ao Plano Cruzado de que "o governo tudo pode" (Monteiro, 1997:132-134).

nas escolhas públicas sem que o Congresso Nacional dê efetiva demonstração de estar descontente com o *status quo*. Essa é uma situação que não apenas dissipa o sistema de separação de poderes, como vai mais além: o contraponto da legislatura, a responsabilização pelas escolhas públicas e o vigor das instituições de governo representativo ficam deteriorados por essa hipertrofia do Executivo. Um envolvimento sistemático e equilibrado do Congresso em apreciar os atos do Executivo minimizaria tais vícios e, igualmente, afastaria os legisladores da tarefa que a maioria de seus membros parece aceitar, sem maiores questionamentos, nos últimos 10 anos: flutuar entre ser uma extensão departamental do Executivo e, no pólo oposto, a instância de tribunal do Executivo.

Essa hegemonia do Executivo possui variadas origens:

- a inerente complexidade das políticas públicas se reflete na relação entre os dois poderes: cada vez mais, leis aprovadas no Congresso englobam razoável delegação de funções e recursos para a alta gerência do Executivo, que, desse modo, passa a herdar poderes legislativos específicos e, por vezes, poderes judiciais;[107]
- contudo é a emissão de MPs que oferece a evidência mais substantiva do condicionamento a que tem estado sujeito o processo decisório dos legisladores;[108]
- a configuração da estratégia de veto presidencial que, progressivamente, deixou de ser um recurso para bloquear projetos de lei mal alinhados com o interesse geral e tornou-se um instrumento para blindar decisões do Executivo (Katyal, 2006);[109]

---

[107] Além da vantagem de informação, o poder discricionário do burocrata resulta da própria estrutura do processo legislativo, ou seja, quando os legisladores delegam autoridade a uma agência governamental, eles permitem que o burocrata tenha a iniciativa no jogo de políticas públicas: ela estabelece um curso de ação que prevalecerá, a menos que a legislatura o impeça.

[108] Só muito esporadicamente o Congresso se volta para a necessidade de disciplinar tal mecanismo. Apenas em 2001 (EC nº 32, de 11-9-2001) houve a convergência necessária para aprovar um novo regime de formação das MPs e, ainda assim, tal decisão pode ter sido fortuitamente gerada por interesses conjunturais (Monteiro, 2004:142). O detalhado regime de regras que a EC nº 32 introduziu no art. 62 da Constituição criou, ele próprio, um controle exercido pelo Executivo sobre a agenda dos legisladores: a vigência máxima de uma MP (§4º), combinada com a automática prioridade da MP na deliberação do Congresso (§6º), pode levar ao bloqueio do processo decisório legislativo. Ver, a propósito, o apêndice B.

[109] Muito embora caiba ao Congresso apreciar o veto presidencial por regra de maioria, a habitual sintonia fina que se processa na legislatura com o *logrolling* ("troca de votos") é substancialmente comprometida pela exigência constitucional de voto secreto (art. 66, §4º). Vale ainda lembrar que o recurso ao veto é igualmente válido no caso de projetos de lei de conversão, isto é, aqueles que se originam de MP.

- em diversas ocasiões, quando a crise econômica torna-se especialmente grave, um fator coadjuvante dessa ascensão do poder presidencial é a deferência manifestada pelo STF.[110]

Figura 9

Um mecanismo institucional de hipertrofia do Executivo

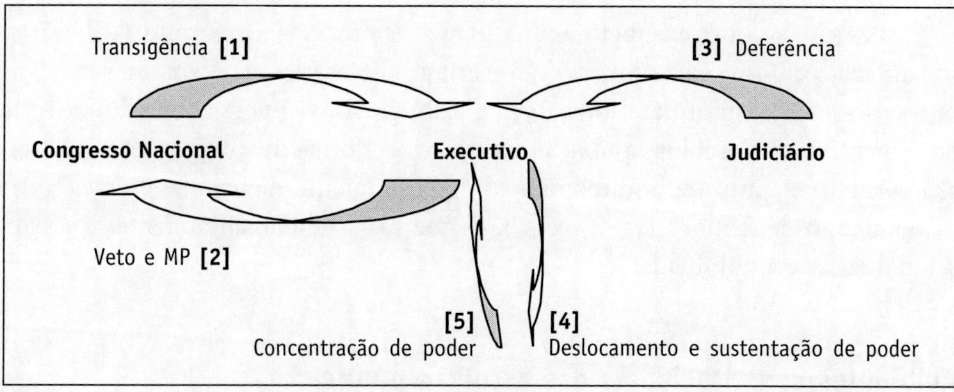

Em uma apta descrição do condicionamento do Congresso por uma combinação de deferência judicial, estratégia de veto presidencial e de emissão de MP, identifica-se um regime de catraca e tranca (Katyal, 2006:2321) que dificulta qualquer tentativa de limitar o poder do Executivo: catraca porque, diante da deferência na revisão judicial, os burocratas encontram vasta área de flexibilidade para instrumentar as políticas públicas, estabelecendo seguidamente novos patamares de atuação; e tranca porque as ameaças de veto e a emissão de MP prestam-se à fixação dessas políticas, levando a maioria legislativa a transigir.[111]

---

[110] magine-se a repercussão de o STF contrapor-se ou mesmo anular decisões fundamentais de um esforço de estabilização de preços, ainda que em sua instrumentação o plano econômico transgrida, em alguma extensão, regras constitucionais. A trajetória da política econômica entre meados de 1993 e 2000 oferece farta evidência dessa deferência (Monteiro, 1997, 2000).

[111] Nas duas semanas finais de junho de 2006, abriu-se um contencioso do Executivo com o Tribunal Superior Eleitoral (TSE) que se traduz pela eventualidade de o presidente da República enviar ao Congresso uma ou mais MPs tratando de reestruturação de carreiras e reajustes salariais do funcionalismo público ("Bastos confirma reajuste a servidores", *O Estado de S. Paulo*, 29 jun. 2006, Nacional, A4). Nessa época eleitoral, a emissão de MPs torna-se ainda mais perversa na dissipação da separação de poderes, uma vez que a iniciativa legislativa do Executivo encontra uma legislatura sazonalmente dispersa e, assim, com pouca atividade de votação. Acentuam-se, portanto, não apenas a

Esse mecanismo institucional é ilustrado na figura 9:

- a seqüência de eventos *{[2]→[1]}* combinada a *[3]* ativa *[4]*, o mecanismo de catraca-tranca;
- por via de *[4]* produz-se o aumento do poder decisório *[5]* do Executivo, não apenas sustentando-o nesse patamar, mas igualmente habilitando-o a realimentar-se a partir desse patamar.

Percebe-se que, em meio às freqüentes referências a reformas (tributária, trabalhista, política, entre outras) que seriam necessárias na economia brasileira, perde-se de vista a deterioração que a longa convivência com a hipertrofia do Executivo nas escolhas públicas tem provocado nas instituições de governo representativo. Entre os muitos déficits habitualmente mencionados na retórica política, o de democracia talvez seja o que mais fundamentalmente necessita ser reduzido ou eliminado.

Ambientes constitucionais das escolhas públicas

A tipologia apresentada adiante ressalta a complexidade com que as políticas públicas podem se operacionalizadas no governo. Aí estão relacionados formatos que têm sido estudados no entendimento da indução que os mecanismos institucionais promovem para sustentar um resultado macroeconômico. Essa tipologia é apenas indicativa dos meandros analíticos em que se pode caminhar quando efetivamente se modela uma política pública. Desse modo, estão excluídas desse roteiro sumário as participações dos burocratas, do Judiciário, dos grupos de interesses e do eleitor individual.

Uma tipologia de ambientes da política pública

1. Jogo legislativo

1.1 Unicameralismo (N representantes eleitos).

1.2 Bicameralismo ($N_1 + N_2$ representantes eleitos, sendo que, em geral, $N_1 > N_2$).

---

desproporcionalidade de MPs, comparativamente às leis originariamente produzidas por deputados e senadores, mas também as possibilidades de bloqueio da agenda da Câmara dos Deputados e do Senado Federal, como antes referido.

1.3 Com jurisdição de comissões (controle de agenda por um subgrupo em N_1 e N_2):
1.3.1 sem *logrolling*;
1.3.2 com *logrolling*.

2. Jogo da interação presidente-legislatura

2.1 Política pública unidimensional (equivalendo à escolha de pontos na reta):
2.1.1 jogo de veto → *(l, v)*, em que *l* é a escolha do legislador mediano (pivô) em *L*, o plenário da legislatura, e *v*, a manifestação do poder de veto do presidente da República, sendo *v* = *0* ou *v* = 1, isto é, o presidente dispensa-se de vetar ou veta integralmente a decisão de *L*;
2.1.2 jogo de apreciação de veto → *(l, v, s)*, em que *s* é a escolha do legislador decisivo (pivô) na votação do veto presidencial, por supermaioria.[112]

2.2 Política pública bidimensional (equivalendo à escolha de pontos no R^2):
2.2.1 arranjo bicameral *(P, L)*, em que *P* é o presidente da República e *L*, a legislatura unicameral de *N* membros:
2.2.1.1 jogo de veto;
2.2.1.2 jogo de apreciação de veto;
2.2.2 arranjo tricameral (P, C_i, S_j), $i = 1, 2, ..., N_1$ e $j = 1, 2, ..., N_2$, em que S_i é o *iésimo* deputado, e S_j, o *j-ésimo* senador:
2.2.2.1 jogo de veto;
2.2.2.2 jogo de apreciação de veto.

No capítulo 2, "governo" é definido como um jogo majoritário de *N* representantes eleitos (item 1 na tipologia acima). O arranjo decisório dos legisladores pode ser unicameral ou bicameral, e com a ativação ou não do mecanismo do *logrolling*. Complementarmente, há a descentralização por jurisdições de comissões legislativas.

Neste capítulo, na extensão do jogo para *(N + 1)* participantes, o presidente da República é apresentado ora interagindo com uma legislatura unicameral

[112] Por exemplo, a regra de três quintos. Esse é um recurso didático que transforma uma restrição qualitativa (voto secreto) em uma condição objetiva (tamanho mínimo da maioria) e que torna analiticamente mais tratável a resolução do jogo de políticas. De fato, no caso brasileiro, a restrição vigente na decisão legislativa do Congresso Nacional, quando aprecia o veto presidencial, é a de maioria de metade mais um *cum* voto secreto (art. 66, §4º, da Constituição). Em geral, para efeitos de elaboração analítica desse jogo, pressupõe-se o *equivalente quantitativo* da exigência de quórum supermajoritário.

(itens 2.1 e 2.2.1), ora na decisão tricameral que envolve o presidente e os processos majoritários de N_1 deputados e N_2 senadores (item 2.2.2). A introdução do presidente da República no jogo de políticas cria novas possibilidades de solução, uma vez que o presidente detém o poder de veto à decisão dos legisladores,[113] sendo que tal veto é posteriormente trazido a voto na Câmara dos Deputados e no Senado Federal.

113 Na tipologia aqui apresentada, simplificou-se a estratégia de veto como sendo ($v = 0$, $v = 1$). Na realidade brasileira, há o veto *parcial*, ou seja, v pode ser tal que $0 < v < 1$.

Capítulo 4

Burocratas[114]

Retomando a perspectiva de análise sintetizada na figura 4 (capítulo 1), cabe relembrar que os burocratas são superagentes na seqüência de delegações ali mostrada: não há uma linha direta de controle ou monitoramento entre burocratas e eleitores.[115] Em decorrência, são os legisladores e o presidente da República que se encarregam, em diferentes capacidades, da supervisão do desempenho dos burocratas.

A racionalidade do burocrata é, em última instância, definida pela maximização de poder discricionário que ele possa exercer na alocação de recursos orçamentários e em decisões regulatórias. Mais fundamentais para o burocrata são o tamanho e o crescimento de sua organização (Cooter, 2000), uma vez que é daí que ele deriva prestígio pessoal, longevidade no posto ou mesmo maiores chances de ascender na hierarquia governamental e, é claro, ganhos pessoais presentes e futuros.[116] Quanto a essa perspectiva temporal, vale lembrar que, mais à frente, quando deixar o posto público, o burocrata

---

[114] A organização do tipo burocracia caracteriza-se: a) pela limitação ou impossibilidade de apropriação de seus excedentes operacionais, a título de rendimento pessoal de seus membros – os burocratas; b) fundamentalmente, seus recursos são estabelecidos por outra organização, sendo o seu patrocinador de última instância uma organização coletiva – a legislatura. Tal conceito é expressivamente distinto do que ocupa a literatura sociológica na tradição de Max Weber. Ver, a propósito,(Niskanen (1971, cap. 2).

[115] Mesmo porque os eleitores contam-se aos milhões de indivíduos, o que tornaria inexeqüível qualquer tentativa de monitorarem os burocratas: os custos de transação seriam substanciais, especialmente agravados pela estratégia de *free riding* ("carona") de muitos deles.

[116] Para o ocupante de um posto na hierarquia do Executivo, por certo que o exercício de poder pode trazer um benefício intrínseco (talvez em termos de ideologia ou de preferência pessoal), sobretudo àqueles que, enquanto nesse posto, abrem mão de remuneração financeira mais elevada do que a que obteriam em uma carreira no mercado privado. Ao mesmo tempo, pode-se supor que o burocrata faz um *investimento institucional*: em toda sua permanência no setor público, ele percorrerá diversas posições profissionais no Executivo. A antecipação dessa trajetória condiciona parcialmente seu comportamento, num dado ponto do tempo (Levinson, 2005:927-929).

poderá ser acolhido em algum segmento do mercado privado.[117] Em certo sentido, a passagem por um posto na alta gerência na administração federal em um período de tempo *t* pode ser conceituada como etapa de investimento em uma carreira profissional no mercado privado a se iniciar em $t + n$, em que *n* é a duração de uma cláusula de transição, eventualmente estabelecida por regras que têm o propósito de desvincular, no tempo, o momento da saída do profissional de seu posto público e sua entrada em uma posição privada, em área de atividade correlata a sua anterior atuação no posto governamental.[118]

A síntese da maximização orçamentária é relevante, posto que tamanho da organização, acumulação de prestígio e poder, ascensão hierárquica e visibilidade junto aos mercados são valores positiva e fortemente correlacionados com o volume de recursos que o burocrata tem sob sua autoridade (Niskanen, 1971).[119] O quadro 3 ilustra uma classe de estratégias disponível ao burocrata e que viabiliza a operacionalização de seu poder discricionário.

Quadro 3

Estratégias da burocracia e o paradoxo da privacidade

Sempre que os burocratas se vêem bloqueados em suas pretensões de implementar uma política econômica que promove uma transferência líquida de renda privada para a economia pública, invariavelmente eles se reposicionam no jogo a partir de um novo

Continua

[117] Na figura 4 do capítulo 1, a seta orientada do grupo de interesses para a burocracia capta o fenômeno associado a essa racionalidade dos burocratas do Executivo: os graus de liberdade de sua ação na economia são substancialmente determinados pelos elos, atuais e futuros, que os associam aos interesses preferenciais do mercado de bens e serviços. Para uma exploração quanto a potenciais delitos nessa relação, ver "Conflito caseiro", *Jornal do Brasil*, 21 set. 2003, B8.
Todavia, esses interesses não precisam ser necessariamente entendidos como socialmente adversos. Há justificativas instrumentais e não-instrumentais para a seta que aparece na figura 4 saindo do grupo de interesses e é orientada para os burocratas. Primeiramente, uma burocracia governamental pode tomar decisões inadequadas, por incompetência ou não; o conhecimento especializado que pode ser viabilizado pela ação do grupo de interesses (e, de fato, por qualquer outro tipo de agente privado) contribui para que o processo decisório gerencial-administrativo do governo ganhe em qualificação. Por outro lado, a participação dos agentes privados na tomada de decisão da burocracia torna essa decisão mais aceitável ou legítima, em decorrência do envolvimento de segmentos da sociedade que, em última instância, serão alcançados pelas conseqüências das escolhas dos burocratas (Magill, 2005).

[118] Essa barreira pode ser definida por meio da adição de conjuntos específicos de regras ao jogo de políticas. Ver quadro 8 no cap. 6.

[119] A hipótese de Niskanen quanto à maximização do orçamento é mais propriamente entendida como a maximização da *diferença* entre o orçamento total da burocracia e os custos mínimos de produzir o seu volume de atividades.

conjunto de estratégias que atende a essas mesmas pretensões, porém contornando os impedimentos que a sociedade lhes havia colocado.[120] Assim, diante da revogação[121] do aumento de impostos contemplado pela MP nº 232, de 31 de dezembro de 2004, promovida em seqüência à reação contrária à MP nº 232, na Câmara dos Deputados, a autoridade fiscal fez divulgar a necessidade de o governo ser compensado pela perda de arrecadação de imposto de renda da pessoa física (IRPF) resultante da correção da tabela de descontos desse imposto.[122] O argumento da autoridade fiscal alimenta-se do "paradoxo da privacidade" (Swire, 1999:461): o cidadão-contribuinte estaria propenso a aceitar perdas em sua liberdade econômica no curto prazo, muito embora se preocupe com invasões de sua privacidade no longo prazo.

Uma vez que o argumento básico de que o aumento de impostos se faz necessário para manter o esforço de ajuste fiscal[123] não foi reconhecido como válido no citado embate na Câmara dos Deputados, o governo busca outra âncora para validar o aumento de arrecadação. Nesse sentido, a pretendida compensação passa a ser vinculada às questões mais amplas do combate à sonegação e do aumento da eficiência tributária ("razões admiráveis") (Swire, 1999:479); correspondentemente, o propósito das novas regras do jogo seria ampliar o conjunto de atividades que terão tributos, como o Programa de Integração Social (PIS), a Contribuição para o Financiamento da Seguridade Social (Cofins), a Contribuição Social sobre o Lucro Líquido (CSLL) e o imposto de renda da pessoa jurídica (IRPJ) recolhidos antecipadamente, com a maior retenção na fonte. No entanto o secretário da Receita Federal não vê relação entre essa maior retenção e a expansão de carga tributária,[124] ou seja, o processo de como se arrecada o imposto não aumentaria o volume da transferência de renda que tal mudança possa ocasionar ou mesmo o próprio poder de tributar. Em verdade, esse vínculo que o secretário não percebe tem desdobramentos ainda mais complexos.

Continua

[120] Talvez o exemplo mais expressivo e variado dessa classe de ocorrência seja a seqüência de movimentos iniciados logo após o anúncio do Plano Collor. A cada reação dos agentes privados em decorrência da forte regulação econômica viabilizada por MP, a então ministra da Fazenda e seus principais assessores vinham a público anunciar uma nova configuração das restrições ao conjunto de escolhas de consumidores e produtores, deixando-lhes menor espaço de manobra.

[121] MP nº 243, de 31 de março de 2005.

[122] O esforço de *amaciamento* da opinião pública é exemplificado por entrevistas concedidas pelo secretário da Receita Federal ("Queremos aumentar a retenção na fonte", *O Estado de S. Paulo*, 10 abr. 2005, Economia, B4) e pelo anúncio de um projeto de lei tratando das necessárias compensações a ser encaminhado ao Congresso Nacional.

[123] Neutralizando a perda de R$ 2,5 bilhões gerada pela correção dos descontos do IRPF.

[124] "Queremos aumentar a retenção na fonte", *O Estado de S. Paulo*, 10 abr. 2005, Economia, B4.

A justificativa de obter maior parcela de renda privada em troca de menor sonegação e maior eficiência na economia pública leva à expansão dos controles governamentais sobre os contribuintes. Por seu turno, maiores controles resultarão em que os contribuintes sejam confrontados com novas classes de custos (Swire, 1999:472-477):

- o fato de que os burocratas passam a deter mais informação sobre as atividades do contribuinte reduz o anonimato do contribuinte perante o fisco, deixando-o mais exposto ao poder discricionário governamental;[125]
- "efeitos de entorpecimento", ou seja, com maior supervisão da autoridade fiscal, o contribuinte passa a condicionar sua atividade produtiva em função do calendário de recolhimento de impostos. Esse é um argumento que pode ser utilizado na retórica oficial em defesa da estratégia de maior controle da arrecadação: práticas danosas ao interesse coletivo poderão, assim, ser neutralizadas na estratégia do agente privado;
- "custos de obter menor transparência", isto é, tanto maiores os controles governamentais, maior a indução a que está sujeito o contribuinte para que suas informações tributárias mantenham seu caráter privado – o que, por certo, pode levar a gastos privados significativos para tornar o contribuinte menos perceptível aos olhos da burocracia;[126]
- ônus de atender às novas normas reguladoras, uma vez que as regras tributárias demandam do contribuinte o desempenho de rotinas gerenciais adicionais em seu relacionamento com o fisco.

As novas regras puramente tributárias acabam se desdobrando para alcançar outras dimensões dos negócios privados, nas áreas financeira, trabalhista e comercial, por exemplo. Em decorrência, reduzem-se a privacidade, o anonimato e a liberdade econômica do contribuinte.

125 Em caso de perda de arrecadação, em uma crise, por exemplo, trivialmente as retenções na fonte podem tomar a forma de instrumento preferencial a ser usado. Ou ainda: por conveniência eleitoral, os políticos passam a deter nova moeda de troca para efetivar suas negociações. Mesmo porque há uma tendência de o processo legislativo permitir que, ao longo do tempo, esse maior nível de discricionariedade tributária se sustente, operando como uma "catraca" ou "cremalheira" institucional. Na emergência de se lidar com lavagem de dinheiro, sonegação de impostos e ajuste fiscal, a autoridade fiscal dramatiza tais necessidades e apressa-se a *trancar* seus poderes expandidos pela legislação antes que tais emergências percam *status*. Por essa razão, os políticos acabam se colocando ao lado do reforço do poder de tributar do Estado (Swire, 2004:914-915). Sugiro ao leitor passar em revista medidas de política econômica que, anunciadas como transitórias, quando adotadas em tempos de crise, acabaram por se perpetuar no rol de poderes da alta gerência econômica do Executivo.

126 Em uma conhecida dinâmica, essa possível reação dos contribuintes pode, por seu turno, disparar uma seqüência de novas regulações econômicas e uma busca adicional de intransparência por parte do contribuinte, e assim por diante.

Uma dimensão preliminar do jogo dos burocratas é estabelecida na competição das diversas burocracias públicas por um dado volume de recursos orçamentários. Como o patrocinador é único, a supervisão legislativa da burocracia associa o burocrata ao segmento relevante dessa supervisão na legislatura (as "altas" demandas) na determinação desses volumes orçamentários; as estratégias disponíveis ao burocrata decorrem essencialmente de sua vantagem comparativa no conhecimento da informação sobre a atividade da própria burocracia,[127] bem como da extensão em que a racionalidade do patrocinador (os legisladores) possa estar sincronizada à racionalidade do agente (o burocrata).[128]

No entanto a sincronia entre burocratas e políticos (e, por extensão, a sociedade) está longe de ser uma ocorrência institucionalmente simples. Essa interação define um dos fundamentos do governo representativo no jogo de políticas: o sistema constitucional de separação de poderes.[129] Essa relação reflete disfunções clássicas de toda relação agente/patrocinador, tais como (Kiewiet e McCubbins, 1991, cap. 2):

- custos de agência – custos em que incorre o patrocinador para atenuar suas perdas em bem-estar em face das ações do agente;[130]

---

[127] Sendo o patrocinador único, não-especializado e com interesses que mudam ao longo do tempo consoante a composição da legislatura, percebe-se o aspecto fundamental dessa vantagem. Ademais, as próprias regras do processo orçamentário delimitam a decisão legislativa quanto aos volumes e destinações dos recursos orçamentários: o rito é sumário, e a decisão legislativa se processa sob o controle de agenda da própria burocracia (essa decisão tem como ponto de partida a proposta orçamentária definida no Executivo). Em verdade, os patrocinadores da burocracia podem ser tratados como múltiplos, com uma legislatura bicameral, e o presidente da República. Desse modo, há uma variedade de novos problemas que pode ser reconhecida na relação de agente e patrocinador: conflitos entre o presidente e o Congresso; entre políticos e partidos políticos no Congresso; entre Câmara dos Deputados e Senado Federal; entre comissões legislativas; e entre partidos, segundo a prática habitual de alocar o controle de ministérios pelos partidos que integram a "base governista".
A capacidade institucional do Congresso no processo orçamentário da União pode ser especificada por uma variedade de fatores, tais como: poder de emendar a proposta orçamentária; custo da não-aprovação da lei orçamentária até 31 de dezembro, definido pelo ponto de reversão na circunstância de atraso nessa decisão; tempo disponível para a apreciação da proposta; especialização e poder decisório, disponíveis na jurisdição de comissões e subcomissões legislativas; e extensão do acesso à informação orçamentária. Sobre a construção de um índice sumário que reúna todos esses fatores, ver Wehner, 2006.

[128] Entre o final dos anos 1960 e o início dos anos 1970, a literatura econômica passou a modelar o jogo do orçamento público, com a burocracia atuando como um monopólio e a legislatura, como um monopsônio (Niskanen, 1971).

[129] É nesse segmento que o caso brasileiro de 1994-2001 é tão especial, levando-se em conta a autonomia com que transcorre a ação dos burocratas do Executivo (Monteiro, 1997, 2000, 2004).

[130] O patrocinador deseja minimizar os custos de agência, e o agente tem igual interesse, de vez que ele poderá ser beneficiado com a liberação de recursos. Operacionalmente, essa minimização pode traduzir-se, por exemplo, pela adoção de um contrato em que as compensações pagas ao agente estejam vincu-

- incompatibilidade de incentivo – o agente faz uso estratégico da informação, podendo mesmo ocultá-la do patrocinador;[131]
- dificuldades de o patrocinador inferir o sentido da ação do agente, ainda que observando seu resultado;
- o dilema madisoniano – recursos e autoridade atribuídos ao agente (o governo incumbente) podem ser utilizados contra os interesses do patrocinador (a sociedade).

A essa tipologia podem ser acrescentadas duas qualificações:

- o burocrata opera em uma relação agente/patrocinador de segunda linha, relativamente à sociedade, uma vez que ele não detém mandato eletivo. Desse modo, sua atuação nas escolhas públicas impõe custos de superagência[132] aos eleitores;
- a intermediação do burocrata habilita o *rent seeking* por via gerencial[133] e pode ainda reforçar os custos de superagência com a apropriação de ganhos especiais pelos próprios burocratas.

---

ladas à sua produtividade e investindo-se em monitoramento das ações do agente. Ao mesmo tempo, perceba o leitor que a redução dos custos de agência pode ser promovida por meio do bicameralismo nas decisões legislativas e do sistema de separação de poderes. Esse é o caso normativo típico em que o constitucionalismo é recomendado, de vez que tais arranjos tendem a dificultar a obtenção de transferências de renda e riqueza por grupos de interesses especiais. Para um interessante exemplo de custos de agência, ver Monteiro, 2004:128-135 (*Problemas de delegação legislativa*) e 188-191 (*O "Caso Anatel"*).

[131] No ambiente de instituições representativas puras, esse é um recurso implícito na estratégia do burocrata. Contudo, no cenário brasileiro, essa tem sido uma ocorrência que, por vezes, assume a característica de franca depreciação do Congresso. Tal é o caso, por exemplo, da recusa ou protelação, por parte de um ministério, em responder a pedido de informação encaminhado pela Mesa da Câmara dos Deputados por solicitação de um deputado. Em um contexto mais amplo, esse é um fenômeno que pode decorrer de toda uma ordem constitucional que não seja *compatível em incentivo* ou *auto-implementável*. Uma Constituição é dita auto-implementável quando os cidadãos atuam em resposta a incentivos pessoais, definidos dentro da *estrutura* criada pela Constituição. O auto-interesse de legisladores, presidente da República e eleitores produzirá um fluxo de políticas públicas que é consistente com os valores constitucionais (Tushnet, 1999:120-128). Por certo que a ação de grupos de interesses especiais apresenta um desafio à obtenção dessa propriedade.

[132] Este conceito foi introduzido anteriormente no capítulo 1.

[133] Observe o leitor, na figura 4 do capítulo 1, a seta que é orientada do bloco do grupo de interesses para o dos burocratas. Em reciprocidade a esse conduto de *lobbying* e uso da mídia – e mais indiretamente pelos recursos aportados às campanhas de seu patrocinador mais direto (políticos individualmente e partidos) –, o burocrata provê atendimento de políticas preferenciais. Ativa-se, pois, um mecanismo de *rent seeking*.

A economia brasileira dos anos 1990 é um ambiente institucional no qual se pode conjecturar tal mecanismo atuando com grande intensidade. Com efeito, em 1994-2001, a feitura das leis ocorre substancialmente por emissão de MPs – o que substitui o legislador pela alta gerência econômica do

Uma extensão mais complexa da presença dos burocratas nas escolhas públicas pode ser construída a partir da supervisão legislativa que está implícita na variedade de delegações de autoridade decisória que os políticos concedem aos burocratas. Essa delegação pode ocorrer sob diferentes arranjos. Seja o caso da ANP:

- simplificadamente, suponhamos que essa agência tenha por mandato primário a regulação do fornecimento de derivados do petróleo (Lei nº 9.478, de 6-8-1997);
- todavia o Congresso também superpõe a esse mandato outros mandatos secundários que acabam por limitar indiretamente[134] o poder discricionário do burocrata da ANP, impondo-lhe considerações adicionais que eventualmente resultam de diferentes classes de políticas públicas[135] e, portanto, levam essa agência a interagir previamente com outras burocracias (agências, ministérios) antes de formular sua decisão no mercado específico em que atua.

Desse modo, uma burocracia governamental confronta-se com um mandato múltiplo articulado em um processo decisório que transcende os limites de sua vinculação meramente administrativa. Se assim é, a articulação de uma estratégia pelo burocrata nas escolhas públicas é menos trivial do que simplesmente dispor de uma estratégia orçamentária, como se supôs anteriormente.[136]

Esse mandato expandido da burocracia torna menos trivial a teia da supervisão legislativa: o número de comissões legislativas envolvidas é maior e os critérios de aferição de desempenho, mais complexos (se de todo não forem conflitantes), e são maiores os custos de transação na decisão da legislatura. De igual modo, a burocracia passa a ser alcançada por demandas de grupos de

---

governo no papel de provedor de legislação relevante (Monteiro, 2000, 2004). "Ao advogar um interesse preferencial, mais poderosamente do que qualquer de seus patrocinadores individuais [eleitores] poderia fazê-lo, os *superagentes* [burocratas] podem exercer pressão mais efetiva sobre os representantes eleitos para emitir legislação que promova os estreitos interesses de patrocinadores específicos" (Ortiz e Issacharoff, 1999:6).

134 O que pode ser percebido na própria feitura das leis, quando uma lei ambiental, por exemplo, é aprovada à parte de qualquer vínculo com a lei de criação de uma agência como a ANP. Mesmo porque essas leis podem se distanciar no tempo e serem habilitadas por diferentes coalizões políticas (DeShazo e Freeman, 2005:2220).

135 No caso da ANP, uma dessas classes relevantes resulta da regulação ambiental, cuja origem pode ser uma unidade decisória organizacionalmente distante da ANP: o Ministério do Meio Ambiente.

136 A vantagem comparativa do agente (burocratas) em termos de informação é, portanto, regulada por estratégias de seu patrocinador (políticos) que direcionem o comportamento dos burocratas na provisão de benefícios líquidos para o reduto eleitoral do patrocinador.

interesses que são mais variadas. No exemplo sob consideração, a ANP torna-se alvo não apenas dos grupos de produtores que operam no mercado de petróleo, mas também daqueles grupos que melhor articulam suas demandas sob a bandeira da proteção ambiental.[137]

Nessa ambientação institucional, surge o problema dual da transigência pelo burocrata em face dos termos em que seu mandato expandido é estabelecido e do *design* de estratégias de supervisão legislativa quanto a esse comportamento. Essa transigência torna-se mais provável quando a legislatura opta por uma classe de estratégias que vincula mais firmemente as várias burocracias umas às outras, precisamente por meio da extensão dos mandatos das agências públicas.

A figura 10 é um recurso didático que ilustra essa possibilidade de obter a transigência da burocracia.

A supervisão legislativa se exerce por meio da estratégia *{([3] → [4]) → [5]}*, ou seja, por via da extensão *[3]* do mandato de *(A)*, construída a partir do mandato original *[2]* de *(B)*, a legislatura impõe restrições ao conjunto de escolhas de *(A)*, no que é reforçada, ademais, pelo *lobbying [4]* de *(B)*, cujo desempenho *[6]* é parcialmente vinculado[138] ao desempenho *[5]* de *(A)*.

Uma virtude dessa estratégia (DeShazo e Freeman, 2005) é dar *status* de recurso da supervisão legislativa a um tipo de ocorrência que tipicamente é tratado na esfera gerencial-administrativa do Executivo.[139] Sob essa perspectiva, pode-se perceber uma função mais efetiva do Congresso Nacional na operacionalização de políticas públicas que, de certo modo, descentraliza o controle de poderes que os políticos delegam às instâncias decisórias do Executivo. Essa é uma vertente pela qual se pode pensar em aperfeiçoar o sistema constitucional de separação de poderes.[140]

---

[137] Interesses que podem ter demandas significativamente distintas, senão conflitantes, em termos do mandato original (petróleo) e do mandato secundário (proteção ambiental). De fato, a Lei nº 9.478, de 6 de agosto de 1997, que criou a ANP, arrola a preservação do meio ambiente como um de seus objetivos. Na presente argumentação, o mandato secundário ou estendido da ANP relativamente ao meio ambiente assume o significado de uma regulação mais detalhada surgida por iniciativa do Ministério do Meio Ambiente, por exemplo. A propósito, a ANP é vinculada ao Ministério de Minas e Energia.

[138] Por questões de facilidade de exposição gráfica, esse vínculo, *([5] → [6])*, não é aqui indicado; tampouco é mostrado na figura 10 o *lobbying* simultâneo de *(A)* sobre *(B)* – o que certamente é uma ocorrência muito provável.

[139] Por exemplo, na coordenação da formulação de políticas.

[140] Como contraponto, chamo a atenção do leitor para o fato de que o intenso e recorrente uso de MPs na feitura das leis muito terá contribuído para que se deixe de explorar essa classe de ganhos.

Uma outra variante da relação agente/patrocinador que se estabelece entre burocrata e político é que o burocrata detém um poder *sui generis* de influenciar quem ocupará a posição de patrocinador (Moe, 2005), ou seja, o burocrata pode usar sua vantagem comparativa na operacionalização de políticas[141] de modo que ele possa aumentar sua influência no próprio resultado eleitoral.[142] Em certa medida, essa vertente subverte a relação agente/patrocinador típica, pois, "quanto mais poder eleitoral os burocratas sejam capazes de viabilizar, tanto mais incentivos os seus patrocinadores terão a agirem como agentes dos agentes" (Moe, 2005:4).

Figura 10

Supervisão legislativa da burocracia: a estratégia de mandatos expandidos

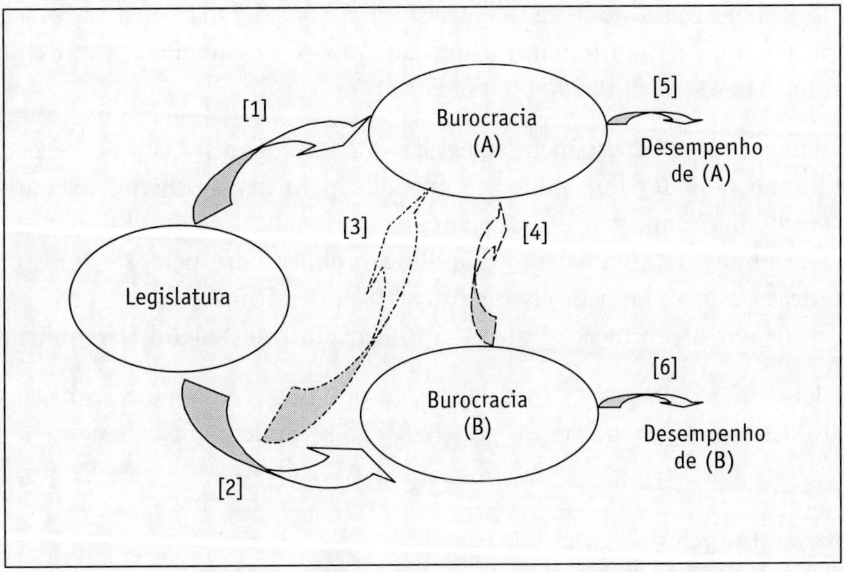

[141] Vantagem que se traduz pela assimetria de informações quanto a essas políticas e que beneficia o agente em seu relacionamento com o patrocinador.

[142] Essa conjectura torna-se ainda mais atraente quando se percebe que, *diretamente*, o burocrata não detém mandato eletivo (salvo as aberrações brasileiras que permitem a um deputado ou senador exercer um posto na burocracia do Executivo e, ainda assim, não perder o mandato eletivo), porém, por essa *via indireta* da operacionalização de políticas, ele pode exercitar um poder político. Moe (2005) acrescenta ainda uma outra dimensão do poder político do burocrata: a possibilidade de que ele possa atuar como grupo de interesses preferenciais, o que fica descartado na argumentação apresentada neste texto. A esse respeito, ver o capítulo 1.

Delegação e pré-comprometimentos

No centro de boa parte das relações entre o Executivo e o Legislativo quanto às iniciativas de política empreendidas pelo presidente da República[143] está um complexo mecanismo de poder de legislar que, com maior ou menor explicitação, o Congresso delega ao Executivo. Em que medida tem sido possível o uso de poder discricionário pelo Executivo nessa tarefa? Até que ponto o exercício de legislar empreendido pelo Executivo é impróprio?

Em pelo menos duas frentes a controvérsia mostra-se muito relevante na trajetória da economia brasileira: primeiro, na emissão de MP[144] e, depois, no avanço da dimensão regulatória, a questão da delegação torna-se mais densa, visto que uma lei aprovada no Congresso é um meio necessário para traduzir poder de execução por força de uma dada conexão causal com os fins contemplados nessa legislação (Lawson, 2005:235).[145]

A extensão em que uma delegação[146] é considerada constitucionalmente própria resulta do atendimento a fundamentos da democracia representativa, tais como (Lawson, 2005; Rappaport, 2001):

- ao diferenciar os departamentos legislativo e executivo (separação de poderes);
- ao limitar o poder que pode ser exercido pelo departamento executivo do governo (harmonia entre os poderes);
- ao assegurar que uma decisão de política pública deve percorrer dois processos de escolhas majoritárias distintos (bicameralismo);
- ao restringir a produção de legislação estritamente federal (federalismo).

Uma interpretação dessa delegação é que possivelmente a regra constitucional (sistema de separação de poderes) não se aplicaria estritamente a certas

---

[143] E, por extensão, pelos burocratas do Executivo.

[144] Como já mencionado, até meados de 2001 as regras constitucionais virtualmente não impunham limites à capacidade do presidente da República em emitir leis sob o formato de MP, de modo que a fronteira entre os usos "próprio" e "impróprio" desse recurso na feitura das leis era tênue; com a EC nº 32 (11-9-2001), o conjunto de regras estabelecidas pelo art. 62 da Constituição passou a condicionar o que seria um entendimento mais preciso dessa delegação. Por certo que há uma *predisposição* cíclica do Congresso em circunscrever adicionalmente a emissão de MP.

[145] Especialmente em decorrência da política de privatização (década de 1990), e sob o arranjo de PPPs, o tema da delegação torna-se ainda mais significativo não apenas na atuação das "agências nacionais" (ver o caso das atividades privatizadas), como também no intrínseco poder de regulação a ser desempenhado pelo parceiro privado na operacionalização de uma PPP. Neste último exemplo é importante notar que a Lei nº 11.079, de 31 de dezembro de 2004, explicitamente torna indelegáveis as funções de regulação nas parcerias (art. 4, III).

[146] Por via de MP ou por via da ampliação do mandato de execução de uma lei.

áreas de políticas públicas (Rappaport, 2001). Mais descritivamente, essa delegação integraria a articulação harmônica que se pretende na operacionalização desse sistema. Por conseqüência, o poder presidencial de legislar comportaria apenas uma limitada discricionariedade.[147]

A economia orçamentária pública serve para ilustrar uma outra peculiaridade da delegação. A delegação pode ser tal que ela define conjuntos detalhados de novas regras do jogo que passam a operar em um nível de percepção menos transparente, já que elas transferem poder de decisão para um nível regulatório secundário (procedimentos operacionais de agências executivas, por exemplo).

A figura 11 ilustra esse ponto de vista (Newberry e Pallot, 2003:474-476).

Os modernos sistemas gerenciais favorecem a que os governos descartem ativos (políticas de privatização) tanto quanto configurem as políticas públicas por uma variedade de comprometimentos que assumem perante os agentes privados e a sociedade em geral. Desse modo, duas vertentes na trajetória da economia pública são:

- a redução da parte mais visível da economia pública (produção de bens e serviços), com o aumento da participação de agentes privados nessa produção e na detenção de propriedade (Savas, 2000:3);
- nesse processo – e a despeito do balizamento que uma dada lei aprovada no Congresso possa estabelecer – amplia-se o poder dos burocratas para estabelecer comprometimentos de política.

Em termos de política fiscal, essas vertentes promovem a mudança sutil da percepção quanto à dimensão orçamentária pública. Já na política de PPPs, por exemplo, os comprometimentos contratuais quanto à compra de produção privada são o formato preferencial sob o qual o governo passa a incorrer em dívida. Na figura 11, como sinalizado pela seta, há uma troca de dívida no formato *A* por *B* (Newberry e Pallot, 2003:486).[148]

---

[147] De fato, o Congresso Nacional muitas vezes atua como contraponto ao poder presidencial. Adicionalmente, o grau de exposição pública do presidente da República é, hoje em dia, muito elevado, podendo-se mesmo dizer que, em determinadas ocasiões, a *supervisão pública* (procuradores, grupos de interesses e organizações não-governamentais, ONGs, em geral, mídia) substitui a supervisão legislativa das escolhas do Executivo.

[148] Por decorrência, o cidadão-contribuinte-eleitor e os legisladores vêem-se diante de um Estado menos transparente, fenômeno em relação ao qual pouco podem fazer em termos de impor-lhe limites. Reconfigurado nesses termos, o princípio da delegação assume características muito complexas e que

Figura 11
Um mecanismo de delegação: a transformação de fatos orçamentários em fatos não-orçamentários

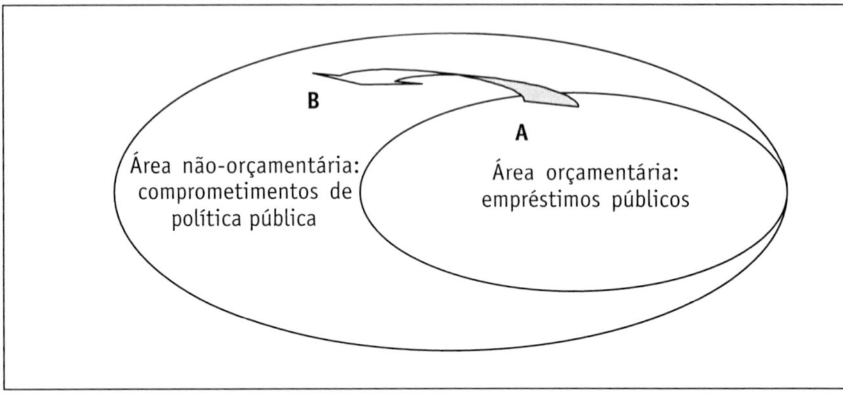

---

tornam ainda mais relevante a questão do controle que as regras constitucionais impõem ao poder discricionário exercido na área *B*, como mostrado na figura 11. Para tanto é uma experiência didática antecipar como ocorrerá a implementação da política de PPP com o Estado contratante (Monteiro, 2006) tipicamente operando na apresentação e sustentação de comprometimentos.

Capítulo 5

Juízes[149]

Dados sua inerente desvinculação partidária, a vitaliciedade do cargo que ocupam e o processo compartilhado de sua indicação, os integrantes do Judiciário participam do jogo com motivação essencialmente doutrinária ou ideológica?[150] Essa atuação decorre do exercício de um poder de veto *ex post*, determinando a reversão das decisões estabelecidas pelo presidente da República, por burocratas e pela legislatura.[151]

Nessa ordem de considerações, a independência do envolvimento do Judiciário nas escolhas públicas decorreria fundamentalmente de regras constitucionais e, mesmo, de leis ordinárias.[152] Contudo a tarefa judicial é desempe-

---

[149] Mais propriamente, os integrantes do tribunal de maior nível hierárquico, ou seja, o STF.

[150] Esta é uma questão que quase sempre é tratada fora do ambiente político em que transcorrem as escolhas públicas; todavia, como mencionado mais adiante, a consideração da decisão judicial em um ambiente institucionalmente mais rico qualifica expressivamente a questão da independência do Judiciário.

[151] Ver na figura 4 no capítulo 1 a localização da revisão judicial. O Judiciário pode ser uma fonte de substanciais custos de transação para a decisão política.

Igualmente, em razão das proteções de seus mandatos, os juízes podem ser tidos como agentes de decisão que enquadram as escolhas públicas em uma visão de longo prazo, contrapondo-se aos políticos que têm o foco de curto prazo para essas mesmas escolhas. Como tal, o Judiciário é potencial fonte de *aconselhamento* ao processo decisório legislativo (Katyal, 1998). Para tanto, a argumentação escrita, típica na decisão judicial, muito favorece a que os juízes desempenhem tal função. Sua indução a assim proceder decorre da repercussão negativa que teria sobre os políticos um anúncio de posição estrita assumida pelos juízes; assim, o Judiciário superpõe a essa posição um aconselhamento amplo, explicitando a racionalidade e as suposições que fundamentam tal posição (Katyal, 1998:1711). Essa é, todavia, uma proposta polêmica, de vez que qualifica a operação do sistema constitucional da separação de poderes, tanto quanto pressupõe habilidades que eventualmente os juízes não detêm. Na mesma linha de argumentação, pode-se pressupor que uma burocracia *bem estabelecida* possa se desempenhar melhor nessa competência do que os juízes.

[152] Exemplo recente de restrição ao Judiciário imposto por iniciativa legislativa é a decisão da Comissão de Constituição e Justiça (CCJ) do Senado Federal aprovando o Projeto de Lei nº 50 (24-4-2006), que, modificando a Lei nº 1.533 (31-12-1951), limita a atuação individual de juízes do STF na concessão de liminares. Ver, a propósito, "Decisão do Senado limita ação do Supremo", *Folha de S. Paulo*, 27 abr. 2006, Brasil, A13.

nhada sob condições muito especiais. Afinal, maiorias populares podem estar refletidas nas decisões do presidente da República e dos legisladores, mesmo que os juízes as julguem inconstitucionais.[153] Esse é um conflito que se traduz em uma questão concreta para a revisão judicial[154] no sistema de separação de poderes: em que bases uma decisão dos juízes de intervir no processo legislativo se sustenta, anulando escolhas públicas estabelecidas democraticamente?[155]

Um exemplo nesse sentido é a sugestão que freqüentemente se faz de que o uso do processo eleitoral[156] pode substituir a revisão judicial na solução de

---

[153] Ver, adiante, quadro 4.

[154] Um possível critério para a revisão judicial é:

- a lei não deve impor custos a uma classe de não-beneficiários (eqüidade);
- os custos associados à lei excedem os seus benefícios (eficiência).

Por outro lado, essa revisão judicial é polêmica. Por exemplo, pode-se argumentar que certas decisões judiciais que derrubam ação do Legislativo ou do Executivo estabelecem uma relação hierárquica que equivale a "vetos suspensivos" por parte de uma instância *superior* às decisões tomadas por uma instância *inferior*.

[155] Em 2005/06 eram três as vertentes em que se argumentava quanto à fragilidade institucional do STF:

- em meio à crise política iniciada em meados de 2005, decisões liminares contrariam interesses de comissões parlamentares de inquérito e da Comissão de Ética da Câmara dos Deputados que, então, operavam com grande visibilidade no Congresso. A reação de lideranças no Congresso parece indicar que a autonomia judicial deva resultar na certeza da deferência do Judiciário;
- ao término de seu primeiro mandato (dezembro de 2006), o presidente da República terá tido a chance de indicar seis novos integrantes para o STF, o que possibilitaria imprimir uma fidelidade ideológica na expressiva parcela desse tribunal e, assim, viciar atuais e futuras decisões constitucionais.
  Vale lembrar que em meados de 1997, no rastro da implementação do Plano Real, noticiava-se que a coalizão então no poder tentaria ampliar a composição do STF de 11 para 15 juízes, de modo a obter tal fidelidade (Monteiro, 1997, prefácio). Note o leitor a semelhança dessa estratégia com o caso norte-americano da era do New Deal, por volta de 1937: "Roosevelt queria expandir a [Suprema Corte] de modo que ele pudesse indicar novos membros, em número suficiente, para garantir que programas do New Deal (...) fossem sustentados como constitucionais" (Tushnet, 2004:544). De todo modo, o risco envolvido na elevada cota de juízes que um presidente da República possa efetivar no Judiciário, especialmente no STF, é o de estender as posições quanto a políticas públicas e a regras constitucionais mais preferidas por seu partido por um período de tempo mais longo do que o de sua presidência (Tushnet, 2004);
- ao começo de 2006, a esperada renúncia do então presidente do STF – e sua eventual e subseqüente candidatura a um posto político – alimenta a discussão em torno de se impor um longo período de quarentena para um juiz do STF que venha a se aposentar ou renunciar a seu posto. Surpreendentemente, o anúncio de que o destino imediato do ministro Nelson Jobim seria o seu retorno ao mercado de advocacia não encontrou a mesma disposição de lideranças políticas em insistir na necessidade de ser observada uma transição de quarentena. A esse respeito, ver "O STF tem interferido indevidamente no Poder Legislativo?", *Folha de S. Paulo*, 4 fev. 2006, Tendências & Debates, A3; "Lewandowski defende quarentena para Juízes", *O Globo*, 10 fev. 2006, O País, 11.

[156] As regras constitucionais podem ser alteradas de modo a viabilizar um novo regime eleitoral.

problemas constitucionais em que, por algum motivo, o Judiciário se exima de tomar uma decisão. Tal perspectiva contrapõe o processo político ao recurso judicial quando o Judiciário acolhe demandas quanto à impropriedade desses comportamentos delituosos, ou seja, em que medida o processo eleitoral seria estritamente substituto de remédios judiciais, especialmente na solução de querelas constitucionais? (Siegel, 2005; Barkow, 2002).

Ora, transferir a solução dessa classe de problemas para o plano político-eleitoral é uma sugestão impraticável.

Digamos que seja apresentada ao STF a argüição de inconstitucionalidade quanto a um dado comportamento do presidente da República ou de um partido político, e que o STF, de algum modo, decline de apreciar a questão. Restaria, então, recorrer ao processo político, isto é, punir eleitoralmente o presidente ou os legisladores que patrocinem tais práticas (corrupção, uso da máquina governamental em campanha, por exemplo). Terá esse tema suficiente relevância na percepção do eleitor, a ponto de levar a que um número substancial de eleitores coordene uma estratégia de voto punitiva a esses políticos?

Provavelmente não. Atos presumidamente inconstitucionais (mesmo aqueles que envolvam temas relevantes) terão pouca – se de todo tiverem alguma – ressonância na campanha eleitoral.

O enquadramento analítico dessas questões pode ser feito a partir da consideração de que o processo político opera com características distintas do mecanismo judicial. Além do fato de essa estratégia punitiva por via eleitoral envolver dispêndio de esforço, tempo e recursos, significativamente superior ao que se incorreria no litígio judicial, essa diferenciação apresenta-se em várias frentes (Siegel, 2002):

- a via judicial é focalizada, isto é, a questão argüida junto ao STF é uma demanda específica por direitos, tanto quanto o processo judicial manifesta-se igualmente em torno dessa especificidade. Como contraponto, decisões de governo representativo são processadas e finalizadas em diferentes misturas de temas de políticas públicas.[157] É inviável singularizar um tema ou uma posição na agenda legislativa, especialmente porque a solução política é

[157] Uma ilustração desse ponto de vista é a análise dos resultados de uma sondagem eleitoral Datafolha, de fevereiro de 2006, quando o governo, acuado por meses de investigações públicas produzidas em comissões parlamentares de inquérito (CPIs), surpreendentemente revelou-se bem avaliado pelos eleitores ("Renda e preços influenciam o eleitor mais do que corrupção", *Folha de S. Paulo*, 26 fev. 2006, Brasil, A5).

construída em torno da vontade da maioria, que se obtém ao fim de intensa troca de votos. Um partido ou candidato em uma eleição não está relacionado a um tema singular, mas a todo um bloco de temas de política, especialmente em eleições na jurisdição nacional.[158] Ainda que a coordenação da estratégia punitiva pelos eleitores chegasse a bom termo, "a natureza (dispersa) das eleições aponta para um outro problema que deve contaminar mesmo os esforços bem-sucedidos de acertar violações constitucionais através das urnas: o processo eleitoral é inescrutável" (Siegel, 2005:24), ou seja, mesmo que a punição eleitoral venha a ocorrer e o político não se reeleja, a razão dessa derrota não é passível de ser relacionada a essa estratégia punitiva! Outra vez, não há como singularizar causas no resultado final observado do teste eleitoral – o que não invalida que a oposição e a mídia retirem do episódio a versão que mais lhes convenha;

- diferentemente da revisão judicial, a decisão obtida no processo político (por deliberação dos legisladores ou diretamente do eleitorado) não vem acompanhada por um arrazoado de seus motivos. Ou, dito de outro modo, o processo de decisão judicial deixa rastros bem claros, ao passo que o recurso ao processo político para resolver embates constitucionais é envolto em um emaranhado de fatores causais, complexo o suficiente para impedir que se decomponha essa causação em uma ordem de prioridades;
- o processo político não se sustenta na tomada de decisões segundo precedentes, como é habitual no Judiciário. A cada votação no Congresso, as prioridades são peculiares e os termos em que ocorrem as trocas de votos são reconfigurados, mesmo porque a interpretação das votações pregressas – como já citado – não é única.[159] No Judiciário, o número fixo de participantes e a longa duração de seus mandatos são ingredientes que contornam esse tipo de dificuldade para estabelecer decisões, viabilizando a tomada de decisões por um sistema de precedentes;
- a escolha política é essencialmente uma escolha majoritária e, em decorrência disso, abre-se uma via de mão dupla: por um lado, a vontade da maioria

[158] Mesmo que a questão proposta seja única e apresentada diretamente ao eleitorado (plebiscito, referendo) – como visto no referendo de 23 de outubro de 2005 –, o sentido da consulta popular pode ser percebido pelos eleitores de um modo bastante opaco. Ver referências variadas a esse respeito no capítulo 6.

[159] No caso da manifestação do eleitorado, a questão do precedente perde igualmente o sentido pelo fato de que os resultados eleitorais federais ocorrem em intervalos muito longos, de quatro anos. Qualquer argüição de precedente nesse horizonte de tempo perde credibilidade, pela intervenção de novos fatores causais que distorcem a *memória* dos *antigos* eleitores e têm impactos diferenciados nos *novos* eleitores.

dos eleitores pode sancionar a transgressão constitucional; por outro lado, a antecipação dessa preferência majoritária dos eleitores leva a que o político-candidato ajuste sua estratégia de campanha em sintonia com essa percepção. Paradoxalmente, em meio à popularidade do candidato, em razão de uma variedade de resultados de políticas públicas, a transgressão constitucional pode acabar recebendo baixa prioridade na formação dessa maioria de eleitores.[160]

Disfunções do processo político podem requerer a existência de uma fonte alternativa de poder que não seja, direta ou imediatamente, responsável perante o processo político; a forma mais significativa desse poder é o Judiciário (quadro 4). Todavia é reconhecido que as regras constitucionais que garantem essa independência ao Judiciário ao mesmo tempo o cercam da política (Friedman, 2005:260-261), uma vez que:

- embora os juízes tenham mandato vitalício, eles são indicados por um processo político e sua confirmação no cargo não os esvazia da ideologia que um membro do STF já encampava antes de assumir o posto;
- um juiz não age sozinho; é necessário obter a concordância de seus pares, que poderão não se aliar a ele, levando-o a aceitar uma solução de compromisso;
- não obstante tal concordância, o Judiciário pode não ter os meios de implementar suas próprias decisões; há que ter a cooperação dos agentes políticos tanto quanto de instâncias inferiores do Judiciário.

Assim sendo, o insulamento do STF ante o controle político[161] e a importância da lei como restrição à independência dos juízes é um tema dual:

- juízes devem ser mantidos afastados da política, isto é, serem independentes dela;

---

[160] Ou, em uma outra interpretação, a transgressão constitucional poderá ser amplamente aceita pelo eleitorado.

[161] Por certo que a revisão judicial não se apóia exclusivamente nesse insulamento. Há igualmente o *foco* da questão sob revisão, seu caráter mandatório, sua articulação explicitamente por meio de normas legais (e não pela vontade da maioria, como ocorre no processo político-eleitoral) e o fato de que a revisão opera por um sistema de precedentes. Essas mesmas características servem para contrastar a revisão judicial com a tomada de decisão dos políticos e eleitores (Siegel, 2005). Ver, igualmente, argumento apresentado no capítulo 8.

- ao mesmo tempo, a lei deve restringir a capacidade de os juízes fazerem julgamentos políticos e imporem suas próprias visões.[162]

Contudo esse entendimento é ainda superficial, porque é centrado em aspectos normativos da relação entre Judiciário e políticos.[163]

A moderna literatura judicial política[164] trata dessa questão a partir da especificação do ambiente em que a revisão constitucional está imersa, ou seja, da motivação dos juízes.

Uma primeira aproximação quanto à influência da ideologia na decisão judicial é, por certo, atribuí-la à orientação política do partido ou da coalizão no poder (relação *[1]* na figura 12), uma vez que, pelas regras do jogo das escolhas públicas (Constituição, arts. 52, III, *a*, e 101, parágrafo único; Regimento Interno do Senado, art. 101, II, *i*), é o presidente da República quem indica os membros do STF.[165] Ao mesmo tempo, o Executivo é útil ao STF na provisão de informações que são necessárias para assegurar a efetiva operacionalização da lei.[166] De igual modo, o STF incorporaria preferências do Executivo por temer que a reação negativa do presidente da República poderá levá-lo a uma contestação da revisão judicial no Congresso (Maltzman, 2006).

Igualmente, a configuração político-partidária estaria presente na formação da ideologia do juiz, de vez que a mesma regra pressupõe a confirmação do indicado por uma maioria de senadores (*[2]*).[167]

---

[162] Todavia a própria lei vai assumindo cada vez mais um conteúdo político e, assim, os tribunais confrontam-se com crescentes e complexos problemas surgidos na esfera política; ao mesmo tempo, como ilustrado mais adiante na figura 17 no capítulo 6, grupos de interesses preferenciais usam as instâncias do Judiciário para atendimento e proteção de suas agendas de políticas públicas. A maior freqüência com que esse caminho tem sido percorrido pelos grupos de interesses afeta negativamente o controle do presidente da República sobre o resultado final de importantes questões de política pública – o que, de certo modo, serve para atenuar o alegado poder presidencial sobre o Judiciário que se estabelece por via das indicações dos membros do STF (Maltzman, 2006:20-21).

[163] A independência do Judiciário tem sido muitas vezes associada ao raciocínio de que instância judicial (o STF, por exemplo) *deve* manifestar deferência para com o presidente da República, indo na mesma direção de objetivos e preferências do Executivo. Para uma recente e pormenorizada análise da questão da deferência do Judiciário ante o Executivo, no caso da economia dos EUA, ver Maltzman (2006).

[164] Algo como a "partido-politização" do Judiciário.

[165] A própria vitaliciedade do posto no STF (outra regra do jogo, o art. 95, inciso I) reflete, em certo sentido, essa causação: a vitaliciedade potencialmente neutraliza tendenciosidades de orientação eleitoral-partidária no STF.

[166] Em um sentido figurado, o procurador-geral da República seria "o décimo segundo membro do STF", adaptando uma terminologia apresentada em Maltzman (2006).

[167] Uma interessante variante de *[2]* na figura 12 realça a oportunidade que uma maioria de senadores teria para influenciar a confirmação de membros do Judiciário e, portanto, a própria interpretação das

Figura 12

O elemento político na revisão judicial do STF

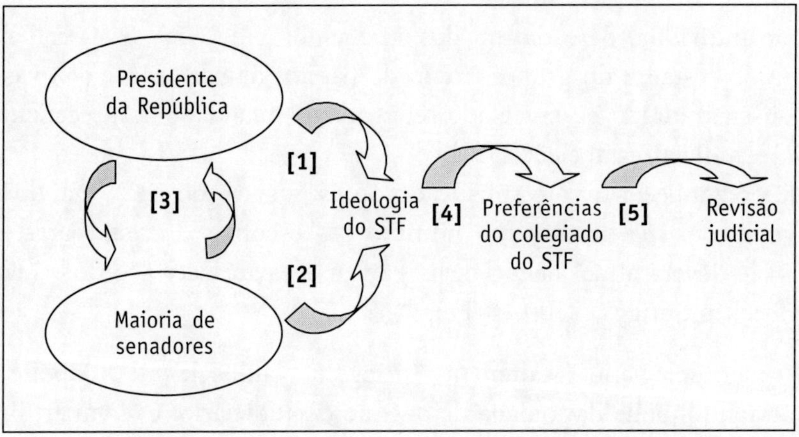

Ainda uma outra característica institucional atua indiretamente nesse condicionamento: a natureza do relacionamento do Executivo com a maioria no Senado Federal (*[3]*). Em uma dada conjuntura, por exemplo, a própria capacidade presidencial de fazer indicações pode ficar restringida por esse relacionamento.[168] Por outro lado, a coalizão no poder pode conseguir viabilizar a nomeação de juristas de seu matiz ideológico no STF, a despeito do contrapeso que o Senado possa oferecer – o que tem sido caracterizado como "entrincheiramento partidário"[169] (Tushnet, 2004:7).

---

regras constitucionais: ao ter a ocasião de extrair promessas da parte dos indicados pelo presidente da República – tentativa que pode ou não ser bem-sucedida –, os senadores têm a chance de afetar decisões futuras daqueles que sejam "judicialmente ambiciosos", como os que já atuam em níveis mais baixos do Judiciário (Gerhardt, 2005).

Ao mesmo tempo, fosse a etapa de confirmação pelo Senado rica de conteúdo quanto à interpretação constitucional (o que decididamente não é o caso brasileiro), os demais membros do STF também poderiam estar sendo influenciados pelos juízos constitucionais emitidos por uma maioria de senadores, seja no âmbito da CCJ seja no Plenário, quando de uma confirmação de um nome indicado pelo presidente da República. Com esse ganho de informação recíproca, o STF poderia passar a atuar em sintonia com as percepções dos políticos, mesmo na circunstância em que, por variadas razões, o Congresso ficasse impedido de empreender decisões de natureza constitucional – e por essa via indireta o Judiciário estaria, de certo modo, espelhando demandas de mais amplo espectro social (Katyal, 2001:1345).

[168] Lembro ao leitor que a figura 12 destaca o impacto da componente política na formação da ideologia do juiz – o que não exclui o fato de o juiz poder ser orientado substancialmente por sua própria visão da lei e pelos resultados da revisão judicial que lhes são preferidos.

[169] De fato, o processo de entrincheiramento partidário não se estabeleceria única ou diretamente pelo controle do Judiciário por parte da coalizão que detém o mando de governo. Isso pode ocorrer em etapas

Em uma segunda instância de condicionamentos, *[4]*, cabe lembrar que a decisão judicial é produto de um colegiado (Friedman, 2005:280) e, portanto:

- a visão individual de cada um dos 11 membros do STF deve ser conciliada com a do restante do grupo. Como de hábito, nas decisões coletivas o grau de consenso obtido no colegiado reflete-se na qualidade do precedente que a decisão judicial estabelece (*[5]*);
- há que reconhecer o voto sofisticado ou estratégico do juiz: quando ele leva em conta em sua decisão um mínimo das escolhas de seus pares, com os quais ele deverá afinal negociar, barganhar e estabelecer acordos (Maltzman, Wahlbeck e Spriggs, 2000:16-17).

O jogo colegiado (Maltzman, Spriggs e Wahlbeck , 2000) pode de fato acentuar a autonomia da tomada de decisão do Judiciário. O compartilhamento colegiado de visões e idéias na revisão judicial traz múltiplas perspectivas à atenção de cada membro do STF, assim ampliando a possibilidade de que cada membro do STF venha a considerar um maior número de soluções plausíveis para os casos trazidos à sua consideração (Caminker, 1999:2310).

Um raciocínio pioneiro na economia do Judiciário é estabelecido na celebrada teoria de Landes-Posner (Landes e Posner, 1975): o Judiciário independente é essencialmente uma fonte de credibilidade da política pública ao promover a durabilidade intertemporal dos acordos estabelecidos entre políticos e grupos de interesses especiais. Imune à influência da legislatura contemporânea, o Judiciário tende a interpretar a legislação, de modo a atender ao intento da legislatura que originalmente produziu essa legislação. Ou, ainda, o Judiciário interpreta a legislação em sintonia com os anseios do grupo de interesses

---

(Tushnet, 2004:7-8): a) há o controle de um dos compartimentos do governo (a presidência da República, por exemplo); b) tal controle habilita a criação e a operação de mecanismos que garantam a permanência nessa posição (por exemplo, por meio de regulamentações administrativas, passa-se a controlar segmentos relevantes do funcionalismo público federal; ou, ainda, estabelecendo a agenda legislativa); c) a extensão para outros segmentos do governo do controle já exercido sobre um dos compartimentos. Nesta última perspectiva, o controle simultâneo do Executivo e uma maioria do Senado é que viabilizariam a extensão ao controle do Judiciário.
Por fim, é relevante notar que a delegação de poderes fica substancialmente qualificada quando se têm em conta as formas segundo as quais Executivo e legisladores usam o Judiciário como extensões das agendas convencionais de políticas públicas. Alternativamente, percebe-se que o âmbito e o sentido das decisões judiciais podem ser tratados em um contexto mais amplo de análise de sistemas partidários e do controle partidário exercido sobre as instâncias que são responsáveis pela jurisdição e pela provisão dos postos no Judiciário (Gillman, 2002:522).

"comprador" dessa legislação. Como corolário tem-se o aumento do valor presente desses acordos legislativos.[170]

Essa durabilidade, que se estende à própria política pública, tem o mesmo sentido daquela que decorre das aprovações legislativas por supermaiorias: o risco de renegação posterior tende a ser desestimulado. Assim, um Judiciário independente pode gerar credibilidade para as ações governamentais. Ademais, o governo pode beneficiar-se de uma revisão judicial independente, pois que ela lhe permite transferir culpas por repercussões negativas dessas ações ao Judiciário.

Desse modo, a "judicialização" ou "constitucionalização" de um polêmico tema de política torna-se uma estratégia para redistribuir a pressão que os eleitores, e a opinião pública em geral, venham a exercer sobre o Legislativo e o Executivo (Hirschl, 2000).[171]

Uma crítica que pode ser feita à teoria de Landes-Posner[172] é que a independência do Judiciário talvez não promova senão um bem público de longo prazo ao proteger segmentos da sociedade – que, correntemente, sejam pouco efetivos em encaminhar suas demandas no processo político – das ações de grupos que sejam justo o oposto, isto é, muito efetivos junto ao processo político, tanto quanto ao dar estabilidade ao atendimento das preferências de maiorias em face de manipulações ocasionais de minorias. Ademais, por que os legisladores em t_1 se disporiam a remunerar os juízes por seu zelo em implementar e dar estabilidade a políticas estabelecidas anteriormente a t_1, e que contemplam preferências e interesses de legisladores ou grupos que, possivelmente, não têm mais a expressão que tinham no passado, se de todo ainda estiverem atuantes? (Boudreaux e Pritchard, 1993).

Estritamente falando, um Judiciário independente é aquele que não baseia suas decisões em fatores que influenciam – e quase sempre controlam – o processo decisório dos representantes eleitos, especialmente os legisladores. Por implicação, sob plena separação de poderes, os políticos não dispõem de

[170] Assim sendo, em t_1 o grupo de interesses deve "comprar" uma coalizão majoritária de legisladores para poder ver atendidos os seus objetivos. Em t_2 (*nova* legislatura), esse grupo pode se satisfazer "comprando" apenas uma coalizão minoritária, já que não seria trivial que a nova legislatura manipulasse o Judiciário com a finalidade de alterar ou anular a provisão concedida em t_1.

[171] Por igual, a independência e, de modo geral, o fortalecimento do Judiciário podem atender às preferências de segmentos da sociedade que desejam preservar seus ganhos no jogo das escolhas públicas, mantendo-os a salvo das decisões majoritárias.

[172] Ver, a propósito, Monteiro (2004:135-137).

outros instrumentos que possam vir a ser utilizados para premiar ou penalizar determinados comportamentos judiciais.[173] Contudo vale lembrar que, para que uma deliberação judicial produza efeitos, ela requer a transigência daqueles a quem é direcionada: outras instâncias judiciais, burocratas de vários níveis decisórios, comissões legislativas, partidos políticos, governos estaduais e municipais e mesmo cidadãos tomados individualmente. Portanto identifica-se nessa seqüência decisória uma relação agente/patrocinador em que todas essas instâncias atuam como agentes do impacto da deliberação do STF (McNollgast, 2006).[174] Se assim é, a escolha de estratégia do Judiciário se desloca do campo puramente doutrinário para a pura e simples viabilidade de ter os agentes na seqüência decisória mencionada cumprindo a deliberação judicial (McNollgast, 2006:5).[175]

Quadro 4

Qualificações à revisão judicial

A transição de 2002 a 2003

O estilo *imperium in imperio* do presidencialismo brasileiro envolve o papel desempenhado pelo Judiciário e, mais especificamente, pelo STF. Estudo analítico sobre a independência do Judiciário (Hanssen, 2001) testa algumas proposições que, no geral, são apropriadas para o melhor entendimento da alta concentração de poder no Executivo:

- P1: o nível politicamente ótimo dessa independência será tanto mais elevado quanto menor for a probabilidade de que a coalizão majoritária se mantenha no poder e vice-versa. Tanto mais convencido esteja o governo de que fará o seu sucessor, tanto menos ele ganhará (em proteção contra a política econômica que poderá vir a ser praticada pela oposição) e tanto mais ele perderá (em termos das conseqüências da

Continua

[173] O quadro 4 aborda o tema da extensão em que os poderes do Judiciário competem com o poder exercido pelos que detêm mandato eletivo.

[174] Relembro ao leitor que a categoria de intermediação aqui tratada aprofunda o conceito de *governo de intermediários*, apresentado no capítulo 1.

[175] Se for válido o ponto de vista de que o Judiciário adapta sua doutrina à sua preferência por ver sua deliberação acolhida pelos agentes na trajetória dessa deliberação, é igualmente interessante supor que, antecipando essa refocalização estratégica da parte do Judiciário, esses agentes possam precipitar a adoção dessa estratégia por ele (McNollgast, 2006:6). Talvez seja por essa perspectiva analítica que melhor se possa interpretar a revisão da decisão do TSE quanto à aplicação da regra da *verticalização* eleitoral às eleições de 2006 ("TSE volta atrás e permite alianças estaduais como na eleição de 2002", *O Estado de S. Paulo*, 9 jun. 2006, Nacional, A4).

interpretação que o Judiciário poderia dar à sua decisão, caso o Judiciário atuasse com total independência);

- P2: tanto maior seja a distância entre a política correntemente praticada e a que a oposição poderá vir a implementar ao tornar-se majoritária, tanto mais se elevará o nível politicamente ótimo da independência judicial e vice-versa. Um caso particular dessa proposição é o da igualdade de políticas patrocinadas pelo governo-incumbente e a que seria posta em prática pela oposição no caso de essa ascender ao poder (tal como no argumento corrente na transição de 2002 a 2003 de que não restaria à oposição senão prosseguir com a linha mestra do Plano Real). Nessa circunstância, não interessará ao governo fomentar a independência do Judiciário. Contrariamente, nessa mesma transição, tanto maior a probabilidade de a oposição (PT), por exemplo, obter a vitória nas eleições de 2002, tanto mais predisposta estará a coalizão no poder (PSDB-PFL-PMDB) a argüir que certas classes de decisões de política possam ser trazidas à consideração judicial;[176]
- P3: tanto maior seja a distância entre a política que o Judiciário possa favorecer em sua decisão (em uma interpretação de constitucionalidade de um ato do Executivo, por exemplo) e a política mais preferida do governo, tanto menor será o nível politicamente ótimo da independência do Judiciário e vice-versa. Assim, discordâncias da visão do Judiciário, relativamente às preferências da coalizão majoritária, conduzem a uma posição judicial menos independente. Toda a experiência, desde a década de 1990, com a prática de MPs evidencia justo essa propriedade: a posição do STF sempre se concentrou em apreciar o significado isolado de cada MP, não obstante os extensos e freqüentes pareceres de diversos de seus juízes quanto aos efeitos deletérios do intenso e variado recurso a essa forma de legislar.

O dilema contramajoritário

Em termos gerais, decisões da instância judicial apropriada, e que estabelecem como inconstitucional uma escolha ou ato empreendido pelos representantes eleitos, geram um dilema contra majoritário (DCM), posto que é uma escolha de agentes públicos, sem mandato eletivo, e que se sobrepõe ou qualifica, sem sustentação da vontade de uma

Continua

[176] Uma variante dessa proposição decorre da projeção que se faz quanto à significativa renovação por que passou o STF em 2003-06 em razão da abertura de seis vagas em seu plenário de 11 membros. Nesse caso – e, a valer a proposição P2–, seria de antecipar algum tipo de movimentação política no sentido de tentar refrear a capacidade de um mesmo governo indicar parcela tão expressiva da cúpula do sistema judiciário.

maioria de eleitores, uma decisão dos agentes dessa vontade.[177] Em reforço a tal ponto de vista, argumenta-se que o processo político apresenta vantagens institucionais que o tornam mais bem equipado para aplicar certas regras constitucionais comparativamente ao Judiciário (Barkow, 2002:329).[178]

Embora seja esse um tópico comumente ilustrado no ambiente da democracia norte-americana, ele tem implicações relevantes para a caracterização do Judiciário no jogo de políticas.[179] A revisão judicial, como estilizada pela figura 4 do capítulo 1, é exercida

Continua

---

177 Note o leitor que, igualmente, em termos demográficos, o processo decisório dos legisladores é, a princípio, mais representativo do que o dos juízes do STF (Ortiz, 1991:318).
Outro dilema que aparece implícito nas escolhas públicas é também diretamente decorrente do constitucionalismo: as estratégias disponíveis aos atuais participantes do jogo são condicionadas por escolhas constitucionais feitas há muito tempo. Tal é o *dilema ou a dificuldade intertemporal* que seria um foco mais apropriado para a teoria das escolhas públicas, comparativamente ao dilema contramajoritário (Tushnet, 2005:263).

178 Três exemplos da realidade brasileira de 2006 ilustram o dilema contramajoritário (DCM):

- tendo a Câmara dos Deputados aprovado a extinção da regra eleitoral da verticalização – que vincula as alianças eleitorais na disputa presidencial às alianças nas eleições estaduais –, e diante da decisão (3-3-2006) do TSE em favor da manutenção da verticalização ("Samba do crioulo doido nas alianças", *O Globo*, 4 mar. 2006, O País, 3), o líder do PFL no Senado Federal argumenta: "*Por que o TSE [contraria] a vontade do povo expressa por três quintos dos votos da Câmara?*" ("PFL ameaça contestar no STF decisão favorável do TSE à verticalização", *Folha Online*, 3 mar. 2006, 12h54min). Logo a seguir, o Congresso Nacional promulgou a EC nº 52, de 8 de março de 2006, que "[assegura] aos partidos políticos autonomia para definir sua estrutura interna, organização e funcionamento e para adotar os critérios de escolha e o regime de suas coligações eleitorais, sem obrigatoriedade de vinculação entre as candidaturas em âmbito nacional, estadual, distrital ou municipal, devendo seus estatutos estabelecer normas de disciplina e fidelidade partidária". Todavia a aplicação dessa nova regra nas eleições que ocorrem nesse mesmo ano está sendo argüida como inconstitucional perante o STF ("Congresso promulga emenda que libera coligações", *Folha de S. Paulo*, 9 mar. 2006, Brasil, A6; "Supremo deverá manter restrições para alianças", *Folha de S. Paulo*, 7 mar. 2006, Brasil, A6);
- julgamento do STF definiu, em 9 de março de 2006, que nenhuma remuneração no funcionalismo público pode superar o teto equivalente ao salário de um ministro do STF. Reagindo a essa nova regra do jogo, o presidente da Associação dos Magistrados do Brasil vê como solução para contornar tal limitação "levar o problema ao Congresso" ("STF limita teto salarial de juízes", *Valor Econômico*, 10 a 12 mar. 2006, Legislação & Tributos, E1). Este último exemplo mostra a cultura institucional em que está ambientado o DCM;
- como já referido em comentário à figura 7, capítulo 2, a MP nº 324, de 4 de outubro de 2006, teve sua efetividade suspensa preliminarmente quando o Judiciário Federal de Brasília acatou (18-10-2006) uma demanda nesse sentido, apresentada por um deputado federal da oposição. O episódio é tanto mais relevante para localizar institucionalmente o DCM, por sua repercussão eleitoral, uma vez que a MP nº 324 abre crédito extraordinário de R$ 1,5 bilhão em favor de diversos ministérios a pouco menos de um mês da data do segundo turno da eleição.

179 Por certo que o DCM pode materializar-se por uma variedade de outros condicionamentos à manifestação da maioria convencional de legisladores, por meio de delegação de poderes e funções, quando os beneficiários dessa delegação são agentes sem mandato eletivo, assim como pelo poder que se concede

por um grupo de indivíduos sem mandato eletivo e que não são passíveis de responder por ela diante do eleitorado.[180] Como contraponto, argúi-se em favor de uma lei constitucional da qual seja retirado poder de decisão do Judiciário, por exemplo, do STF, transferindo-o ao Congresso.

Uma qualificação relevante ao DCM é que não fica muito explícito como opera a revisão judicial; não se tem tanta percepção – quanto se tem relativamente ao Congresso – como transcorrem as decisões constitucionais no STF, como é o apoio dos cidadãos ao mecanismo da revisão judicial; ou em que extensão os juízes do STF levam em conta a opinião pública ou se deixam influenciar por ela (Friedman, 2001).

Em termos pragmáticos, o DCM torna-se relevante ao focalizar a substancial interação das regras constitucionais com o processo político (Friedman, 2002:258), isto é, quem atua na revisão judicial, quem confirma os nomes dos ocupantes dessa função, quem preenche os postos nas demais posições do jogo de políticas, e se eles acatam decisões judiciais, ou entram em choque com elas, ou disciplinam a instância judicial específica. A revisão judicial existe na política, ainda que não seja parte dela.[181]

Igualmente, perceba o leitor que as versões mais modernas do DCM enfatizam mais do que o simples fato de que agentes sem mandato eletivo tomam decisões que condicionam o conjunto de visões dos legisladores. De fato, o DCM se apresenta em duas vertentes: por um lado, as verdadeiras questões envolvendo direitos do cidadão são enquadradas, pelo Judiciário, em problemas colaterais tratando de precedente e interpretação legal; quanto à segunda

---

a minorias com a adoção de variados critérios de supermaioria, ou mesmo por restrições que as regras do jogo imponham ao exercício da cidadania (Levmore, 2005).

Apesar do argumento de Calabresi (1998) quanto ao DCM inexistir na separação de poderes, visto que a transferência de poder de legislar entre Executivo e Congresso não é mais do que uma troca *entre* maiorias (a que elege deputados e senadores e a que elege o presidente da República), o mecanismo das MPs pode ser tomado como o exemplo mais notório e persistente do DCM na economia brasileira (Monteiro, 1997, 2000, 2004). Para tanto, há que se reconhecer que o papel do Executivo na feitura de leis é efetivamente exercido pelos seus burocratas, agentes sem mandato eletivo. Estima-se em dois quintos a proporção média da feitura de leis que assume o formato de MP e, portanto, dá-se sob a iniciativa dos burocratas no período 2003/04 (Monteiro, 2005c).

180 Esse fenômeno também tem sido rotulado de "judicialização da política", como em "Juiz não pode julgar temas partidários", *O Estado de S. Paulo*, 19 abr. 2006, Nacional, A8.

181 Como contraponto do DCM, ver a discussão do sistema da separação de poderes (quadro 2 no capítulo 3).

vertente, a ilegitimidade política desse enquadramento decorre do privilégio do voto majoritário de um pequeno número de juízes que decide, sem qualquer indução a levar em conta princípios da representação política, quando aprecia esses direitos (Waldron, 2006:1353).

No Brasil, em agosto de 2003, quando da passagem legislativa da reforma da Previdência Social (PEC nº 40-03), o Judiciário contrapôs-se vigorosamente aos termos dessa proposta – o que pareceria substituir a regra de maioria pela regra dos juízes (Farber e Sherry, 2002:142). Ou, ainda, o Judiciário tem uma genuína capacidade de desestabilizar o *status quo* político, sobretudo quando as capacidades regenerativas do processo político ficam estruturalmente comprometidas (Issacharoff, 2000:98). Em uma visão extrema, isso pode resultar na sugestão de que se construa um muro separando a lei e a política.

Uma perspectiva adicional ao debate em torno da DCM é dada pelo fato de que não faltaria aos legisladores meios, motivação ou oportunidade de participar com seriedade da deliberação constitucional (Epstein, 2006; Devins e Whittington, 2005). E ainda mais: o processo decisório, no Congresso e no Executivo, gera um fluxo de legislação que muito ultrapassa a capacidade que o diminuto STF detém para empreender seu papel de revisor constitucional. Assim sendo, é ótimo estruturar a sociedade, de modo a melhor proteger direitos, ainda que ao custo de, de fato, infringir o direito a igual participação democrática e condicionar o poder dos cidadãos em regularem a si próprios (Eylon e Harel, 2006:1018).

De todo modo, dada a alocação de autoridade constitucional entre Congresso e STF, é relevante indagar como podem ser configuradas as regras legislativas de modo que o Congresso produza a quantidade e a qualidade apropriadas de deliberação sobre questões constitucionais (Garrett e Vermeule, 2001).[182]

No entanto as regras do jogo podem ser alteradas ou condicionadas por certas classes de ações dos legisladores, ainda que sujeitas a um custo político. A alteração do número de membros do STF e a definição do teto salarial dos juízes, sob o argumento de isonomia na remuneração da economia pública, são exemplos nessa direção que podem ser acomodados, mesmo sob a noção de independência do Judiciário. Nesse sentido, a independência do Ju-

---

182 É sob essa perspectiva que o leitor poderá melhor localizar o recorrente debate em torno do processo orçamentário da União e de questões correlatas quanto à extensão em que a lei orçamentária aprovada no Congresso pode se sujeitar ao poder discricionário dos burocratas.

diciário fica mais bem compreendida como um equilíbrio auto-implementável (Ferejohn, 1999).[183]

O argumento do Judiciário independente que restringe a ação da coalizão política majoritária apresenta um paradoxo: afinal, ele é restringido por regras e recursos que decorrem do processo decisório dos legisladores. Desse modo, por que a coalizão majoritária aceitará limites impostos por um Judiciário puramente independente? Será que as regras constitucionais são suficientes para garantir tal independência?

Outra vez, o presidente da República e a legislatura têm poderes para afetar tais garantias, promovendo a aprovação de emendas à Constituição.

Nessa linha de raciocínio, Stephenson (2003) atribui a fatores propriamente políticos a existência do incentivo à complacência do governo em face das decisões judiciais. O Judiciário independente está associado aos pressupostos de:

- um sistema político que seja suficientemente competitivo e, assim, propenso a ter os partidos aglutinados em uma posição mediana;
- ser um Judiciário suficientemente moderado;
- partidos políticos que sejam suficientemente avessos a risco[184] e que se preocupem com seus ganhos de longo prazo.

Em verdade, na formulação de políticas, o Executivo defronta-se com um *tradeoff* (Hanssen, 2001):

- por um lado, um Judiciário independente ajuda na resolução do celebrado "problema de comprometimento", ou seja, os políticos que detêm o controle do governo e que desejam ter longevidade para suas políticas – eventualmente, além de sua estada no poder – precisam acatar as garantias legais e constitucionais que estão associadas às políticas que vigoram com a sustentação de outras coalizões;

---

[183] A partir de 1990, a economia brasileira exibe uma configuração muito peculiar dessa propriedade: o condicionamento do processo judicial também pode ocorrer por meio de MP, recurso de urgência constitucional com *status* de lei, porém de emissão do presidente da República (art. 62 da Constituição). Um exemplo dessa *via expressa* na política econômica é a seqüência das MPs nº 2.147 (15-5-2001), nº 2.148-1 (22-5-2001) e nº 2.152-2 (1-6-2001), como tratado em Monteiro (2004:263-265).

[184] De tal sorte que, na possibilidade de um partido estar fora do comando do governo, esse partido tem no Judiciário independente a proteção apropriada contra ações que lhe sejam potencialmente danosas da parte dos que integram a coalizão no poder.

- e, por outro lado, esse mesmo Judiciário independente pode tornar-se uma linha de resistência para os planos desses políticos e dos burocratas a eles associados, prevalecendo, assim, as preferências dos juízes.

A revisão judicial independente permite aos partidos políticos minimizarem os riscos associados às incertezas da competição política (Ramseyer, 1994; Stephenson, 2003): sob instituições de independência do Judiciário, a coalizão incumbente é levada a sacrificar alguns de seus objetivos, mas, quando ela estiver fora do comando da máquina governamental, seus opositores se defrontarão com iguais limitações. Desse modo, o Judiciário independente é um mecanismo de baixo custo ao exercício de mútua restrição entre forças políticas.[185]

Por fim, pode-se estabelecer que, em termos de independência intertemporal (Ramseyer, 1994:740-743):

- insulamento – os políticos concordam em aumentar o seu controle sobre o Judiciário no futuro (t_2) em troca de reduzir o controle no presente (t_1);
- indicação partidária – não obstante as indicações para os postos no Judiciário (t_1) possam resultar de critérios de afinidade e lealdade partidária, o insulamento permite que os políticos aumentem sua influência futura (t_2, quando estiverem fora do poder) no Judiciário.

Em conseqüência, no ambiente de Judiciário independente os políticos no poder formulam e operam escolhas públicas sob a revisão judicial decidida por juízes indicados por seus antecessores, tendo, assim, menor influência sobre essas políticas do que teriam com outro *status* da autonomia judicial.

Ao mesmo tempo pode-se inferir de toda a argumentação desenvolvida que a questão da independência judicial não decorre automaticamente de regras constitucionais. Afinal, para que uma decisão do STF possa ser efetiva, ela deve contar com a aquiescência de segmentos aos quais ela é dirigida: entre outros, demais instâncias judiciais, Legislativo, agências executivas e jurisdições estaduais e municipais. Identifica-se, portanto, uma relação agente/patrocinador entre Judiciário e esses segmentos da economia pública. Os limites à independência judicial são, por conseqüência, decorrentes do exercício de poder pelo Judiciário comparativamente à capacidade da legislatura e do Executi-

---

185 Ou, ainda, políticos que mantêm um Judiciário independente tendem a ser mais competitivos no mercado eleitoral (Ramseyer, 1994:740).

vo de explorarem, em seu próprio benefício, as fragilidades do poder judicial,[186] ou seja, nem o Judiciário vê implementadas, em toda extensão, suas decisões, nem revela plena habilidade de supervisionar suas próprias determinações (McNollgast, 2006).

186 O que varia de acordo com o maior ou menor tamanho da coalizão governista na legislatura e, assim, possibilita diferentes graus de colaboração entre Congresso e Judiciário e entre Executivo e Judiciário. Ademais, a expansão, em tamanho e complexidade, da regulação governamental é por si só um ingrediente que muito contribui para restringir a habilidade da revisão judicial. No caso brasileiro, o continuado ambiente de crise, aliado ao confuso padrão de feitura de leis, é o contraponto dessa independência apenas nominal do Judiciário, especialmente do STF. A esse respeito, embora decorrente de evidências referentes ao caso norte-americano, perceba o leitor o significado da seguinte observação para as escolhas públicas no Brasil: "[os políticos] usam estrutura e processo [decisório] para influenciar a política judicial quase do mesmo modo com que eles se utilizam da estrutura e do processo administrativo para influenciar a formulação de políticas [públicas] pelas agências governamentais" (McNollgast, 2006:6).

Capítulo 6

Grupos de interesses especiais

O jogo das escolhas públicas envolve a dimensão interna da competição entre grupos, tanto quanto a interação com os políticos (pelo *lobbying* por uma legislação que o beneficie), com o Executivo (buscando alterar regulações e aspectos da implementação de políticas em curso) e com o Judiciário (na tentativa de obter uma interpretação de uma provisão legal, a seu favor).[187] Como o sentido da identificação de um grupo de interesses decorre basicamente da possibilidade de existência de um atendimento provido pelo governo, esse jogo é definido pela busca de ganhos produzidos pela decisão política.[188] Tais grupos se for-

---

[187] Apenas as duas primeiras interações estão representadas na figura 4 do capítulo 1. De fato, o mecanismo de mobilização de grupos de interesse tem sido dominantemente tratado nessas duas interações, com a literatura econômica pressupondo, até recentemente, que a lei originada dos tribunais seria, de certo modo, imune a esse mecanismo (Rubin, 2005; Rubin et al., 2001). Adiante explorar-se-á essa possibilidade.
De igual modo, é oportuno mencionar que os grupos de interesses atuam de forma indireta sobre o processo político, visto que eles podem operar internamente ao próprio mercado privado. Considere-se o seguinte caso: tradicionalmente, os editores do *New England Journal of Medicine* asseguravam aos seus leitores que as associações financeiras de seus autores (renda de serviços de consultoria e perícia, participação em conselhos, carteira de ações, *royalties* de patentes, honorários por conferências, fundos de pesquisa) não influenciavam os artigos publicados na revista. A política editorial então afirmava que "os autores não têm qualquer interesse financeiro em uma empresa (ou seu competidor) que fabrique um produto discutido no artigo". Contudo, em razão de que as relações entre autores e companhias biomédicas tornaram-se crescentes, o *New England Journal of Medicine* foi levado a alterar sua política editorial, tendo em vista as dificuldades em garantir a total isenção de seus autores. A nova política é que "os autores não têm qualquer interesse financeiro significativo em uma empresa (ou seu competidor) que fabrique um produto discutido no artigo" ("Financial associations of authors", *The New England Journal of Medicine*, v. 346, n. 24, p. 1901-1902, 13 June 2002). Ver, igualmente, "In article, doctors back ban on gifts from drug makers", *New York Times*, 25 Jan. 2006.

[188] Tomando por referência a figura 4 do capítulo 1, há pelo menos três vertentes segundo as quais o dinheiro na política pode distanciar as escolhas públicas da promoção do interesse geral: condicionando o resultado final do jogo (política econômica), influenciando a escolha eleitoral (ocupantes das posições de legislador e de presidente da República) e afetando o funcionamento do processo decisório em todas

mam naqueles segmentos em que os custos de transação são reduzidos, relativamente aqueles confrontados por maiorias fragmentadas, sem liderança e não organizadas.

O entendimento habitual do envolvimento de grupos de interesses no jogo de políticas é o de que tais grupos participam de forma exógena, fazendo chegar ao governo as preferências de segmentos do setor privado. Contudo essa não é uma percepção muito precisa. De certo modo, tais grupos são apêndices da organização governamental, e não propriamente agentes independentes, pois (Payne, 1991:15):

- é freqüente encontrar na liderança desses grupos ex-ocupantes da alta gerência do Executivo[189] e ex-detentores de mandato eletivo;
- muitas dessas organizações privadas são beneficiárias de políticas estabelecidas por via de regulações, contratos e programas de gastos públicos.

Sob essa perspectiva de análise, muitos desses grupos não representam preferências de cidadãos independentes; eles seriam análogos a burocratas quase governamentais (Payne, 1991:16) que têm interesses velados em políticas públicas que podem promover transferências de renda a favor de suas organizações.

Importante corolário desse ambiente institucional é que propostas de políticas públicas não teriam genuinamente o contraponto crítico dos agentes privados, uma vez que as preferências desses grupos seguem na direção de que regulações e programas de gastos públicos sejam criados, ou que regulações e programas já existentes sejam mantidos, ampliados e tornados mais exclusivos.

A racionalidade dessa busca por transferências de renda e riqueza é, portanto, a de obter e consolidar os maiores ganhos possíveis, seja pela obtenção ou ampliação de um direito exclusivo (*rent seeking*), seja por seu bloqueio ou atenuação (*rent avoidance*).[190] Em verdade, o mecanismo do *rent seeking* pode ser associado:

---

as etapas do jogo. Percebe-se, pois, o potencial de corrupção que distancia o *votar com votos* (Lowenstein, 2003) do "*pagando pela política*" (Figueiredo e Garrett, 2004). Um detalhamento dessa vertente analítica é apresentado mais adiante.

[189] Essa é uma característica que o *Código de Conduta da Alta Administração Federal* (20-8-2000) tenta disciplinar com a regulação da transição de um posto gerencial no Executivo para certas classes de ocupação profissional subseqüentemente no mercado privado (quadro 7).

[190] De fato, essa racionalidade é mais complexa: o grupo de interesses que reivindica um benefício regulatório, por exemplo, o faz no pressuposto de que tal atendimento venha a ser o mais duradouro e exclusivo possível. Ao mesmo tempo, reconheça-se que tal racionalidade tanto pode abranger a própria busca pela perpetuação do controle político, garantindo ao grupo interferir nos processos decisórios públicos e na determinação das regras do jogo, quanto pode operar, mais indiretamente, por meio de um partido político.

- à extração de renda e riqueza de uma maioria (o público em geral) para beneficiar uma minoria (o interesse preferencial organizado);
- simultaneamente, à geração de um custo social, desde que a perda em bem-estar dessa maioria suplante o ganho obtido pela minoria.

A estratégia do grupo de interesses traduz-se pelo volume de gastos realizados no mercado (no uso da mídia,[191] serviços de lobistas) e no processo político (no apoio a coalizões, partidos e a políticos, individualmente), na tentativa de assegurar (evitar) parte ou a totalidade dos ganhos (perdas) agenciados pelas políticas públicas.[192] Observe o leitor que o grupo de interesses não apenas viabiliza ao cidadão manifestar a intensidade de suas preferências de políticas, mas, igualmente, agregar influência em segmentos da sociedade para os quais os custos de transação são reduzidos, relativamente a outros segmen-

---

Ambas essas possibilidades não são incorporadas ao tratamento analítico aqui exposto. Nessa linha de argumentação, pressupõe-se que, primeiro, ocorreria a manipulação do processo eleitoral e, depois, as escolhas de políticas que melhor atendam às preferências dos políticos e dos grupos de interesses a eles associados. Para uma abordagem crítica a esse procedimento, ver Issacharoff e Pildes (1998).

[191] A veiculação de informação por parte do grupo de interesses é menos trivial do que pode a princípio parecer, e isso em razão de que segmentos expressivos do eleitorado podem ser alcançados negativamente. Por esse motivo, em certos casos, o recurso à mídia pode se traduzir pelo esforço de evitar publicidade em torno de propósitos e preferências do grupo (Bowler e Donovan, 2002). Esse seria um caso de provisão de *pistas* negativas ao eleitor. Para o conceito de votação a partir de pistas, ver capítulo 7.

Ao mesmo tempo, o recurso à mídia pode ocorrer em duas frentes (Brook, 2005:5-6): a) matéria paga que se constitui tanto em propaganda do ponto de vista que objetiva difundir informação junto à opinião pública, definir os termos do debate junto aos *policy makers* e conflagrar os segmentos de base na ação pretendida pelo grupo de interesses ("contra o sucateamento da indústria nacional", "pela preservação dos postos de trabalho na indústria") quanto de propaganda orientada para condicionar a liderança política e especialmente o presidente da República – o que pode assumir o formato de uma "carta aberta" ressaltando que "o Brasil não pode se dar ao luxo de exportar emprego"; b) mídia de opinião (destaque de fatos como reivindicações políticas, declarações de políticos e burocratas, ações governamentais e narrativas do dia-a-dia daqueles que vivem o problema que se quer minorar ou solucionar, tanto quanto editoriais de jornais, revistas e noticiários de rádio e televisão e "cartas do leitor", entre outras manifestações). Para uma outra conjectura em que interesses socialmente positivos, mais amplos, se acoplam cooperativamente a interesses socialmente negativos, mais restritos, ver a teoria Yandle, tratada mais adiante.

Para uma farta evidência de mobilização da mídia por parte de grupos de interesses em torno de uma política pública, ver o caso da passagem, no Congresso Nacional, da Lei das PPPs, sobretudo ao longo de 2004 (Monteiro, 2006).

[192] Uma dimensão muito observável desse tipo de atuação é dada pela demanda por um atendimento específico em termos de uma nova lei ou de modificações de segmentos de leis já em vigor. Essa mesma racionalidade induz o grupo a alocar seus recursos na tentativa de viabilizar benefícios ou privilégios junto às suas diversas fontes de suprimento (além da legislatura, o Executivo e o Judiciário, bem como as jurisdições estaduais e municipais). Contudo, no cenário analítico habitual, considera-se que o provedor essencial seja a legislatura.

tos de maiorias dispersas e desorganizadas. Adicionalmente, esses grupos podem ser vistos como desenvolvendo ações em que há anomalias na agregação de preferências individuais[193] e, desse modo, explorando as oportunidades que se abrem para influenciar a marcação de agenda ou barganhar na formação de coalizões majoritárias. Assim, nessa visão analítica, é a inerente instabilidade da regra de maioria que atrai a atividade política dos grupos de interesses (Levmore, 1999).

Grupos de interesse e *logrolling*

Em 27 de outubro de 2005 o Congresso Nacional aprovou um projeto de lei de conversão da MP nº 255 (1-7-2005) que, aproximando-se de seu limite de validade, tornou-se hospedeira para complexa incidência e variada cobertura de desonerações tributárias que alcançam – em diferentes doses e por diversos roteiros – inúmeras atividades econômicas.[194]

Essa política é um caso didático de interdependência do funcionamento da democracia majoritária e a distribuição da incidência de impostos entre pessoas e grupos (Buchanan e Congleton, 1998, cap. 8). O Congresso, por seu turno, equipara-se a um mercado em que o atendimento ao interesse geral se contrapõe ao *lobbying* que busca aprovar benefícios legislativos a seus representados. Ou, ainda, a oferta desses atendimentos é feita pelos políticos, enquanto a demanda está associada à mobilização de grupos de interesses especiais.[195]

Tal percepção pode ser ilustrada pela tipologia Wilson-Hayes (Hayes, 1981; Wilson, 1973), como mostrado no quadro 5.

---

[193] Maiorias cíclicas ou o paradoxo de Condorcet (Shepsle e Bonchek, 1997).

[194] Exportação de serviços de tecnologia da informação, aquisição de bens de capital para empresas exportadoras, inovação tecnológica, inclusão digital, construção naval, indústrias de papel, petroquímica, produção de cereais, reciclagem, Zona Franca de Manaus, desenvolvimento regional das antigas áreas da Superintendência do Desenvolvimento da Amazônia (Sudam) e da Superintendência do Desenvolvimento do Nordeste (Sudene), arrendamento mercantil, pequenas e microempresas, construção civil, transações e locações imobiliárias, débitos previdenciários dos municípios, álcool, máquinas e equipamentos, autopeças, ganhos de capital da pessoa física, previdência privada complementar, sistema de garantia para empréstimos de longo prazo e... bovinocultura. Some-se a esses segmentos da atividade econômica uma segunda onda de impactos indiretos sobre classes mais específicas de políticas públicas, como, por exemplo, PPPs (no caso dos financiamentos de longo prazo).

[195] Essa é uma teia de benefícios cruzados, numa escala ampla e complexa, em que cada cidadão é beneficiário e ninguém está disposto a abrir mão de seu subsídio, isenção fiscal ou qualquer outra forma de ganho agenciado junto ao processo político. Todas essas transferências redistributivas acabam orientadas na direção daqueles que podem prover apoio político (votos, financiamentos de campanha, visibilidade na mídia, por exemplo). Usando a metáfora de Anthony de Jasay, esse é o "Estado batedura" ou *churning State* (Buchanan, 1986).

A MP nº 255 e seu correspondente projeto de lei de conversão (PLV) ilustram o padrão *B* apresentado no quadro 5. Trata-se de uma política pública que reflete, primariamente, interesses preferenciais, ainda que articulados a características gerais que a identificam a princípio com o padrão *A*: afinal, crescimento econômico, competitividade das exportações brasileiras, maiores investimentos privados e avanço tecnológico são as principais referências usadas em defesa da adoção dessa variada desoneração tributária.[196] Porém não é improvável que, mais adiante, se venha a reconhecer que tenha havido provisão excessiva de *B* aliada a uma subprovisão de *A*.

A provisão simultânea desses dois padrões de política, ou seja, *AB*, é que viabilizou a troca de votos (*logrolling*) para que se construísse a coalizão majoritária que deu sustentação à MP nº 255, em sua aprovação no Congresso:

- por um lado, há o patrocínio dos itens da legislação que têm apelo ao interesse geral em função do que uma política de padrão *A* não se confronta com mobilização significativa de grupos de interesse, nem contra nem a favor. Afinal, maior crescimento econômico, maiores investimentos e exportações, por exemplo, são benefícios que, se incluídos na legislação, servem como

[196] Um exemplo típico de política *C* é ilustrado pela recorrente discussão, na economia brasileira, do "imposto sobre grandes fortunas": percebido intensamente por um restrito segmento de pessoas jurídicas e pessoas físicas, mas amplamente desconectado da agenda de prioridades da sociedade como um todo (Monteiro, "Reformas e grandes fortunas", *Jornal do Brasil*, 29 jul. 2003, A13). Quanto ao tipo *D*, esse é o caso do "cobertor curto"; por exemplo, tendo em vista um volume fixo de receita não arrecadada por um esquema de isenções fiscais, o atendimento de mais um grupo, segmento de atividades ou uma região leva a que se reduzam benefícios incidentes sobre grupos, atividades ou regiões já contempladas. Esse é o sentido do esvaziamento ao longo dos anos 1970 e 1980 dos benefícios fiscais na área da Sudene em prol do atendimento de atividades de outras regiões. Ou, em julho de 1995, a barreira tarifária criada na proteção do setor automotivo, mas logo demandada por outros segmentos (têxteis, calçados, brinquedos e eletroeletrônicos). Cada qual com pleno entendimento de que, tanto mais a cobertura do benefício fosse ampliada, menos tempo se sustentaria toda a política de proteção.

A política do atendimento diferenciado está muito arraigada ao comportamento dos políticos e não se limita à questão tributária, sendo igualmente notória na alocação do gasto público e na imposição da regulação econômica. Pode-se mesmo argumentar com uma *assimetria constitucional* (Tuerck, 1967): a imposição de restrições ao tratamento discriminatório da política tributária poderia ser uma classe de limitações ainda mais vigorosa ao discricionarismo político do que a adoção de limitações comparáveis ao gasto público. A eqüidade fiscal não pressupõe apenas a questão da *habilidade de pagar*, mas também a questão dos benefícios individuais. Enquanto essa eqüidade requer uniformidade na tributação, o princípio da eqüidade permite discriminação nos benefícios, daí a assimetria. A princípio, maiorias não podem usar o poder de tributar para explorar minorias, visto que a legislação deva se aplicar uniformemente a todos os membros da coletividade; todavia, sem uma restrição similar pelo lado do gasto público, maiorias podem explorar minorias, simplesmente fazendo aprovar gastos que lhes sejam de especial interesse (Tuerck, 1967:28).

moeda de ampla aceitação junto aos variados redutos da sociedade perante os quais os legisladores são eleitoralmente sensíveis;

- por outro lado, o padrão *B* compra apoio para os proponentes da legislação preferencial junto a grupos organizados que aportam capital político aos legisladores – e que mais adiante poderá se traduzir em votos.

Quadro 5
Padrões de escolha legislativa

		BENEFÍCIOS Dispersos	Concentrados
CUSTOS	Dispersos	**A. Políticas de interesse geral** Fraco *lobbying* tanto a favor quanto contra	**B. Políticas preferenciais** Forte *lobbying* a favor Fraco *lobbying* contra
	Concentrados	**C. Minorias ameaçadas** Fraco *lobbying* a favor Forte *lobbying* contra	**D. Conflito de minorias** Forte *lobbying* contra e a favor

De todo modo, os patrocinadores de uma política – como definida no PLV da MP nº 255 – podem recorrer a duas estratégias (Stearns, 1997:94):

- comprometimento substantivo: aceitam modificações de texto na MP original, de modo a obter o apoio de potenciais opositores da MP;
- comprometimento por extensão: ao oferecer incluir itens de interesses preferenciais favoráveis aos que se opõem ou aos que são indiferentes à MP, compram-se votos a favor. É a provisão de *AB* já referida.[197]

Nessa segunda opção, o patrocinador de itens de interesse geral terá que dosar o quanto de interesse especial ele "importa" para o PLV: afinal, terá de ser na dose suficiente para compor uma coalizão majoritária mínima. Ao mesmo

[197] Embora escolhas do padrão *B* possam ser consideradas, a princípio, menos desejáveis, comparativamente às do padrão *A*, a possibilidade de se aprovar políticas ou leis do padrão *AB* leva a que os grupos de interesses despendam mais recursos em *lobbying* para aprovar *AB* e, em conseqüência, maiores serão os benefícios líquidos que incidirão sobre uma parte mais ampla da sociedade, extravasando o número mais restrito de beneficiários de *B*.

tempo, do ponto de vista de quem "vende" o voto ou apoio, também haverá essa preocupação: o que e o quanto pedir em atendimento preferencial, de modo a não prejudicar a aprovação do PLV na legislatura e na possibilidade do eventual uso de veto pelo presidente da República.

Portanto o texto da lei de conversão da MP nº 255 é determinado "tanto por seu conteúdo substantivo quanto por sua extensão, que resultaram de comprometimentos negociados" (Stearns, 1997:96) no Congresso.[198]

À margem da tipologia Wilson-Hayes, cabe notar que um atendimento preferencial pode ser obtido ou sustentado em um ambiente muito peculiar de cooperação entre grupos aparentemente antagônicos. Por exemplo, uma política de regulação ambiental, em um dado mercado, atrai tanto firmas reguladas quanto segmentos que representam o "interesse público",[199] uma vez que ambos ganham com reduções de produção e com a criação de barreiras à entrada nesse mercado. Tanto um quanto outro compartilham um interesse comum, muito embora nem sempre concordem com a natureza e a configuração das medidas regulatórias (Adler, 1996).

Uma celebrada teoria apresentada nos anos 1980 por Yandle (Yandle, 1983, 1989, 1998, 1999), mais conhecida como a teoria dos batistas e contrabandistas,[200] ajuda a compreender melhor essa peculiar cooperação.

---

[198] O presidente da República terá a oportunidade de disciplinar várias concessões fiscais concedidas em simultâneo, ajustando-lhes o sentido mais efetivo no atendimento ao interesse geral. Para tanto ele detém o poder de veto parcial à legislação aprovada no Congresso.

[199] Algo como uma organização não-governamental (ONG) de defesa ambiental. "Pinte de verde uma proposta [de política ambiental] e ela passará por menor escrutínio [do que ocorreria em outra circunstância]" (Adler, 1996:6). De fato, a mobilização de grupos de interesses pode estar centrada na viabilização de recursos a campanhas eleitorais sob o formato de apoio a temas, e não diretamente a políticos ou partidos políticos. Para um exemplo recente de como esse tipo de estratégia pode ser engendrado, ver "Greening up the grass roots", *New York Times*, 26 Aug. 2006, Editorial.

[200] Tal denominação curiosa decorre da ambientação que Yandle propõe para sua teoria: a regulação do mercado de bebidas alcoólicas que impede que os pontos-de-venda funcionem aos domingos. Em defesa da temperança, os batistas atuam no interesse geral; por seu turno, prevendo obter ganhos especiais decorrentes da restrição à competição nesse mercado, os contrabandistas acionam o mecanismo do *rent seeking*. É como se formassem uma coalizão de batistas e contrabandistas.

Um caso concreto de igual teor alcoólico ocorreu em 2005 nos estados de Michigan e Nova York, nos EUA. Nesses dois estados vigoravam leis que permitiam às vinícolas locais venderem diretamente aos consumidores, porém isso era vedado às vinícolas de fora do estado. Pequenas vinícolas e pequenos consumidores questionaram tal proibição no Judiciário, alegando discriminação contra vendedores de fora do estado; os estados argüiam que podiam fazê-lo, pois estavam, de fato, regulando a venda de bebida alcoólica. Os atacadistas de bebidas defendiam a restrição e receberam a adesão de grupos conservadores (American Values, Eagle Forum, Concerned Women for América e outros grupos evangélicos) e até contrataram uma firma de relações públicas comandada por um ex-executivo da Christian Coalition.

Na essência, essa teoria estabelece que:

- os benefícios de uma regulação podem resultar da ação política de um segmento que opera com grande visibilidade (os "batistas"), porém reforçada pela mobilização de outro segmento de atuação menos transparente (os "contrabandistas");
- os primeiros provêm o fundamento de interesse social ou moral da decisão política almejada (no caso, a proibição da venda de bebida alcoólica aos domingos), enquanto os segundos "lubrificam a máquina política com parte dos rendimentos esperados" (Yandle, 1999:5) dessa regulação;
- em decorrência, legisladores e burocratas se confrontam com custos políticos mais reduzidos, podendo enfatizar a promoção do bem-estar social na política pública adotada em resposta à mobilização cooperativa desses dois tipos de interesses.

A figura 13 resume essas noções analíticas.

O interesse de um dos grupos *(B)* é que os políticos endossem um princípio geral e moral, enquanto o outro grupo (os efetivos *rent seekers*, *A*) tem o foco sobretudo na limitação da competição na venda de bebida alcoólica, em decorrência de restrições que possam vir a ser impostas à oferta nesse mercado. Assim sendo, esse segundo grupo se apóia no primeiro para proceder à sintonia fina no mercado, de tal maneira que permita extrair para si os benefícios especiais (*rents*) do mercado regulado.

A teoria de Yandle não é propriamente a recuperação da noção de interesse público como motivação de grupos de interesse, mas a reconstituição desse ponto de vista sob uma perspectiva algo "sinistra" (Shogren, 1990:181): o interesse preferencial de *A*, em prol de seus ganhos de política, escudado na bandeira do atendimento ao bem comum. Nos termos da figura 13: *A* usa a estratégia *{([2] → [3]) → [4]}*. Perceba o leitor que, na circunstância de que os "contrabandistas" *(A)* não possam mais usar a temperança defendida pelos "batistas" *(B)* em defesa de seu pleito por uma regulação preferencial (vale dizer apenas usarem a estratégia *{[1] → [4]}*), isso elevará o custo político de prover o atendimento do nível desejado de intervenção governamental e, portanto, a demanda apresentada por *A* pode não ser mais politicamente sustentável.

Para esses grupos, o comércio de bebidas alcoólicas foi rotulado de "tráfico", ocultando o fato de que os atacadistas seriam "os "traficantes" de álcool que mais provavelmente lucrariam com o banimento dos embarques diretos" ("Bootleggers & baptists at the Supreme Court: banning direct wine shipment is an act of faith", *National Review Online*, 26 maio 2005).

Figura 13
A cooperação entre grupos de interesse

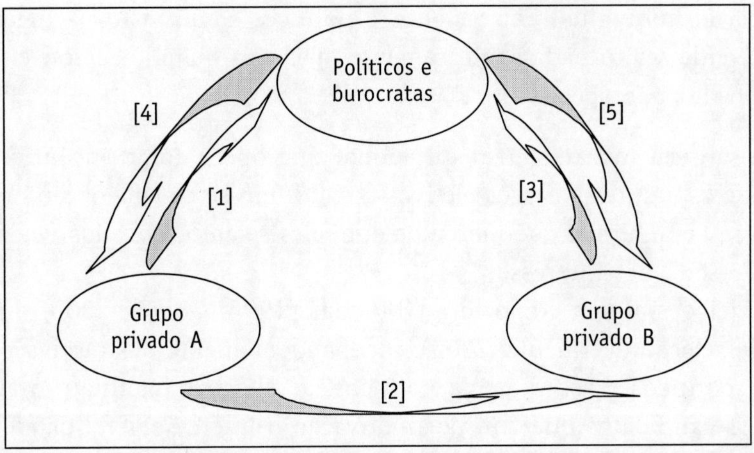

Uma possibilidade indireta de que tal não ocorra envolve a coalizão formal dos dois grupos, com *A* subsidiando *B*.[201] Essa ocorrência torna difícil a avaliação empírica de toda essa mobilização de interesses especiais, uma vez que o subsídio cruzado mascara a efetiva atividade de *rent seeking*: parte dos recursos despendidos pelo grupo dos "contrabandistas" ficará oculta na mobilização em prol do atendimento ao interesse coletivo (Shogren, 1990).[202]

[201] Recentemente pôde-se observar uma ocorrência que traduz muito apropriadamente o quanto é valioso se dispor dessa moldura de análise. Refiro-me ao referendo de 23 de outubro de 2005 sobre a proibição à produção e comercialização de armas. Com a informação posteriormente divulgada pelo TSE de fontes e volumes dos financiamentos das duas campanhas que operaram nesse referendo ("'Não: R$ 5,8 milhões de Taurus e CBC", *O Globo*, 25 nov. 2005, 14), é possível associar ao resultado dessa consulta (a vitória da campanha do "não") a teoria de cooperação anteriormente referida. Ao fomento velado da indústria de armas e munições, correntes políticas e ideológicas secundaram a campanha do "não" com a argumentação da necessidade de sustentar as liberdades individuais dos cidadãos: aceitar a restrição à propriedade de armas pelo cidadão seria um passo para que outras liberdades viessem a lhe ser confiscadas pelos governantes, argüiu-se com freqüência nessa campanha. Fica claro que essa foi uma aliança virtual entre os que tentavam obter um ganho monetário, pelo resultado que lhes foi favorável no referendo, e aqueles que professavam a crença em um valor maior e de grande apelo coletivo, qual seja, a preservação das liberdades individuais.

[202] Em um ano eleitoral como 2006, o apelo à melhoria institucional, à bandeira anticorrupção e da moralidade pública – valores de inquestionável sentido social – por certo domina a campanha política e, portanto, esse é um *guarda-chuva* que pode abrigar toda sorte de demandas clientelistas. É possível empreender intenso *lobbying* e uso da mídia direcionado aos políticos por uso de estratégias *{([2] → [3]) → [4]}*, preferentemente a *{[1] → [4]}*, como indicado na figura 13. Por essa via reduz-se o custo do atendimento a essas demandas preferenciais, tanto quanto se aumenta a oferta líquida de votos com que um candidato ou partido se confrontará na data eleitoral.

Sofisticando a conexão eleitoral

A relação individual entre eleitor e político, como visto na figura 7 do capítulo 2, pode ser tornada analiticamente mais rica quando se conceituam as eleições sob duas perspectivas:

- eleições são um mecanismo institucional que opera como incentivo a que políticos e aspirantes a cargos eletivos comportem-se em maior sintonia com o interesse geral, ainda que inerentemente eles sejam motivados pelo atendimento de seu auto-interesse;[203]
- todavia eleições atuam como filtro (Mondak, 1995; Cooter, 2003) ou mecanismo de seleção (Vermeule, 2005): independentemente das motivações prévias dos políticos e aspirantes a políticos, as eleições habilitam o eleitor a separar os candidatos que têm por motivação o interesse geral daqueles que são movidos pelo auto-interesse.

Um outro exemplo que pode ser reconfigurado na teoria de Yandle é o da reforma de uma legislação de falências, como apresentado em Ramsay (2003:398): "Os consumidores, como tomadores de empréstimos, são um grupo difuso que não é habitualmente representado [na reforma dessa legislação]. A maior parte dos consumidores-tomadores de empréstimos terá um interesse no impacto da falência sobre os custos de empréstimos. Todavia, é pouco provável que os benefícios marginais de menores custos de empréstimos, que de todo são difíceis de serem estimados, gerem qualquer incentivo, a que [eles] se organizem em torno de [uma reforma da lei de falências]. Os credores, com muita freqüência, podem argüir que representam esse grupo, afirmando que qualquer reforma que possa beneficiar os consumidores [muito endividados] prejudicará os consumidores, como tomadores de empréstimos".

203 Ou, em outras palavras (Kunicova e Rose-Ackerman, 2003:2), as eleições tanto estimulam os políticos a empreender certas classes de políticas públicas quanto restringem ações corruptas desses políticos.

Perceba o leitor que a questão relevante na conexão eleitoral não é propriamente se o político tem preferências ideológicas quanto aos resultados obtidos no jogo de escolhas públicas, mas se os eleitores podem ser bem-sucedidos em *selecionar* para os postos na legislatura aqueles políticos que tenham preferências (ideologias) similares às suas. Por seu turno, apenas quando o risco de se descolar das preferências de seus eleitores é reduzido é que esses políticos se afastam das preferências de seus eleitores. Tal ocorrerá, por exemplo, quando o político tem uma posição dominante em face de potenciais competidores no mesmo reduto eleitoral ou quando ele não se dispõe a concorrer a um novo mandato eletivo. Conclusão análoga resulta no vínculo do político com seus eleitores-doadores de recursos de campanha, isto é, quando o eleitor tem a perspectiva de "pagar para ser servido". Contudo, enquanto no primeiro caso (*mecanismo de seleção*) os políticos (ideológicos) tendem a não alterar seu comportamento, mesmo quando o risco de punição pelo eleitor é reduzido, no segundo caso (*pagando pelo atendimento*) é provável que ocorra o inverso: o político pode não atender aos interesses de seus doadores, uma vez que a ameaça de redução do recebimento de doações torna-se frágil (Bronars e Lott, 1997:320). Afinal, nessa circunstância, o doador não teria de quem comprar um comprometimento (ideológico) seguro, ou o político em questão já não terá mais campanha a ser financiada, porque está deixando a vida pública.

As eleições filtram os candidatos de boa qualidade, descartando os de má qualidade. À medida que as eleições se repetem, esse processo seletivo pode ir se aperfeiçoando.

A figura 14 explora tal implicação.

O incentivo *[1]* tem como contrapartida *[2]*, isto é, *{[1] → [2]}*: a princípio, o bom comportamento dos políticos (legisladores) é determinado por sua conexão com o voto, com os eleitores reexaminando repetitivamente, por exemplo, os deputados a cada quatro anos.

Contudo entende-se que as características pelas quais os políticos são percebidos pelos eleitores vão além da ideologia e da bandeira partidária; esse reconhecimento se dá por meio de traços menos tangíveis como honestidade e aptidão legislativa, ou seja, a seleção é definida por indicadores mais permanentes e não-políticos da qualidade, como a integridade e a competência do postulante ao cargo público (Mondak, 1995:702). Nesse sentido, a seqüência relevante *{[3] → [4] → [2]}* na figura 14 permite que os eleitores escolham, no conjunto de candidatos, os que atendem a esse padrão de qualidade que se converte na provisão de políticas públicas no interesse geral.[204]

Figura 14
A eleição: incentivo e filtro

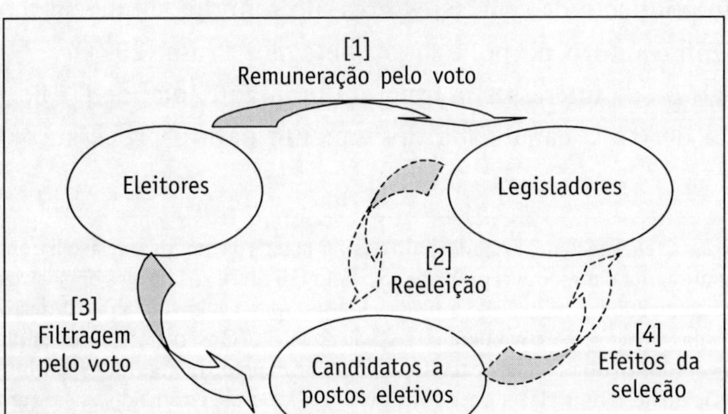

[204] Mais adiante, ainda neste capítulo, é feita a conjectura (Figueiredo e Garrett, 2004:14) de que a desproporção de recursos de campanha detidos pelo candidato incumbente pode desestimular a entrada no pleito de candidatos competidores de alta qualidade. Se assim ocorrer, essa é uma substantiva qualificação à idéia da filtragem eleitoral. Note o leitor uma vantagem adicional da incumbência: ela pode ser usada como *pista* ou *heurística* pelo eleitor em sua decisão de voto. Ver, a propósito, o capítulo 7.

Por outro lado, a figura 15 aprofunda o conceito de conexão eleitoral, para além do simples elo individual do político legislador com seu reduto eleitoral. Um legislador representa não apenas um reduto eleitoral geográfico, mas também um reduto financeiro que aporta recursos à sua campanha eleitoral, viabilizando, assim, acesso à agenda legislativa (Briffault, 1985:1361).

Suponha-se um caso trivial: a concessão de um subsídio de *Y$* aos produtores a ser custeado por um imposto graduado em uma alíquota de *t*% incidente sobre a renda dos consumidores eleitores (Appelbaum e Katz, 1987).

No cálculo de estratégias do regulador, sua remuneração como político se manterá desde que a graduação de *t* lhe garanta preservar ou aumentar seu apoio em termos de votos, pois que *p(t)*, a probabilidade de obter votos favoráveis junto a uma maioria de eleitores varia na ordem inversa de *t*. O sucesso eleitoral lhe assegura a remuneração *s* como membro da legislatura adicionada de um bônus que se origina em uma fração (α%) da contribuição dos produtores a campanhas políticas em sua atuação como grupo de interesses. No caso de insucesso eleitoral, com probabilidade de $(1 - p)$, o legislador obterá um ganho de *S$*, em seu posto na atividade privada.

A doação de campanha compra uma unidade de acesso ao processo decisório do político e de seus assessores, no sentido de que ela "compra" uma opção do tempo futuro do político (Anderson e Prusa, 2001).[205]

Se o grupo de interesses investe um montante total de *D$* no *rent seeking*, uma parcela de α% é canalizada diretamente para o processo político sob a

---

Para uma visão concreta e recente do significado das vantagens da incumbência, o leitor muito enriquecerá o seu entendimento das escolhas públicas ao passar em revista os jornais brasileiros do período de 16 a 22 de janeiro de 2006. Sendo 2006 um ano eleitoral, parece ter sido a partir dessa semana que o presidente Lula passou a jogar efetivamente o jogo da reeleição. Observe-se, por exemplo, a intensificação da exposição pública do presidente da República por meio de inauguração de obras públicas e da ênfase na mensagem de "prefiro fazer e ser criticado a não fazer e ser criticado". Essa vantagem também se traduz pelo fato de dar ao presidente o papel de *first-mover* nesse jogo, condicionando inapelavelmente as demais candidaturas. Ver especialmente o pronunciamento do presidente Lula à nação de 16 de janeiro de 2006, assim como "Lula nega uso eleitoral de obras", *O Estado de S. Paulo*, 17 jan. 2006, Nacional, A4; e "Colheita antecipada", *O Globo*, 21 jan. 2006, O País, 3.

[205] O que pode resultar em que o político receba representantes desses interesses privados em audiência, leia um documento em que seus pleitos são expostos etc. O *lobbying* valoriza esse acesso como uma oportunidade de levar o político a processar informação que tem elevado custo para ele e, assim, antecipa um comportamento benevolente por parte desse mesmo político. Para uma qualificação desse acesso do *lobbying*, ver o quadro 8 adiante.

forma de doações,[206] enquanto os demais $(1 - \alpha)\%$ são alocados no próprio mercado (mídia e, especialmente, na contratação de lobistas).[207]

De todo modo, os apoios financeiros aos políticos podem ter uma influência indireta sobre o *lobbying*: eles facilitam o acesso aos centros de decisão tanto no Executivo quanto no Legislativo.

Utilizando todas essas hipóteses, a figura 15 resume os problemas de decisão com que se confrontam as três classes de participantes no jogo do *rent seeking*.

Figura 15
A conexão eleitoral

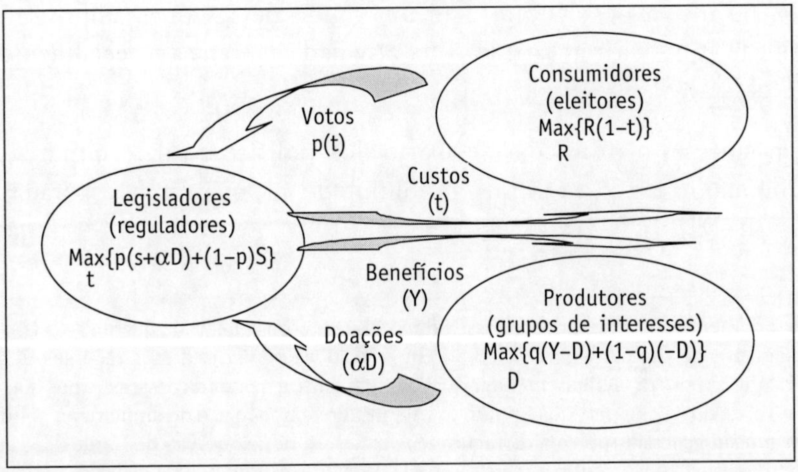

O problema de decisão de cada um desses três participantes do jogo fica, assim, sumariado pela maximização indicada em cada bloco da figura 15:

- o consumidor eleitor maximiza sua renda disponível $\{R(1 - t)\}$ relativamente à sua capacidade de auferir uma receita R\$. Por sua perspectiva, o melhor

[206] Que podem, no limite, dar lugar à criação de um "colchão protetor" para o político, no caso de seu insucesso eleitoral, e o seu subseqüente acolhimento em um posto na atividade desse mesmo grupo de interesses.

[207] Para evidência recente do caso norte-americano quanto ao significado das atividades de *lobbying*, relativamente a gastos em doações a políticos e partidos políticos, ver Monteiro (2004:248-249). Uma diferença muito relevante entre atividade de *lobbying* e contribuições a campanhas eleitorais é que estas últimas podem afetar positivamente toda a representação política, independentemente do *status* do eleitor. Já as despesas com *lobbying* ocorrem em bases caso a caso, com os interesses de boa parte dos eleitores tendendo a ser menos atendidos (Bailey, 2004:668).

nível do imposto é $t = 0\%$. Em seu papel de eleitor, a probabilidade p de que ele vote favoravelmente aos políticos varia inversamente com o tamanho do imposto, $t\%$;

- o produtor, como grupo de interesses, em sua demanda por um dado volume de subsídios, $Y\$$, confronta-se com a probabilidade q de ser atendido pelos políticos. Em troca, investe um total de $D\$$, sendo que uma parcela, $\alpha D\$$, toma a forma de doações a campanhas políticas.[208] Assim, o objetivo dos produtores é maximizar sua renda esperada $\{p(s + \alpha D)+(1 - p)S\}$;
- o político deve decidir em que nível irá estabelecer o imposto t, de modo a financiar o nível de subsídio demandado pelos produtores. Na hipótese de ser bem-sucedido (probabilidade p), ele obtém a renda $(s + \alpha D)$; contrariamente, no insucesso eleitoral, terá um ganho de $S\$$, que sempre se poderá identificar com sua remuneração na atividade privada (especialmente como novo lobista).[209]

Em síntese, o problema decisório dos políticos é determinar t, de tal modo que maximize, para um dado volume de $Y\$$, sua renda esperada $\{q(Y - D)+(1 - q)(-D)\}$.[210]

---

[208] O comportamento dos grupos de interesse é dito estratégico ou sofisticado quanto à decisão do *nível* de financiamento de campanha, assim como em relação à *destinação* desses recursos. É sob essa perspectiva que se poderá melhor entender qual é exatamente a demanda desses grupos que justifica um dado nível de doações a partidos e políticos. Ao mesmo tempo, o uso de dinheiro na política pode configurar um *sui generis* problema da incumbência: a pura desproporção de fundos de campanha detidos pelo político concorrendo à reeleição pode dissuadir candidatos de melhor qualidade de se apresentarem para o pleito, garantindo assim a reeleição. Se assim for, a atuação de grupos de interesses no processo eleitoral seria ainda mais intensa: ela não só "compra" a eleição em t, mas também "controla" o acesso ao pleito em $t + 1$ (Figueiredo e Garrett, 2004:14).

[209] Essa é uma trajetória que pode tornar-se irresistível para o ex-político e o ex-burocrata. Uma evidência recente do caso norte-americano ilustra essa afirmação. Entre os 100 principais ocupantes de postos na alta gerência do Executivo, na administração do presidente Clinton, 51 deles reapareceram atuando em Washington como lobistas decorrido o período regulamentar de um ano (quarentena) após seu desligamento do posto oficial. E pior: não obstante tentativas do presidente Clinton em fazer vigorar um acordo com seus colaboradores que tal retorno a Washington não ocorreria antes de passados cinco anos! ("The more things change", *New York Times*, 4 apr. 2003). Igualmente, o leitor muito apreciará a leitura de "Why congressmen want to be lobbyists", artigo de T. Noah publicado em duas partes na revista eletrônica *Slate* em 30 jun. 2003 e 2 jul. 2003 e que relata a atração que a atividade de *lobbying* pode exercer sobre um legislador em ocorrências no meio político dos EUA.

[210] Em verdade, esse é o problema mais amplo. Uma especificação mais detalhada levará o grupo de interesses a se deter na parcela de D que será destinada ao mercado (gastos com lobistas e mídia) e, complementarmente, na parcela que será aplicada diretamente no processo político, como o financiamento de campanhas políticas e o acolhimento no mercado de políticos e burocratas que, por alguma razão, vierem a deixar seus atuais postos no segmento público da economia.

Embora sem evidência empírica relevante, o mercado político brasileiro não parece fugir à regra de outras democracias representativas: o volume de recursos, sobretudo financeiros, aplicados nas campanhas é decisivo no sucesso eleitoral; em certos casos, mais do que a própria vantagem da incumbência (por exemplo, familiaridade perante os eleitores, experiência de campanhas anteriores). Mais ainda quando se trata de disputa de baixo grau de contestação, isto é, com um ou mais dos demais candidatos se apresentando sem apoio financeiro significativo e, portanto, com pouca chance de vencer. Essa é uma situação paradoxal, pois que o mercado político costuma ter fracas barreiras de entrada.[211]

Contudo, não se deve pensar que todo esse mecanismo institucional opere tão automaticamente:[212]

- os políticos são agentes que buscam maximizar suas próprias chances eleitorais e, assim, não é sem relutância que eles se disporão a ceder às ações de grupos privados. Afinal, o *status quo* institucional já define uma configuração de titularidades; alienar os seus atuais beneficiários pode não ser a melhor opção para esses políticos;
- esses segmentos mais poderosos são fonte expressiva de capital político (financiamentos, posições futuras no setor privado). São eles que recebem uma cota desproporcionalmente elevada das titularidades. Portanto são eles que potencialmente "estabilizam" o *status quo*.

Uma outra tipologia de estratégias do agente privado voltadas para o processo político – *non market strategy*, como definido no capítulo 1 – estabelece três níveis de uma árvore de decisão (Hillman e Hitt, 1999). Primeiramente, o agente privado escolhe entre atuar pontualmente, no curto prazo, ou estabelecer contatos mais amplos e duradouros na articulação de suas demandas no processo político; depois, vem a opção de atuar individualmente ou em bloco, congregando interesses de todo o seu segmento de atividade econômica, por exemplo; e, por fim, é que se dará a calibração de instrumentos de participação política, como o *lobbying*, o uso da mídia e as doações de campanha.

[211] Diversos outros atributos do mercado político são apresentados no quadro 1 do capítulo 1.

[212] Nzelibe (2004) apresenta um raciocínio similar ao que é apresentado a seguir, mas que contrapõe a preponderância do poder político dos principais membros da World Trade Organization (WTO) ao *lobbying* eventual de grupos de interesse que demandam atendimentos preferenciais. Por outro lado, lembro ao leitor que a simplificação adotada na figura 15 não deve levá-lo a crer que uma decisão de política pública trivialmente reflete um *cabo-de-guerra* entre *duas* classes de interesse. Em muitos casos, essa dicotomia oculta uma variedade de outros interesses envolvidos na escolha pública. Ramsay (2003) apresenta um estudo de caso da reforma da legislação de falências nas economias canadense e norte-americana, em que ressalta que os participantes nesse jogo de *rent seeking* não se limitam a devedores e credores, mas igualmente a importantes papéis desempenhados por advogados e juízes em suas influências nessa alteração legal.

Ademais, uma dada política econômica muitas vezes demanda a coordenação de ações de *lobbying* em uma complexa seqüência de escolhas que se inicia com a mudança no *status quo* constitucional e se estende à emissão de leis, MPs, decretos e toda sorte de atos de gerência pública, constituindo-se no que Brook (2005) rotula "*lobbying* metaestratégico".

Análises em que os candidatos são estilizados como maximizadores da utilidade esperada, relativamente ao número de cotas (ou unidades de acesso) que eles "vendem" a seus potenciais patrocinadores, apontam para uma explicação desse paradoxo: se o candidato não arrecadar fundos suficientes para cobrir os custos fixos de sua campanha, seu acesso ao mercado de votos é desestimulado e, para tanto (Anderson e Prusa, 2001):

- a presença de *lobbying* é que garante a provisão desses fundos. Em certo sentido, tais contribuições compram um ativo que toma a forma de uma "demanda de contingência", ou seja, o apoio é trocado por acesso ao processo político.

Tanto maior a chance eleitoral do candidato, tanto mais elevado o preço que prevalecerá na transação. Sendo o valor inerente desse acesso uma informação privada de cada grupo, é razoável supor que os políticos não possam praticar discriminação de preços entre os potenciais doadores de campanha: o valor da cota de contribuição será o mesmo, independentemente do grupo;

- restará ao político eleito processar informação a um custo elevado (por exemplo, em termos de consumo de seu próprio tempo e de assessores) nesse atendimento, emergindo, assim, um sistema de preços (sob a forma das doações recebidas) para alocar recursos com tal finalidade;
- porque o valor da cota depende da probabilidade de o candidato ser bem-sucedido, ele pode ser capaz de "vender" acesso, mas arrecadar pouco volume de contribuições e, portanto, ter uma campanha muito limitada. Como resultado, "a avaliação inicial do eleitorado quanto à pouca chance de vitória do candidato é auto-realizável" (Anderson e Prusa, 2001:14).

A saída para essa armadilha é um salto para um nível de contribuições suficientemente elevado para contornar esse custo fixo,[213] do contrário ocorrerá uma "falha de coordenação" nesse jogo político: cada grupo de interesses

---

[213] Para o que, é crucial o porte da legenda partidária que abriga a candidatura.

antecipará que não haverá um grande número de outros grupos que optam pelo apoio ao candidato.

O quadro 6 reforça essa noção de que o *lobbying* conta na determinação das escolhas públicas.

Quadro 6
Lobbying endógeno

A figura 4 do capítulo 1 pressupõe uma dada configuração de cidadãos que foram eleitos e, assim, passaram a desempenhar o papel de políticos (legisladores, digamos) no jogo de escolhas públicas. Aos demais cidadãos ali mencionados caberá escolher entre manterem-se estritamente como eleitores, como membros de grupos de interesses preferenciais, ou combinar esses dois papéis, quando isso for possível.

Contudo essa conceituação pode ser aprofundada em uma percepção que modernamente é rotulada de *lobbying* endógeno (Felli e Merlo, 2000). As escolhas disponíveis ao cidadão em seu envolvimento no processo político traduzem-se em várias etapas, e não apenas na opção entre votar ou não votar. Portanto esse é um jogo que se desenrola em quatro estágios:

- E1: o cidadão opta por participar ou não como postulante a um cargo eletivo. Em função dessa escolha, a coletividade se vê diante de uma lista de cidadãos candidatos;
- E2: o cidadão deve, agora, tomar a decisão de votar ou abster-se. Daí resulta uma lista de candidatos eleitos, os políticos (legisladores);
- E3: o cidadão que não se tornou um político deve, então, decidir se, de todo, participa de um grupo de interesses especiais e, portanto, envolve-se na atividade de *lobbying*, orientada para oferecer aos políticos todo tipo de apoio em troca de atendimentos de política voltados para o grupo;[214]
- E4: os políticos, por seu turno, escolhem a coalizão de lobistas (grupos de interesses) com quem barganharão apoios em troca da provisão de políticas.

Nesse modelo há três características muito relevantes:

- C1: a decisão de envolver-se no processo político é totalmente endógena, isto é, tanto na opção em E1 quanto em E3;

Continua

[214] Para uma eventual interação entre os estágios E2 e E3, ver o capítulo 7, com a possibilidade de que regras adicionais ampliem o poder dos grupos de interesse por meio da provisão de maior informação disponível ao eleitor quando do ato de declaração de voto.

- C2: é o político que escolhe quem entra na coalizão com a qual ele irá barganhar apoio em troca de provisões preferenciais, isto é, não é propriamente o lobista quem tem a iniciativa nesse jogo;
- C3: o político não implementa sua política preferida ou ideal, tal como ocorreria em um mundo em que não houvesse *lobbying*.

A valer essa especificação do processo político, conclui-se que (Felli e Merlo, 2000:24-26) a escolha pública resultante é invariante à mudança de regras eleitorais e que o *lobbying* sempre influencia o resultado final do jogo de políticas, especialmente porque ele reduz o conjunto de resultados que seriam obtidos sem ele.

Na interação de políticos e grupos de interesses incorre-se em significativos custos de transação:

- custos incidentes sobre legisladores e grupos de interesses que resultam da necessidade de antecipar as contingências que possam ocorrer ao longo do período em que a lei vigorar;[215]
- custos de decidir e chegar a um acordo sobre como tais contingências serão tratadas;
- custos de redigir o texto legal de forma suficientemente clara e precisa, viabilizando, assim, a sua implementação;
- custos de monitoramento e observância da lei. Esse é um custo de incidência tipicamente judicial, tanto pelo recurso ao Judiciário quanto pela própria decisão dos tribunais.

Muito embora o foco habitual da análise da atuação de grupos de interesses seja a democracia indireta, o quadro 7 elabora argumentos que permitem antecipar que, mesmo na democracia de iniciativa popular (plebiscitos, referendos),[216] essa atuação não estaria ausente, assim como não deixaria de

[215] Inclusive pelo comportamento revelado por aqueles que se sentirem prejudicados com a adoção da lei.

[216] Respectivamente, incisos I, II e III do art. 14 da Constituição, regulamentado pela Lei nº 9.709, de 18 de novembro de 1998. No plebiscito, a manifestação direta do eleitorado precede a decisão dos legisladores; no referendo, essa ordem é inversa. De todo modo, a autorização de referendo e convocação de plebiscito é da competência exclusiva do Congresso Nacional (art. 49, XV). Outras regras específicas quanto ao recurso do plebiscito estão no art. 18, §§3º e 4º. Já quanto à apresentação de projetos de lei por meio do mecanismo da iniciativa popular, ver art. 252 do Regimento Interno da Câmara dos Deputados.

ocorrer uma desconexão entre as preferências de uma maioria de cidadãos eleitores e os resultados da escolha coletiva.

Quadro 7

Democracia direta e grupos de interesses

Sobretudo em agendas menos complexas, como a de políticas públicas operadas em jurisdições estaduais e municipais, o recurso a referendos e plebiscitos é muito atrativo, em substituição à delegação legislativa a representantes nas assembléias e câmaras. Essa é a ambientação em que, fora da unanimidade, a maioria exprime a preferência majoritária de toda a coletividade sem interferência e eventuais distorções das instituições de governo representativo. Por outro lado, a combinação de instituições da democracia representativa com a ocorrência de consultas diretas ao eleitorado (uma "democracia híbrida") oferece a possibilidade de se desenvolver uma análise mais completa das instituições democráticas (Garrett, 2005).[217]

Uma questão central nas votações da democracia direta diz respeito à extensão em que – ausente a intermediação dos políticos[218] – a ação dos grupos de interesses espe-

Continua

[217] Tal análise permite uma exploração em mão dupla: potenciais ou efetivas decisões empreendidas no processo legislativo podem ser condicionadas pela eventual convocação de plebiscito ou referendo, ou seja, a possibilidade de uma consulta direta à sociedade se incorpora ao cálculo de estratégias dos legisladores e políticos em geral; ao mesmo tempo, dado um resultado de política pública obtido por consulta direta ao eleitorado, pode-se melhor entender como se determina a resposta dos políticos dando seqüência às decisões da consulta popular. Em especial, note o leitor que na democracia direta o legislador tende a servir aos seus interesses preferenciais, comparativamente à disciplina que os processos legislativos majoritários lhe impõem.

Ao mesmo tempo, na interação de eleição de candidatos com consultas diretas à sociedade, há outras implicações que acabam por afetar a escolha de estratégias desses candidatos. Assim é o caso da maior saliência que uma plataforma política pode assumir ao dar destaque a um ou mais temas que possam, concomitantemente ou não, ser trazidos à consulta popular. Veja-se o caso do plebiscito sobre desarmamento (outubro de 2005). Nas eleições municipais e estaduais de 2006, o eleitorado poderá ter ficado mais atento a esse tema quando apresentado nas plataformas eleitorais de partidos e candidatos individuais. Quanto mais não seja, em razão de que a rejeição da proibição do comércio interno de armas, como resultou dessa consulta, foi mais bem entendida, *a posteriori*, como uma bem-sucedida campanha, liberalmente financiada pela própria indústria nacional de armamentos ("Não: R$ 5,8 milhões de Taurus e CBC", *O Globo*, 25 nov. 2005, 14).

De todo modo, a combinação do arranjo representativo com o recurso a plebiscitos e referendos altera as condições em que transcorrem as negociações políticas, posto que a ameaça à consulta direta torna-se um instrumento de barganha (Garrettt, 2005:4).

[218] Por certo que um tipo de escolha não exclui necessariamente o outro: a atividade legislativa formal pode ocorrer antecedendo uma consulta popular, assim como dar seqüência ao resultado dessa consulta.

ciais contribui para restringir a autonomia das escolhas públicas.[219] Desse modo, cabe indagar se a feitura de leis na democracia direta, diferentemente do que ocorre na democracia representativa, não anula ou neutraliza o domínio dos interesses minoritários organizados, ou salvaguarda o atendimento das preferências dos cidadãos (Garrett, 1997). Afinal, os formatos institucionais da democracia direta (plebiscito, referendo e iniciativa popular) propõem-se a ser um instrumento majoritário a ser utilizado quando o arranjo legislativo deixa de prover uma política pública que a maioria deseja (Briffault, 1985:1364).

A suposição mais freqüente é que tais manifestações acabam por atribuir peso excessivo às preferências majoritárias. Todavia, diante de uma agenda mais compacta e única, é provável que pequenos grupos se organizem em torno de seus pontos de vista, ideais ou preferidos, e passem a atuar mais efetivamente nas várias etapas da deliberação direta: coleta de assinaturas[220] para a realização do plebiscito ou referendo, aprovação da legislação que formaliza a conclamação ao voto,[221] o formato da questão submetida a voto, condições sob as quais transcorrerá a campanha da consulta (Garrett, 1997:19).[222] Ademais, escapa à percepção da massa de eleitores o conhecimento detalhado dos atributos envolvidos na consulta pública, viabilizando, portanto, comportamentos estratégicos, em muito semelhantes aos observados no ambiente legislativo (Briffault, 1985).[223]

Continua

[219] No caso brasileiro, a questão é oportuna quando se têm em conta crises políticas como a que irrompeu em junho de 2005.

[220] Nos termos da Lei nº 9.709, de 18 de novembro de 1998, que regulamenta regras constitucionais sobre direitos políticos, a iniciativa popular ocorre com a apresentação de projeto de lei à Câmara dos Deputados subscrito por, no mínimo, 1% do eleitorado nacional distribuído por pelo menos cinco estados, com não menos de 0,3% dos eleitores de cada um deles. O projeto de lei de iniciativa popular deverá circunscrever-se a um só tema (art. 252 do Regimento Interno da Câmara).

[221] Caso do referendo (Lei nº 9.709, de 18 de novembro de 1998, art. 2º, §2º).

[222] O menos relevante em uma consulta direta aos eleitores seria a educação de todos em termos do tema sob escrutínio; o dominante é fazer prevalecer um dado ponto de vista ("contra" ou "a favor") (Cronin, 1989:63). Tal qual em qualquer outro tipo de feitura de leis, a mídia e a propaganda direcionada são condicionantes fundamentais ao resultado final da escolha dos cidadãos. É provável que, do ponto de vista do eleitor individual na consulta direta, por um lado, os custos de informação sejam mais elevados do que em uma eleição indireta, e, por outro, haja o agravante da redução das fontes que lhe possam suprir tal informação, desde o número de organizações envolvidas em defesa ou contra o tema sob consulta tenda a ser reduzido (Schacter, 1995:135). O plebiscito realizado em 7 de setembro de 1993 para a escolha da forma (república ou monarquia constitucional) e do sistema de governo (parlamentarismo ou presidencialismo) tanto quanto o referendo quanto à comercialização de armas de fogo (23-10-2005) são exemplos didáticos quanto a isso.

[223] De fato seria ilusão imaginar que a democracia direta fosse um instrumento de neutralização de corrupção política ou administrativa, tanto quanto do poder de grupos organizados. Para uma relevante análise das lições da experiência com iniciativas de democracia direta no estado de Oregon, EUA, que é

Por outro lado, os grupos de interesses que atuam na democracia direta podem não ser os mesmos que habitualmente interagem com os políticos, mesmo porque os mecanismos institucionais que operam sem ou com a delegação política tendem a ser distintos (Briffault, 1985).[224] Tal é o caso da imprescindível instância partidária neste último caso. Se assim é, o contexto institucional pode afetar a capacidade dos grupos de interesses em influenciar o resultado final do jogo; afinal, eleitores e resultados de escolhas públicas se interconectam de formas distintas num e noutro caso.

Conceitualmente, é contrastando os benefícios decorrentes da adoção da lei com esses custos de transação que se pode melhor entender a racionalidade da ação empreendida pelo grupo de interesses. De igual modo à caracterização apresentada anteriormente, no âmbito da interação da legislatura e o presidente da República, pode-se ampliar a noção de equilíbrio no jogo de políticas, associando-a a três classes de fatores (Becker, 1983, 1989):

- a ação empreendida pelos segmentos da sociedade que conseguem organizar-se, configurando-se como grupos de interesses especiais;
- a ação empreendida pelos demais segmentos em prol do interesse geral ou coletivo;
- a produtividade relativa desses dois tipos de ação, o que, afinal, traduz-se pela influência que tanto os grupos de interesse quanto o interesse geral exercem no processo político, especialmente nas decisões da legislatura.

---

líder em freqüência e variedade desse tipo de manifestação do eleitorado, ver Hoesly (2005). Uma rápida leitura dos inúmeros requisitos legais que são pressupostos para esse tipo de consulta popular no Oregon (Hoesly, 2005:1196-1202) imediatamente conduz o leitor a contrapor a tosca consulta quanto à proibição da comercialização de armas ocorrida no Brasil em 23 de outubro de 2005.

224 Tomando por base os variados exemplos de consultas populares ocorridas em estados norte-americanos, Briffault (1985:1370) nota que muitas dessas iniciativas têm sido patrocinadas por diferentes grupos de cidadãos e associações de contribuintes que não são habitualmente ativos – e muito menos têm alcançado sucesso – em escolhas públicas ordinárias empreendidas pelas legislaturas. Nessas escolhas os interesses organizados de sindicatos e de produtores tendem a predominar.
Relativamente ao referendo realizado em 23 de outrubro de 2005, a prestação de contas feita ao TSE mostra que as principais fontes de doações à vitoriosa "Frente do Não" foram os dois maiores fabricantes nacionais de armamentos e munições, participantes pouco assíduos no financiamento eleitoral convencional ["Não: R$ 5,8 milhões de Taurus e CBC", *O Globo*, 25 nov. 2005, 14).
Segundo Hoesly (2005:1203), os três principais problemas das práticas de democracia direta na atualidade são: seu direcionamento por campanhas de mídia largamente financiadas por interesses empresariais; ação de grupos de interesse especiais que se aproveitam para aprovar leis de sua preferência, sem que ocorra um debate público significativo; e sua indução à discriminação contra minorias. Contraponha o leitor esse comentário à ocorrência do referendo de 23 de outubro de 2005.

Tal decomposição pode ser mais bem compreendida supondo-se que uma dada política promove simultaneamente ganhos (que sempre poderemos identificar a subsídios) e perdas (correspondentemente associados a impostos). Todavia a incidência desses ganhos e perdas é diferenciada: um segmento restrito da sociedade recebe o subsídio, enquanto um amplo segmento arca apenas com o aumento da carga tributária.[225]

Identificando por II_p e II_g a pressão política empreendida pelos que perdem e ganham, respectivamente, n_p/n_g sendo o tamanho relativo[226] do segmento perdedor e x representando outros atributos do processo político (tal como a maior ou menor proximidade de uma data eleitoral),[227] podem-se definir as seguintes funções de influência política, I_p, I_g:[228]

$$I_p = I_p(\overset{+}{II_p}, \overset{-}{II_g}, \overset{+}{n_p/n_g}, \overset{+}{x}) \tag{6}$$

$$I_g = I_g(\overset{-}{II_p}, \overset{+}{II_g}, \overset{-}{n_p/n_g}, \overset{+}{x})$$

Assim, a estabilidade de uma política (equilíbrio Becker) é dada pela condição:[229]

$$I_g \geq I_p \tag{7}$$

Sob instituições representativas, uma dada política será sustentada até o ponto em que a influência política dos que ganham (I_g) iguala a influência dos que perdem (I_p) com essa política. Por certo que a pura e simples desproporção entre o contingente que perde e o que ganha (n_p/n_g), tanto quanto os interesses político-eleitorais (x) da coalizão majoritária, faz com que pressões de ambos os grupos se revelem mais produtivas junto ao governo.[230]

---

225 A figura 15 parte desse mesmo pressuposto.

226 Em número de eleitores, por exemplo.

227 Ver também Monteiro (2004:162-164).

228 Nas expressões (6), os sinais "+" e "–" acima das variáveis independentes indicam o sentido esperado da influência de cada variável sobre a respectiva variável dependente.

229 Para uma aplicação desse equilíbrio político a uma dada conjuntura econômica, ver a análise "Uma interpretação do que se passou", em Monteiro (2000, cap. 4).

230 Perceba o leitor que, no modelo Yandle ou teoria dos "batistas" e "contrabandistas", a circunstância de os "contrabandistas" não poderem mais usar a temperança defendida pelos "batistas" em defesa de seu pleito por uma regulação preferencial significará uma elevação do custo político de prover o atendi-

Além da subdivisão convencional de grupos de interesses altamente organizados e eleitores totalmente desorganizados ou atomizados, pode-se acrescentar uma terceira classe de organização política: o grupo de interesses-sombra, ou quase grupo de interesses (Macey, 1990).

Quadro 8

Colocando um freio no *rent seeking*

Ao começo de 2003, a liderança política propõe-se – porém logo esquece – a retomar antigo projeto de lei (PLS nº 203-89), originalmente de autoria do senador Marco Maciel, que aperfeiçoa o controle da ação de grupos de interesses especiais com atuação no Congresso Nacional. O PL nº 203 foi aprovado no Senado em 12 de dezembro de 1990 e reativado na Câmara como PL nº 6.132-90.[231]

Vivemos em uma economia de *rent seeking*, com o processo político continuamente gerando oportunidades de ganhos substancialmente elevados e que alcançam interesses preferenciais a expensas de contribuintes e consumidores em geral. A racionalidade mais essencial nesse jogo é que a legislação econômica é vendida a quem oferece o maior lance no mercado político, tal como outros bens e serviços são transacionados em mercados privados convencionais (McChesney, 1997:1).

Essa classe de legislação propõe-se a:

- restringir os esforços de agentes privados especializados e remunerados (lobistas) que tentam influenciar os processos decisórios públicos tanto no Legislativo quanto no Executivo;[232]

Continua

mento ao nível desejado de regulação e, portanto, a possibilidade de esse pleito não ser mais sustentável. Essa nova configuração de forças se equipararia à condição $I_p > I_g$.
Uma possibilidade indireta de que tal não ocorra envolve o subsídio dos "contrabandistas" aos "batistas". Tal ocorrência torna difícil a determinação empírica do *rent seeking*, posto que esse subsídio cruzado pode mascarar a efetiva atividade de *rent seeking*, com parte dos recursos despendidos pelo grupo dos "contrabandistas" ficando oculta na mobilização do interesse coletivo (Shogren, 1990).

[231] Por certo que, por sua data de origem, esse projeto incorpora influências da legislação mais refinada que entrou em vigor nos EUA, em janeiro de 1996 (PL nº 104-65, Lobbying Disclosure Act, 19-12-1995): a passagem dessa lei no Congresso norte-americano transcorreu entre 1986 e 1995, enquanto o PL nº 203 é datado de 2 de agosto de 1989. Em 29 de março de 2006, o Senado norte-americano avançou mais na direção de circunscrever os efeitos deletérios do *lobbying* ao proibir a doação de presentes e o pagamento de refeições a legisladores, assim como restringiu um pouco mais a possibilidade de se vincular recursos públicos a projetos que atendem a interesses preferenciais. Sobre essa decisão, ver "Senate approves lobbying limits by wide margin", *New York Times*, 30 Mar. 2006. Uma recente e detalhada análise da legislação norte-americana restritiva ao *lobbying* é apresentada em Luneburg e Susman (2006).

[232] A legislação proposta no caso brasileiro é menos abrangente do que a norte-americana, uma vez que ela cuida da atividade de *lobbying* apenas no Legislativo.

- complementar: a) regras do Código de Conduta da Alta Administração Federal (22-8-2000), que se aplicam exclusivamente à alta gerência do Executivo Federal;[233] b) a própria legislação eleitoral, que regulamenta a contabilidade de doações de campanha;[234] e c) a supervisão das práticas de abuso do poder econômico (Lei Antitruste).

Em um ambiente em que tem sido tão freqüente a alteração de regras constitucionais, a iniciativa de restringir mais detalhadamente o *lobbying* é meritória. Afinal, mesmo as emendas à Constituição oferecem a possibilidade de se auferir ganhos - ou evitar perdas - que alcançam diferentes segmentos organizados da sociedade, disparando, portanto, um complexo mecanismo em que tais grupos de indivíduos tentam inserir na (retirar da) Constituição dispositivos que lhes garantam maximizar seus benefícios (minimizar suas perdas) em detrimento do interesse coletivo.

Para que se entenda o significado desse mecanismo, em uma economia do mundo real vale mencionar a definição de "contato de *lobbying*", como apresentada no texto da citada legislação norte-americana. Um contato de *lobbying* é caracterizado por qualquer comunicação, oral, escrita ou eletrônica, direcionada a um agente público e que é feita em nome de um cliente com o propósito de influenciar:

- a formulação, modificação ou adoção de legislação federal, mesmo em sua fase de projeto de lei;
- a formulação, modificação ou adoção de regra, regulação, decreto ou qualquer programa, política ou posição do governo federal;
- a administração ou execução de programa ou política federal (inclusive negociação, concessão ou administração de contrato, empréstimo, permissão ou licença);
- a nomeação ou confirmação de uma pessoa para uma posição sujeita à confirmação pelo Senado.

Como o leitor pode inferir, uma tal disciplina envolve substanciais custos de monitoramento, tanto quanto delimita a credibilidade com que toda a ordem legal pode ser vista pela sociedade. Nesse tipo de legislação, o projeto de lei brasileiro e a lei norte-americana criam a declaração periódica de gastos incorridos por indivíduos, ou pessoas

Continua

[233] Para a inerente motivação do burocrata que o leva a descontar o valor de uma futura posição na economia privada, ver o capítulo 4. Ao início de 2007, o Conselho Nacional de Justiça (CNJ) anunciava estar elaborando um "código de ética" que será voltado para regular desvios de conduta dos juízes ("CNJ ataca "jabá" de juízes", *O Globo*, 5 jan. 2007, O País, 3).

[234] Tema disciplinado por instrução normativa conjunta da Secretaria da Receita Federal (SRF) e do STE.

jurídicas, decorrentes de sua atuação junto ao Congresso; de identificação das pessoas em nome das quais o contato é realizado; dos agentes públicos no Congresso com quem esse contato é mantido; dos pleitos encaminhados nesses contatos, e assim por diante.

Contudo, diferentemente da lei norte-americana, no projeto de lei brasileiro a transgressão às regras que restringem a atividade de *lobbying* acaba enquadrada na esfera de atuação da agência de regulação da competição de mercados, que é, todavia, uma instância pouco sincronizada com a complexidade da interação dos grupos de interesses especiais no processo político.[235]

O grupo-sombra não tem a organização formal de um verdadeiro grupo de interesses, e difere dos eleitores comuns, porque suas preferências de política apresentam-se quase que integralmente relacionadas a um conjunto específico de temas. Para o grupo-sombra os custos de organização superam os benefícios. Todavia, em certos casos, o grupo-sombra reflete a estratégia deliberada de permanecer sob esse *status*, uma vez que sua formalização, como um grupo de interesses especiais, poderá torná-lo alvo do mecanismo de extração acionado pelos políticos (Macey, 1990:2-3).[236]

Nessa ordem de considerações, percebe-se que o partido político desempenha um valioso papel de aumentar a produtividade política dos membros dos grupos de interesse.

O partido político atende às necessidades desses quase grupos de interesse sob diferentes formas:

- os partidos reduzem os custos de informação com que se confrontam os quase grupos quando tentam identificar candidatos viáveis cujas preferên-

[235] No caso brasileiro, essa agência é o Conselho Administrativo de Defesa Econômica (Cade), o qual tem sua função orientada para tratar da ocorrência de cartéis de empresas nos mercados de bens e serviços, prática vedada por lei. Diferentemente, a ação dessas mesmas empresas no mercado político, sob a forma de grupos de interesses – virtuais cartéis que operam nesse mercado –, é legalmente permitida. Ver o quadro 1, atributo 14, do capítulo 1.

[236] Pressupõe-se que os políticos são agentes de decisão que maximizam seus objetivos pessoais, e não meros "corretores" daqueles que buscam extrair benefícios agenciados no processo político (isenções fiscais, créditos subsidiados, barreiras tarifárias, entre outros). E mais: que tais benefícios são extraídos tanto quanto são criados. Em outras palavras, os políticos podem gerar ganhos para si próprios ao acenarem com a possibilidade de criar benefícios preferenciais para agentes privados, ou ao ameaçarem eliminar, via regulação ou tributação, benefícios já existentes. Tal perspectiva é mais bem desenvolvida adiante, especialmente em torno da figura 21.

cias em termos de políticas públicas sejam compatíveis com suas próprias preferências;

- por outro lado, como a aliança dos políticos com os quase grupos tem um maior custo, comparativamente aos grupos formalmente organizados, os partidos beneficiam os políticos pela provisão de uma forma alternativa de baixo custo de criar essas alianças;
- ademais, o partido beneficia o político com a provisão de informação quanto às preferências dos quase grupos, o que, por seu turno, permite ao político identificar mais precisamente os custo de oportunidade que estão associados à tramitação legislativa de determinados projetos de lei.

Uma interessante conjectura é que, com a habilidade dos partidos políticos em atender aos grupos organizados em declínio, pelo fato de que tais grupos obtêm acesso direto aos próprios políticos, reduz-se o papel desempenhado pelos partidos nessa intermediação.[237] Para sobreviver, os partidos expandem sua clientela tradicional de modo a incluir os quase grupos.

O *rent seeking* também pode ser definido em termos da política constitucional, isto é, os grupos de interesse buscam obter ganhos que somente poderão materializar-se por meio da aprovação de uma emenda à Constituição.[238] Essa é uma opção de elevado custo para o grupo, daí não ser tão freqüente no governo representativo. Afinal, a aprovação de uma emenda constitucional requer o endosso de uma supermaioria legislativa. Seus benefícios podem ter sua incidência no longo prazo, e a garantia da exclusividade, assim obtida, poderá ser ampliada a outros segmentos da sociedade.[239]

Por toda a argumentação apresentada nesta seção, infere-se o potencial risco do mecanismo de *rent seeking* em contaminar as instituições representativas, privando-as de sua espontaneidade. Nesse sentido, o quadro 8 sumaria algumas vertentes da moderna regulação da ação de grupos de interesses especiais em seu propósito de restringir os danos gerados pelo *rent seeking*.

---

[237] É significativa a validade dessa linha de argumentação para o caso brasileiro, especialmente à luz do chamado escândalo da Comissão Mista de Orçamento, do Congresso Nacional, ao final de 1993 (Monteiro, 1997:70-71).

[238] Essa é uma perspectiva essencial no caso brasileiro de 1987/88, e mesmo no período subseqüente, quando se promoveram tantas e tão freqüentes alterações nas regras constitucionais.

[239] Todavia o caso brasileiro é um chocante contra-exemplo dessa estabilidade das regras constitucionais (capítulo 8).

A forma dos atendimentos preferenciais

Até o início da década de 1980, a incorporação dos grupos de interesses especiais ao jogo de escolhas públicas envolvia uma questão de difícil tratamento analítico: por um lado, políticos e aspirantes a essa posição buscavam associar-se a ações que tornassem o governo uma engrenagem eficiente, operando sem causar "perdas" à sociedade. Todavia a teoria econômica enfatizava o quanto o processo político poderia viabilizar transferências de renda e riqueza que estavam, ao mesmo tempo, associadas com perdas sociais.

Como explicar essa ocorrência simultânea?

Becker (1983) oferece uma resposta a essa questão: se o custo de programas de atendimento a interesses de produtores de álcool, por exemplo, é alto, ele é relativamente "barato" quando se pensa em numerosos outros atendimentos de política pública que, para serem viabilizados, demandam grande apoio político. Visto por outro ângulo, isso significa que os métodos que secundam essas transferências para grupos de interesses minimizam custos sociais, uma vez que nenhuma outra política ou forma de atendimento promoveria maior bem-estar a esses grupos e, ao mesmo tempo, não deterioraria o bem-estar dos demais segmentos da sociedade (politicamente fracos).

A competição política garantiria essa eficiência. Apenas para ilustrar esse ponto de vista, tome-se o caso do protecionismo alfandegário ocorrido na economia brasileira em meados de 1995 (Monteiro, 1997:158-160) e que alcançou a indústria automotiva, têxtil, de calçados, brinquedos e eletroeletrônicos. Por que essa compensação se deu por meio da elevação do imposto de importação ao invés de uma operação de socorro por transferência de um dado volume de reais a cada uma dessas atividades? Primeiro porque, pelo protecionismo, o benefício preferencial tem um destino mais preciso; e segundo porque os políticos não desejariam correr o risco eleitoral de serem identificados como perdulários – especialmente pelos próprios grupos beneficiados.

No entanto um argumento que muito qualifica essa opção pelo caminho eficiente é que essa é uma escolha intimamente associada ao próprio volume das transferências que são habilitadas, ou seja, um caminho mais eficiente talvez signifique menor volume de *rent seeking* e, em decorrência, menor volume de transferências. Por conseqüência, o apoio político pode ser menor e a coalizão majoritária ficar pior do que se tivesse optado por uma instrumentação menos eficiente (Wilson, 1990). Desse modo, percebe-se quão pouco trivial é separar a dimensão econômica da dimensão política desses atendimentos preferenciais.[240]

Caso o leitor não esteja tão convencido desse ponto de vista, uma outra corrente de argumentação parte do pressuposto de que esse é um jogo de informação assimétrica e, assim, o cidadão-eleitor-contribuinte não percebe integralmente os efeitos das diferentes políticas públicas. Governo e políticos em geral optam por instrumentar essas transferências de modo pouco transparente, dando-se ao luxo de optar por atendimentos ineficientes. Retomando o caso do protecionismo de 1995: sob um regime de elevação da alíquota do imposto de importação ficam mais ocultos os segmentos que "pagarão essa conta", comparativamente ao que ocorreria sob um regime de transferência em espécie a esses mesmos setores industriais.[241] Em certo sentido, é como se supuséssemos que o cidadão-contribuinte-eleitor detém menos informação sobre as condições em que a política é formulada e operacionalizada do que os políticos. Por certo que essa política tem impactos positivos para um segmento restrito da sociedade, porém ela igualmente promove, em alguma extensão, o bem-estar de todos os cidadãos, mas eles percebem fracamente essa extensão. Ou, dito de outro modo, como os benefícios dessa política são aleatórios, os cidadãos nunca estarão muito certos quanto a ter sido essa uma boa decisão dos políticos, uma vez implementada (Coate e Morris, 1995:1213).

---

[240] Um resultado obtido na teoria de comércio externo é que, na ausência de distorções diretamente relacionadas a essa política, subsídios são superiores à imposição de tarifas protecionistas para que se atenda a qualquer objetivo econômico ou não-econômico. Todavia, uma vez que se admitam explícita (ou endogenamente) tais distorções, é possível que essa superioridade de políticas se inverta (Rodrik, 1986).

Sob uma outra perspectiva, a instrumentação de uma política pública pode ser crucial na atenuação do antagonismo que grupos de interesses, ou mesmo a sociedade em geral, devotam a uma dada regulação de mercado. Uma interessante proposta que ilustra esse ponto de vista diz respeito ao formato do incentivo à diminuição do consumo de gasolina automotiva. Uma variante dessa regulação é simplesmente elevar de modo expressivo o preço dos combustíveis. Todavia esse pode ser um caminho *politicamente inviável*, como demonstra a rejeição, no estado americano da Califórnia, de proposta nesse sentido, submetida à consulta direta aos cidadãos daquele estado. Alternativamente, presume-se que a obtenção do mesmo objetivo (redução do consumo de combustível) poderia ser alcançada caso a apólice de seguro dos automóveis fosse cobrada em bases de "pague o quanto você dirige" (Edlin, 2006), ou seja, ao invés de um total fixo a ser pago anualmente, a cobrança se basearia na quilometragem, com um significativo incentivo a reduzir o uso do automóvel. Em certo sentido, essa é uma *internalização*, no cálculo do usuário do automóvel, dos custos de usar maior quilometragem (Edlin, 2006:3).

[241] Ver o quadro 4.

Por uma perspectiva, por ser o conjunto das regras mais estáveis da economia, a Constituição torna-se fonte de potenciais benefícios a interesses preferenciais organizados em sua tentativa de:

- degradar titularidades constitucionais, trazendo-as para o âmbito da legislação majoritária;[242]
- percorrendo o caminho inverso, reconfigurar regras que definem titularidades já existentes, porém estabelecidas na legislação majoritária.

Esse talvez seja um dos motivos velados do apoio de grandes grupos industriais privados ao comprometimento com um ajuste fiscal mais vigoroso: elevado à condição de regra constitucional, esse regime fiscal operaria um movimento de *crowding out* do Estado, consolidando, por exemplo, a solução das PPPs. Uma outra possibilidade nessa mesma estratégia dos grupos de interesse é o *upgrade* de titularidades: de um atendimento da classe de proteções implícitas para a classe de deveres do Estado, por exemplo.

A figura 16 sumaria essas duas vertentes de mobilização de grupos no processo político. Nessa figura, a seqüência *{[B] → [C]}* é o processo político nessa economia. A racionalidade do grupo de interesses é representada pela seqüência *{([1], [2], [3]) → [4]}*, que, por seu turno, está associada a dois tipos de decisão de investimento:

- o montante global de despesa *[A]* que, nas preferências do grupo, justifica o ganho esperado ou *rent*, *[4]*, a ser obtido junto ao processo político;
- a alocação o mais eficientemente possível dessa despesa (minimiza *[B]*) segundo os vários instrumentos que fazem *[1]* repercutir no processo político *{[B] → [C]}*.

[242] Na década de 1990, a política de privatização de empresas estatais exemplifica essa classe de estratégias; de igual modo, PPPs oferecem boa possibilidade para transferir a consórcios privados, grandes blocos de políticas públicas, hoje frouxamente asseguradas (por exemplo, com a provisão de liberdade de contrato). Ao mesmo tempo, esse também é um permanente intento dos agentes públicos (burocratas e políticos) no que toca à constituição fiscal: o lançamento de novos impostos e a calibração de alíquotas podendo ser estabelecidos a partir da legislação ordinária e a decorrente delegação de poderes, ampliando a esfera decisória da alta gerência econômica.

Figura 16
***Rent seeking* constitucional**

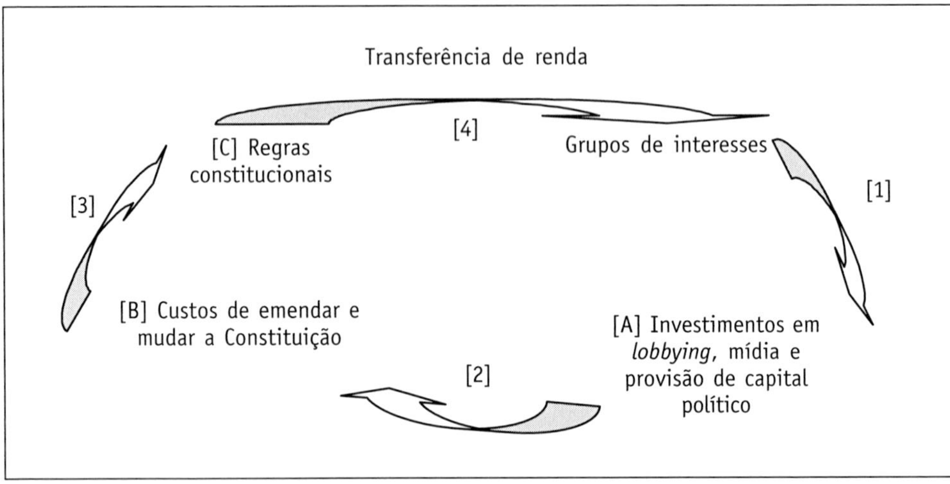

Contudo não se deve pensar que todo esse mecanismo institucional opere tão automaticamente (Nzelibe, 2004):

- os legisladores são agentes que buscam maximizar suas próprias chances eleitorais e, assim, não é sem relutância, que eles se disporão a ceder às ações de grupos privados. Afinal, o *status quo* constitucional já define uma configuração de titularidades; alienar os seus atuais beneficiários pode não ser a melhor opção para esses políticos;
- esses segmentos mais poderosos são fonte expressiva de capital político (votos, financiamentos, posições futuras no setor privado). São eles que recebem uma cota desproporcionalmente elevada das titularidades. Portanto são eles que potencialmente "estabilizam" o *status quo*.

Ademais, a atuação do grupo de interesses ocorre em um ambiente institucional muito complexo que, em geral, requer a coordenação de ações de *lobbying* para influenciar várias instâncias de poder, como fica evidenciado no fato de que os múltiplos resultados pelos quais o atendimento se traduz podem envolver, além da aprovação de emenda constitucional, a emissão de leis, MPs, decretos e toda sorte de atos de gerência pública.[243]

[243] O que traduz o "*lobbying* metaestratégico" (Brook, 2005).

Rent seeking e Judiciário

Como visto anteriormente, a visão analítica convencional de *rent seeking* é a do grupo de interesses tentando obter uma lei ou ato legal dela derivado por meio de atuação direta ou indiretamente junto aos legisladores e seus agentes, os burocratas. Para tanto a estratégia do grupo combina *lobbying*, uso da mídia e doações a campanhas eleitorais. Em contraposição, a lei originada nos tribunais seria virtuosa (eficiente), desde que ela não estivesse sujeita ao *rent seeking*. Todavia hoje se reconhece que, subjacente às demandas judiciais, tem-se precisamente esse mecanismo (Rubin et al., 2001; Rubin, 2005). E mais: a expansão das aplicações do Código Civil pode estar associada às ações de grupos organizados de interesses de procuradores, advogados, empresas e entidades profissionais e que atuam de ambos os lados de um litígio; para tanto recorrem a *lobbying* por decisões que lhes sejam favoráveis ou simplesmente buscam eleger legisladores – ou fazer nomear juízes – que sejam receptivos aos seus pontos de vista.

Como ilustrado na figura 17, os grupos de interesse podem optar por duas metodologias para obter ganhos agenciados na economia pública:

- por via de *lobbying* junto aos legisladores, a seqüência *{[1] → [3]}*;[244]
- optando pela seqüência do litígio, atuando nos tribunais, em prol de um precedente que altere a lei, *{([2] → [4]) → [3]}*.[245]

Um padrão geral da opção dos grupos de interesses pela estratégia *[2]* preferentemente à *[1]*, na figura 17, é o de "legisladores que parecem incapazes ou não dispostos a resolver, em definitivo, controversas questões de política pública" (Maltzman, 2006:20).[246]

---

[244] É apenas por facilidade de apresentação que nesta seção a estratégia *[1]* é rotulada *lobbying*, enquanto a *[2]* é nomeada litígio. Nada impede que tanto pela via *[1]* quanto por *[2]* se desenvolva atividade de *lobbying*. Por igual razão, fica subentendido que por *[1]* também transitam estratégias de contribuições de campanhas eleitorais e de transmissão de informação por uso da mídia. Para evidências concretas de uso da mídia, ver o caso da Lei das PPPs em Monteiro (2006).

[245] Um exemplo desta seqüência é a decisão iniciada em agosto de 2000 no STF quanto à reposição da correção monetária nos saldos das contas do Fundo de Garantia do Tempo de Serviço (FGTS). Tais recursos haviam sido expurgados dessas contas em diferentes ocasiões de planos de estabilização de preços, como os planos Verão (1989) e Collor I (1990).

[246] Observe o leitor que essa é uma ambientação em que se pode retornar ao "dilema contramajoritário" (DCM) conceituado no quadro 4 do capítulo 5. Afinal, trata-se de decidir quanto a "questões controversas", possivelmente de interesse mais amplo da sociedade e, portanto, que deveriam ser alvo do escrutínio daqueles que detêm mandato eletivo.

Há igualmente a possibilidade de combinar as duas metodologias com a seqüência *{([1] → [5]) → ([4] → [3])}*, que pode ser exemplificada pela tentativa de obter dos legisladores a confirmação de uma indicação para integrar o STF com um perfil que seja sensível aos pontos de vista do interesse preferencial defendido pelo grupo de interesses.[247]

Uma questão analiticamente relevante nesse ambiente institucional é a diferenciação dos incentivos a que se sujeita o grupo de interesses quando considera atuar segundo as estratégias *[1]* e *[2]*, tendo em conta o custo de interagir junto a legisladores e a um Judiciário independente (Iaryczower et al., 2005).

Figura 17
Estratégias de alteração legal

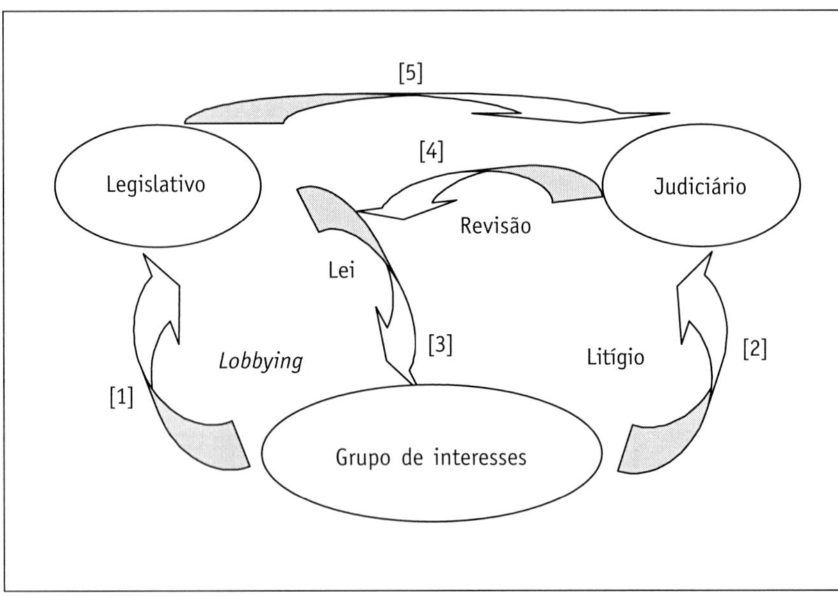

A escolha majoritária é coerente com o pressuposto liberal quanto a ser o indivíduo a fonte de grande parte dos valores em uma sociedade; uma vez que não há um sentido absoluto do bem-estar a ser adjudicado pelos diferentes membros da sociedade, todos devem acatar os valores que uma maioria desses indivíduos prefere. Entretanto, sob uma visão de interesse geral, o que o indivíduo deve ser capaz de decidir quanto a certos temas é atribuição da coletividade, não obstante a vontade da maioria política (Ortiz, 1991:744). É também por essa perspectiva que se pode apreciar o potencial confronto entre decisão política ordinária e revisão constitucional.

[247] Essa perspectiva pode agora ser acoplada à discussão estabelecida em torno da figura 12 do capítulo 5.

Escolhas fiscais e *rent seeking*

Qualquer interpretação analiticamente sólida do que ocorre com a presença tributária do governo começa pelo comportamento dos políticos diante das escolhas fiscais.[248] Seus interesses por certo são peculiares, comparativamente aos dos demais membros da sociedade, e nem sempre os instrumentos do controle eleitoral são apropriados para colocar em sintonia os diferentes interesses desses dois participantes do jogo de políticas públicas (Buchanan, 1987:32-33):

- por um lado, os políticos e seus agentes, os burocratas, buscam maximizar seus ganhos preferenciais sujeitos ao conjunto de regras que restringem comportamentos corruptos e às restrições temporais de sobrevivência impostas pelas instituições políticas, especialmente pelas regras eleitorais.

  É nesse cenário que se pode melhor avaliar a maior ou menor resistência que deputados e senadores costumam oferecer a um aumento de impostos. A magnitude desses ganhos está fortemente associada ao volume total do gasto público, à incidência desses gastos e às possibilidades de remanejamento de verbas no orçamento público. Afinal, o conduto mais relevante e visível na conexão entre políticos e seus redutos eleitorais é a tradução orçamentária dos atendimentos de política. Nesse sentido, entende-se que esse orçamento alcançará um nível mais elevado do que ocorreria sob instituições puramente "democráticas", portanto regras e procedimentos da alocação de verbas orçamentárias, bem como da alocação da carga de impostos, serão alterados ainda mais freqüentemente (Buchanan, 1987:32);

- por outro lado, esses ganhos potencialmente auferidos pelos políticos decorrem da freqüência da mudança que se promova nos padrões de gastos e receitas tributárias.

  Todos os participantes desse jogo sabem que a durabilidade dessas decisões de política não atende necessariamente aos interesses do governo, dos partidos e dos políticos em geral. Afinal, os resultados eleitorais (efetivos ou potenciais) são determinantes de boa parte de suas escolhas de estratégias nes-

---

[248] Uma ilustração didática desse ponto de vista é apresentada em Monteiro (2005a, 2005b), que trata da MP nº 232 (31-12-2004), que altera regras tributárias do imposto de renda (IR) e da Contribuição Social sobre o Lucro Líquido (CSLL).

se jogo – o que, por certo, não elimina a possibilidade de que se insista em vender essas decisões tributárias como definitivas.[249] Como ilustrado na figura 18, esse processo de escolha fiscal ativa a complexa engrenagem do *rent seeking* em que:

- grupos já beneficiados com o *status quo* tributário mobilizam-se em prol da manutenção e exclusividade de seus ganhos *[1]*. Mesmo porque parte do aumento de impostos observada hoje tem uma forte – embora difusa – correlação com benesses fiscais que foram alocadas anteriormente a esses segmentos politicamente fortes;
- em contraposição, os grupos onerados por decisões fiscais do governo mais recentes podem não se revelar tão produtivos em suas ações empreendidas na mídia e no processo político (*lobbying* e financiamentos a campanhas eleitorais, por exemplo) *[2]*, tentando fazer com que o seu ônus fiscal líquido seja o menor e mais transitório possível.

Figura 18
Política fiscal e *rent seeking*

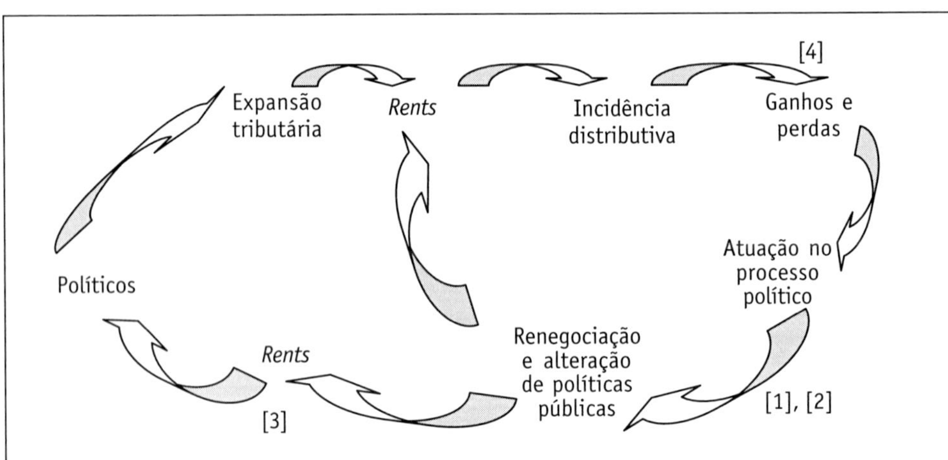

Em razão da atuação dessas duas forças antagônicas (Becker, 1989), pode-se antecipar que o avanço governamental não seja generalizadamente consi-

[249] É conhecida a propensão a renegar comprometimentos por parte de sucessivas administrações federais brasileiras, e talvez seja ainda mais notória a ambigüidade das preferências tributárias dos nossos partidos políticos e de seus membros.

derado contrário ao interesse geral, e, daí a sua viabilidade política, mesmo em um ambiente de instituições representativas.

Da parte dos agentes públicos, eles podem encontrar oportunidades excepcionais a serem exploradas em benefício próprio e de seus aglomerados partidários quando da renegociação dos termos em que a política fiscal poderá ser operacionalizada *[3]*: renovam-se as chances de serem criados para os políticos novos e significativos ganhos preferenciais. Com a vantagem de que isso poderá ocorrer bem distante da capacidade de percepção do contribuinte eleitor, especialmente com a estrutura fiscal tão opaca que vigora no Brasil. Adicione-se a isso o fato de que a própria instrumentação de políticas públicas pode ocorrer de modo a produzir uma ilusão *[4]*, com a deliberada interferência na consciência fiscal do contribuinte eleitor.

Todo esse diagnóstico, no entanto, pode ser reconsiderado a partir do próprio conceito de política econômica. Uma economia nacional é uma complexa rede de relações cujos padrões podem ser razoavelmente reconhecidos e entendidos e que geram resultados macroeconômicos. Porém é em razão desse grau de complexidade que tais resultados não se tornam objeto direto da escolha dos *policy makers*, isto é, em sua essência, a política econômica é constitutiva (Wagner, 2002:106): tudo o que a intervenção governamental pode almejar é modificar algumas das regras e convenções que vigoram nessa rede e, por essa via, afetar o desempenho macroeconômico. Trivialmente, apontar a necessidade de reduzir gastos públicos como veículo para promover menores taxas reais de juros, por exemplo, é ignorar os mecanismos institucionais que teriam sido acionados para dar origem a esses gastos e à sua sustentação no nível em que eles correntemente se situam.[250]

É um princípio de *design* da escolha pública que funções e poderes devam ser alocados ao segmento e ao nível de decisão política que melhor possam exercê-los. O sistema constitucional de separação de poderes bem ilustra esse princípio. Essa é, portanto, uma referência relevante quando se têm em conta repetidas sugestões de que, para deter a escalada dos juros, deva-se promover um ajuste fiscal mais vigoroso no lado da despesa.

Quais são as condições mais favoráveis na execução dessa política de corte de gastos? Sendo a decisão orçamentária essencialmente um resultado

---

[250] Ou, visto por outro ângulo, elevar juros e cortar gasto público são classes distintas de políticas em termos de seus custos de decisão.

das escolhas legislativas, são substanciais os custos de negociação que estarão atrelados à decisão de corte de despesas (Parisi, 2001):

- por um lado, há o comportamento sofisticado ou estratégico dos legisladores, quando o comprometimento de um dado legislador ou partido político nas deliberações orçamentárias pode ser o de revelar publicamente uma preferência que não corresponde à sua preferência verdadeira;[251]
- por outro lado, há a reconhecida fragilidade dos mecanismos de implementação de barganhas políticas: mesmo a lei orçamentária é sujeita a imponderáveis quando se trata de executar a despesa pública.[252]

Igualmente, há os custos externos ou de exclusão nessa decisão coletiva: se a deliberação de gasto é delegada ao Executivo, por exemplo, o risco de que essa política de gastos atenda a preferências distintas das que predominam no plenário do Congresso é elevado, uma vez que considerações estritamente gerenciais poderão ser discricionariamente impostas a deputados e senadores. De igual modo, a tentativa de reduzir esse risco por meio do maior compartilhamento da decisão de gasto com o Congresso pode elevar insuportavelmente os custos de negociação.

Quando a cooperação política está ausente, tem-se, ademais, o custo decorrente da instabilidade da decisão legislativa, o que leva a que se invista em *logrolling*.

Complementando essa visão interna da deliberação política, há que considerar os impactos distributivos dos atendimentos de política pública: os fluxos *[1]* e *[2]* na figura 19.[253] No episódio de uma escolha fiscal observa-se intensa movimentação política (atividade de *lobbying*, uso da mídia e potenciais apoios a campanhas eleitorais), na tentativa de minimizar a incidência da elevação de impostos *[1]*, disparando o mecanismo institucional que é rotulado *rent-avoidance [3]*: aqui, os interesses articulados por grupos como a Federação das Indústrias do Estado de São Paulo (Fiesp) e a Confederação Nacional da Indústria (CNI) não decorrem tanto de obter novos atendimentos especiais por via

---

[251] A esse comportamento estão associados: o *free riding* (como um dado legislador não conseguirá limitar os benefícios de uma legislação para si mesmo e seu reduto eleitoral, ele *pega carona* nos esforços de outros legisladores) e o *bloqueio* (a pura e simples procrastinação).

[252] A experiência brasileira nessa área de escolhas públicas é marcada por forte discricionariedade. Para um exemplo recente que alcança a própria definição antecedente, quanto às diretrizes orçamentárias (LDO), ver a ocorrência em setembro de 2006, mencionada no capítulo 8.

[253] Em certo sentido, esta figura é uma versão alternativa da figura 18.

da criação de renda e patrimônio gerados politicamente, mas de proteger renda e patrimônio já existentes e criados privadamente (McChesney, 1997:63).[254]

Esses mesmos grupos podem propagar a necessidade de cortar gastos públicos como alternativa ao aumento de impostos; todavia o reconhecimento dessa necessidade se detém no limite da identificação das rubricas de gasto a serem cortadas. Afinal, esses setores são alcançados por benefícios que resultam das incidências setorial e regional do gasto público *[2]*. Nessa dimensão, a estratégia do grupo de interesses é a de se assegurar os maiores, mais permanentes e exclusivos gastos públicos. Em prol desse resultado, põe-se em operação o *rent seeking [4]*.

Figura 19

A incidência distributiva do orçamento

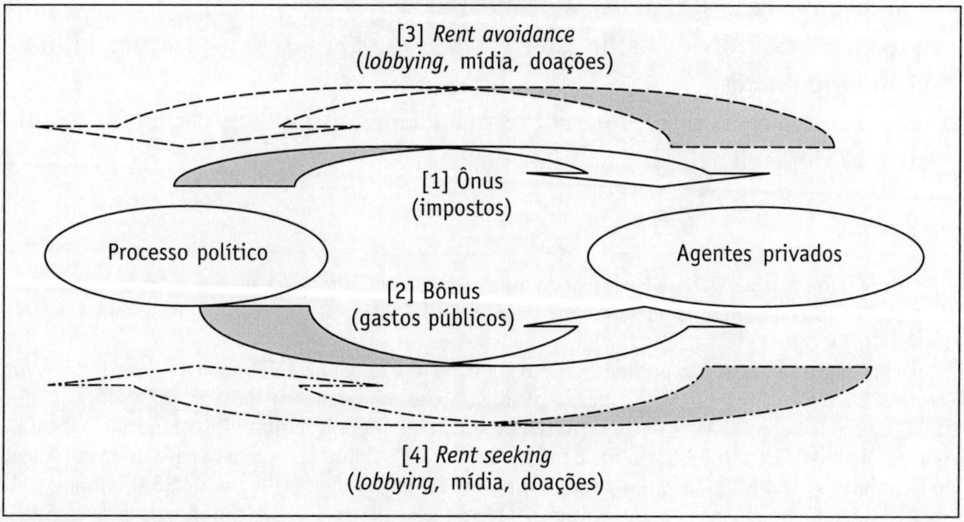

Pagando por atendimento político

Os cuidados com o financiamento de campanhas eleitorais têm invariavelmente o objetivo de estabelecer uma barreira à ação de grupos de interesse no processo político.[255] O risco inerente às contribuições a políticos e partidos

---

[254] Mesmo porque "elevada carga de impostos" é uma circunstância que também abriga legislação que beneficia indivíduos e indústrias (isenções, correções de tabela de descontos, incentivos, subsídios, entre outros formatos fiscais).

[255] A imposição de limites às doações de campanha cria um ambiente institucional assemelhado ao *controle de preços*: com ou sem transferência direta de recursos financeiros, o mercado político buscará *outras formas* (indiretas ou pelo uso de recursos não-financeiros) de operar em seu ponto de equilíbrio (McChesney, 2002). Ver, igualmente, o capítulo 8.

é o de uma relação *quid pro quo* com a corrupção, uma vez que elas são um tipo de investimento, com o provedor dos recursos tendo a expectativa de obter um benefício preferencial.[256]

Recorrentemente, tem sido discutida no Congresso Nacional a possibilidade de se adotarem regras de teor explícito e radical a esse respeito: a pretensão é ter as campanhas financiadas unicamente com os recursos orçamentários que vierem a ser consignados com tal propósito ao TSE, barrando, portanto, "o uso de recursos em dinheiro, ou estimáveis em dinheiro, provenientes dos partidos e federações partidárias e de pessoas físicas e jurídicas".[257]

Portanto o problema do pagamento pelo atendimento político pode ser atenuado:

- com a imposição de limites às contribuições, assim reduzindo o peso com que eleitores individuais de altas rendas e poderosas organizações influenciam os políticos;[258]
- adicionalmente, com a provisão de financiamento público, de modo a reduzir essa dependência das grandes doações.

---

[256] Para uma recente e vigorosa narrativa da intermediação de interesses privados junto ao processo político, no caso da economia norte-americana, ver "What is K Street's Project?", *New York Times*, 19 Aug. 2006, Op-Ed, A15.
O caso brasileiro pós-reeleição presidencial, em 2006, merece, igualmente, alguma reflexão. Em novembro de 2006, retorna à agenda de políticas o pleito por mais uma isenção tributária, já presente quando da passagem da Lei nº 11.079, de 30 de dezembro de 2004, ou política das PPPs (Monteiro, 2006): a Associação Brasileira da Infra-Estrutura e Indústrias de Base (Abdib) apresenta sua demanda de isenção do IR sobre os fundos em infra-estrutura (disponíveis em um total estimado de R$ 6 bilhões) e da CSLL. O atendimento por via de ato legal ainda deverá valer a partir de 2007 ("Fundos de infra-estrutura terão isenção do IR, afirma ministro", *Folha de S. Paulo*, 30 nov. 2006, Economia). O benefício é expressivo, uma vez que os fundos de investimento pagam entre 15% e 22% de IR (consoante o período de resgate dos recursos). Embora o segmento alvo do atendimento exclusivo seja o de infra-estrutura e indústrias de base, a nova regulação do setor promove, por igual, os interesses de toda a intermediação financeira. É, portanto, sintomático que, simultaneamente com a divulgação de informações pelo TSE relacionando as principais fontes de financiamento da recém-concluída eleição presidencial, bancos (R$ 10,5 milhões) e empreiteiras (R$ 9 milhões) ocupem os dois primeiros postos no *ranking* dessas doações à campanha da reeleição ("Setor bancário deu maior doação à campanha de Lula", *Folha de S. Paulo*, 29 nov. 2006, Brasil, A4). Tais doações equivaleriam a 20% dos recursos declarados pelo PT na campanha da reeleição.

[257] Art. 20 do projeto substitutivo aos PLs nº 5.268 (28-8-2001) e nº 2.679 (3-12-2003) de autoria do relator da CCJ da Câmara dos Deputados.

[258] Todavia, como mostra a experiência norte-americana, é ilusório imaginar que se possa desenhar uma regulação perfeita, à prova de estratégias que contornem tais limitações. No caso brasileiro, os últimos 20 anos sugerem que também é pouco razoável imaginar um conjunto de regras que disciplinem mais do que satisfatoriamente esse fluxo de recursos.

Uma vertente da opção do financiamento público é que ele pode tornar-se um incentivo à participação mais vigorosa dos eleitores individuais no processo político. Só assim se conterá mais efetivamente a influência de interesses preferenciais, ao mesmo tempo em que se promovem valores democráticos independentes: mesmo com fundos públicos a decisão privada de mercado se encarregaria de alocar esses fundos. Uma recente contribuição nessa direção (Figueiredo e Garrett, 2004) parte do pressuposto de que, ao invés de estabelecer pura e simplesmente essa contenção, criem-se condições para que o peso das doações de grupos de interesses seja diluído ao se somarem as contribuições de tamanho modesto e que tenham por origem recursos de eleitores individuais. O reverso dessa estratégia é dinamizar a participação popular, o que, de certo modo, democratiza a influência do dinheiro no processo eleitoral.

A figura 20 ilustra os principais aspectos da proposta Figueiredo-Garrett que, embora pensada para o caso norte-americano, apresenta-se como um inovador ponto de partida para o tumultuado jogo de escolhas públicas no Brasil.[259]

Sob essa perspectiva, há duas estratégias de redução de corrupção no processo político:

- E1: *{{[1],[A],[3]} → [C]}*: aumentar o número de indivíduos que financiam campanhas políticas, o que indiretamente dilui a influência de grupos de interesses;
- E2: *{{[2],[B],[4]} → [C]}*: restabelecer a confiança dos eleitores nas virtudes do processo eleitoral, o que indiretamente reforça a percepção da importância do voto individual e dos propósitos das instituições representativas.

Uma variante da estratégia *E*1 é tornar mais simples (extensivo ao uso da internet, por exemplo) e barata (obtendo-se diretamente um crédito ou podendo-se fazer dedução no IR) para um grande número de eleitores a doação individual de uma pequena quantia de dinheiro (até R$ 100 anuais, por exemplo) para campanhas eleitorais. Um corolário dessa estratégia é que ela pode induzir o acesso de um maior número de candidatos à disputa eleitoral. O valor reduzido da contribuição torna, por outro lado, oneroso combinar essas doações de modo a torná-las significativas, no agregado, para direcionar-lhes artificialmente a influência no resultado eleitoral (Figueiredo e Garrett, 2004:50).

---

259 Sugiro ao leitor relacionar a perspectiva analítica desta seção com o tema análogo da reforma política, desenvolvido no capítulo 8.

Figura 20
Financiamento de campanhas e corrupção

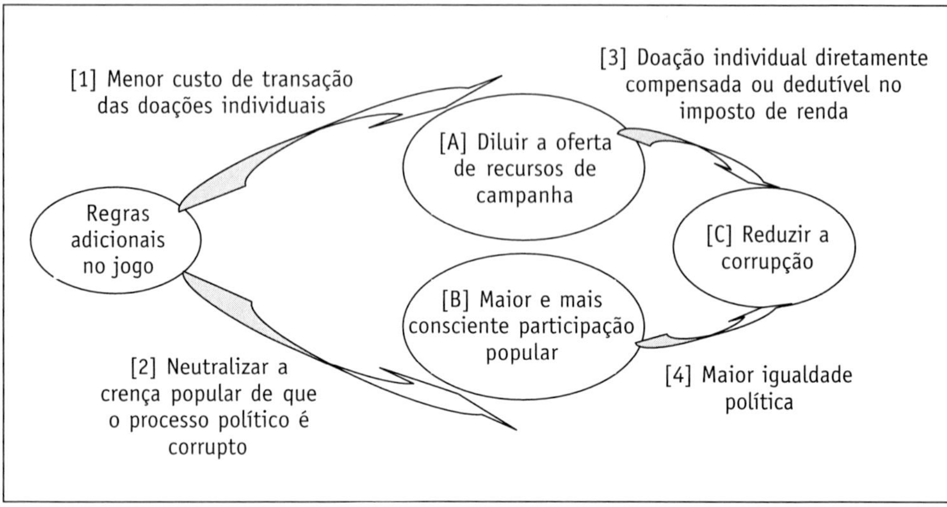

A adição de tais regras às escolhas públicas esbarra na pulverização das listas de candidatos e que pode ainda ser mais pulverizada pelo oportunismo de se obter tais doações. Porém a idéia subjacente continua a ser a de assegurar que somente candidatos de qualidade se beneficiem do programa de doações individuais via sistema tributário (Figueiredo e Garrett, 2004:66). O estímulo de ter compensada a doação (como se fora um subsídio) ou deduzida no IR deve igualmente ter o impacto de aumentar a crença dos cidadãos nas virtudes da mobilização eleitoral – o que em si é um valor democratizante.[260]

Vale lembrar que, pelo lado da demanda (políticos e partidos políticos), a disponibilidade desses recursos adicionais dispersos nas mãos de milhões de eleitores poderá ter um impacto na composição das plataformas de política que habitualmente acabam dominadas pelo atendimento a segmentos concentrados da população nos quais ocorre a mobilização eleitoral mais efetiva e de onde se originam os recursos necessários às campanhas eleitorais (Figueiredo e Garrett, 2004:51-52). Na pior das hipóteses, a consideração de diferentes esquemas de

[260] Por certo que, dado o perfil da distribuição de renda no país, é utópico imaginar que apenas esse mecanismo possa ter um impacto quantitativamente expressivo em *[C]*, na figura 20. Essa, porém, é uma indução que não pode deixar de ser buscada, não apenas no formato aqui sumariado, mas sob outros formatos. Mesmo porque é preciso cuidar para que a desigualdade econômica não se transforme automaticamente em desigualdade política.

regulação dos dinheiros políticos tem um valor heurístico (Lowenstein, 2003:1994): é útil como um meio de inferir diferentes propriedades de regimes de financiamentos de campanha, portanto dando maior conteúdo às propostas de reforma das regras do jogo.

Ao longo dos últimos 40 anos,[261] o fenômeno do "pagar para jogar" (McChesney, 2002) o jogo das escolhas públicas tem sido alvo de crescente atenção dos economistas, e não deixa de ser paradoxal que, nas discussões sobre a presença (orçamentária e não-orçamentária) do governo na economia brasileira, relevantes aspectos da interação dos políticos com grupos de interesses especiais sejam deixados de lado.[262]

Figura 21

Um jogo duplo: "pagando" para ter atendimento preferencial e para não ser penalizado

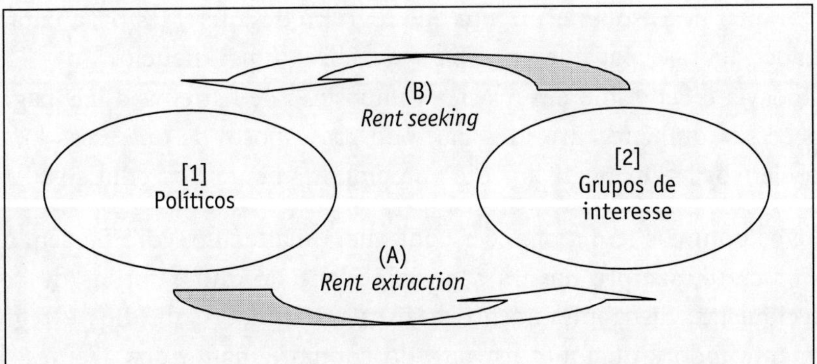

Mais do que em qualquer outra oportunidade, em época eleitoral, cortar ou não cortar gasto público assume uma dupla configuração, como mostrado na figura 21:

261 A nova metodologia de estudos da atuação de grupos de interesse na determinação das escolhas públicas inicia-se com Tullock (1967).

262 No debate econômico nacional, boa parte das decisões na área orçamentária é alvo de diagnósticos essencialmente contábeis-gerenciais, que focalizam o tamanho dos cortes (efetivo *versus* desejável) a serem promovidos no gasto público ou a sua compatibilidade ante a evolução da carga de impostos ("Ousadia para cortar", *O Estado de S. Paulo*, 17 maio 2006, Notas & Informações, A3; "Lula congela R$ 14,2 bi do orçamento de 2006", *O Estado de S. Paulo*, 17 maio 2006, Nacional, A6). O ponto de vista aqui desenvolvido complementa substancialmente essas constatações típicas de uma *visão de tesouraria*.

- por um lado, o corte de gastos compromete atendimentos preferenciais a segmentos organizados da economia que poderão entender essa sinalização como uma estratégia de ameaça de que os políticos lançam mão. Essa é a vertente *(A)*.

Nesse sentido, diante dessa perda potencial de ganhos agenciados no processo político, tais segmentos se disporão a pagar para participar dessa escolha pública e, assim, buscar impedir que se dê o cancelamento de um atendimento já em curso ou que se crie uma penalidade: esse é um pagamento que alimentará os fundos das campanhas dos partidos e políticos. A seqüência *{[1]→[2]→[1]}* estiliza essa visão;[263]

- por uma outra vertente, *(B)*, o grupo de interesses encaminha aos políticos o seu pleito, na tentativa de obter uma transferência de renda a seu favor. Portanto opera a seqüência *{[2]→[1]→[2]}*.

Tal qual no caso anterior, em que o grupo de interesses paga para não ser penalizado, agora o pagamento é para viabilizar um benefício.[264]

Todavia o ceticismo em relação à imposição de barreiras a tais pagamentos ou doações de dinheiros privados parte do pressuposto de que esses limites não são tão efetivos assim relativamente ao comportamento dos políticos. Afinal:

- o que os políticos têm a oferecer continuará inalterado, com ou sem a barreira. Por certo, sempre haverá a possibilidade de impor tarifas de comércio protecionistas, distribuir incentivos fiscais, conceder subsídios e regular virtualmente todo e qualquer aspecto do comportamento dos agentes de decisão nos mercados de bens e serviços. Tais benefícios simplesmente não "bro-

---

[263] Tal é a racionalidade dos segmentos que poderão vir a ser afetados por cortes em rubricas do orçamento da União, por exemplo.

[264] No ano eleitoral de 2006, dois exemplos didáticos de tentativas de se trazer atendimentos preferenciais para a frente da deliberação política são: a) as vigorosas e variadas manifestações observadas na audiência pública promovida na Comissão de Agricultura e Reforma Agrária (CRA) do Senado Federal, realizada em Brasília em 16 de maio de 2006 ("Crise mobiliza autoridades e agricultores", *Jornal do Senado*, 17 maio 2006, XII(2374), 5); b) no rastro da tramitação da MP nº 275, de 27 de dezembro de 2005, a pressão para alongar e aprofundar os benefícios do Sistema Integrado de Pagamento de Impostos e Contribuições das Microempresas e das Empresas de Pequeno Porte (Simples), o que acabou por ocorrer com a Lei nº 11.307, de 19 de maio de 2006, que altera alíquotas de tributação e faixas de enquadramento de empresas no Simples. Estima-se que as mudanças promovidas por essa lei alcançariam 155 mil empresas, com o teto máximo da receita da "pequena" empresa passando de R$ 1,2 milhão para R$ 2,4 milhões ("Presidente Lula sanciona a Lei do Simples", *O Globo*, 20 maio 2006, Economia, 38).

tam" de Brasília: em sua origem estão interesses privados e, inescapavelmente, de políticos de todas as denominações partidárias;[265]

- ademais, a imposição de limites às doações de campanha cria um ambiente institucional tal que o mercado político buscará outras formas (indiretas ou pelo uso de recursos não-financeiros) de operar em seu ponto de equilíbrio.

Contudo a diferenciação do relacionamento entre políticos e grupos de interesse, como apresentada na figura 21, tem relevante conseqüência para o procedimento da imposição de barreiras ao uso de dinheiros políticos no jogo das escolhas públicas (McChesney, 2002:360-361):

- na busca direta de favores, *(B)*, esse tipo de restrição é essencialmente promotor do bem-estar geral ou coletivo, uma vez que tais recursos poderiam ser utilizados por seus detentores com maior produtividade na expansão da atividade de produção, por exemplo;
- já na tentativa de evitar o ônus com que o governo e os políticos em geral ameaçam os grupos de interesse, *(A)*, trata-se muitas vezes de evitar uma expropriação de riqueza, caso a contribuição de campanha não seja feita. Nessa circunstância, a tentativa de bloquear as doações de campanha pode implicar redução do bem-estar coletivo.

Quando aqueles que podem prover serviços que agregam valor são legalmente, isto é, por decisão política, impedidos de fazê-lo e obter ganhos, tanto provedores quanto os potenciais destinatários dessa provisão acabam experimentando simultaneamente redução em seus níveis de bem-estar (McChesney, 2002:361-362). Mesmo porque, se todos percebem que o processo político sempre terá o que coibir, seja sob a forma orçamentária, seja por via regulatória, a restrição direta às doações de campanha levará a que formas alternativas, menos eficientes, de pagamento aos políticos sejam escolhidas. Tal é a hidráulica eleitoral (Issacharoff e Karlan, 1999).

Uma implicação relevante

Reunindo toda a variada racionalidade aqui apresentada, percebe-se que a intervenção governamental viabiliza várias fontes de potenciais ou efetivos custos sociais (McChesney, 1997):

---

265 "Governo deve ceder mais à bancada ruralista", *Folha de S. Paulo*, 19 maio 2006, Dinheiro, B10.

- na perda de parte do excedente do consumidor – a redução de bem-estar do consumidor de um bem ou serviço, em um mercado sob regulação, e que advém do impacto de regulações sobre o poder de compra desse consumidor;
- no *rent seeking* – os ganhos promovidos pela intervenção governamental disparam um mecanismo em que os agentes privados (os de maior capacidade de organização e coordenação) investem recursos tão-somente para se habilitar a esses benefícios. Tais ganhos especiais equivalem a uma transferência de renda habilitada no processo político;[266]
- nos custos de se adequar às exigências legais e administrativas impostas pela intervenção governamental – invariavelmente traduzidos por toda sorte de despesas que correm por conta do agente privado e instituídas na regulamentação do ato legal que define a intervenção na atividade econômica específica;
- na fuga de recursos para usos sociais menos valiosos, porém à margem da política regulatória, caracterizando freqüentemente um segmento da economia informal;
- no *rent extraction* – a proteção do capital privado em uma dada atividade econômica, com burocratas e políticos sendo persuadidos pelos detentores desse capital a não regular essa atividade.[267]

Afinal, políticos e burocratas talvez não sejam mesmo simples corretores que se esmeram na redistribuição de renda e riqueza entre demandas privadas que competem entre si. Eles são agentes independentes que têm suas próprias demandas, e às quais as demandas privadas respondem. E, assim, podem obter ganhos (doações de campanhas, acolhimento no setor privado, em face de um revés político, entre outras formas), mesmo quando se dispensam de exercer seus direitos de impor regulações onerosas aos interesses privados, como indica o *rent extraction* na tipologia McChesney.

---

[266] Ou seja, os rendimentos crescentes de que um produtor possa se assegurar em suas operações no mercado em que transaciona o seu produto passam a ser efetivamente obtidos no mercado político. Observe o leitor que o *formato* segundo o qual tais rendimentos chegam até o produtor não está disponível no mercado convencional, não obstante a transação, num e noutro caso, pressupor a implementação de um *contrato* (McChesney, 2002:351-352).

[267] Muito do que é comumente percebido como *rent seeking* empreendido por grupos de interesse é, de fato, *rent extraction* operado por políticos.

Capítulo 7

Cidadão eleitor

O envolvimento do cidadão nas escolhas públicas é definido pelos impactos de política pública na realidade socioeconômica e pelo decorrente uso do voto e de outros instrumentos de sua participação no processo político. Sua racionalidade é a minimização da coerção que ele percebe nesses impactos, isto é, no maior ou menor comprometimento dos níveis subjetivamente mais preferidos desses impactos.

Se P^* é o nível preferido ou ideal da provisão de uma política, do ponto de vista de um cidadão, e P é o nível em que essa política lhe é provida, a diferença $|P - P^*|$ é conceitualmente o nível de coerção que ele percebe implícito nessa provisão. Todavia deve-se reconhecer que, por sua própria natureza, toda regra social, tal como o sistema legal, é coercitiva. O que se pressupõe no jogo é que, tanto os seus resultados (a política pública) quanto o conjunto de suas regras não devam ser impropriamente coercitivos (Wiseman, 1990).

Sem perda de generalidade, pode-se associar tal coerção ao benefício líquido (BL_i) esperado decorrente da provisão de bens públicos, G, e da perda de renda, z_i, acarretada pela tributação. Assim:

$$E(BL_i) = E\{b_i(G) - c_i(z_i)\} \qquad (8)$$

em que $db_i/dG > 0$ e $dc_i/dz_i > 0$, sendo b_i e c_i, respectivamente, o benefício e o custo percebido pelo *i-ésimo* cidadão.[268]

---

[268] Neste ponto pode-se fazer a conjectura quanto à capacidade do cidadão eleitor de perceber a extensão em que ocorram tais benefícios e custos. Igualmente, quando analisada estritamente sob a ótica de custos e benefícios (o voto como *ato de investimento*), essa participação do eleitor chega a ser surpreendente, de vez que é mínima a probabilidade de que seu voto seja decisivo. Contrariamente, argumenta-se ser o voto um *ato de consumo*, quando a utilidade decorrente de sua participação na eleição independeria do resultado da eleição.

As estratégias disponíveis ao cidadão podem ser classificadas em:

- diretamente orientadas para influenciar políticos e partidos políticos – voto,[269] ação individual informal, ação informal em grupos, adesão a grupos de interesses especiais;
- outras estratégias – auto-regulação (controle da coerção através da restrição da exposição aos impactos das políticas públicas); provisão privada (transferência do atendimento pelo processo político para o atendimento via mercado); estratégia Tiebout ou voto com os pés (mudança da jurisdição de incidência dos impactos de uma dada política pública).[270]

Algumas dessas estratégias[271] apresentam a característica peculiar de ter seu uso restrito a determinados pontos do tempo: por exemplo, no interregno eleitoral, o custo de uso do voto é infinito. Igualmente, toda essa variedade de estratégias disponíveis ao uso pelo cidadão eleitor apresenta custos diferenciados. Possivelmente, a opção mais barata é o voto, e a mais onerosa, a atuação através de grupos de interesses especiais.[272]

É pelo seu voto, pessoal e intransferível, e por sua eventual integração a uma coalizão majoritária que o cidadão eleitor pode materializar sua preferência por um menor grau de coerção na política econômica. Contudo é na utilização desse instrumento de ação política que reside um paradoxo (quadro 9).

---

[269] Instrumento "não-delegável, não-transferível, e [que] desaparece quando não é utilizado" (Abrams, 2003:937).

[270] Essa é uma das vantagens básicas da descentralização de poder na Federação, uma vez que ela induz à competição na provisão de atendimentos de políticas públicas, nas jurisdições de governos estaduais e municipais. É, portanto, uma analogia bem próxima da competição que ocorre entre agentes privados nos mercados de bens e serviços.

Pelo lado da demanda, se indivíduos e firmas têm total mobilidade entre jurisdições, eles podem buscar a jurisdição que lhes oferece uma combinação que seja mais vantajosa em termos de bens públicos, regulação econômica e impostos. Há como que um movimento migratório entre jurisdições de governo: da provisão ineficiente na direção da provisão mais eficiente. Todavia, nesse tipo de visão analítica, pouco é dito sobre o outro lado desse peculiar mercado: como se comportam os agentes públicos nessas jurisdições que perdem (ou ganham) indivíduos e firmas? Que incentivos motivam os provedores de políticas públicas a tentar bloquear a "saída" (ou a atrair a "entrada") de cidadãos-contribuintes-eleitores e de firmas? (Levinson, 2005:945-950.)

[271] Ao longo deste texto, *quase sempre* o eleitor é definido por sua estrita capacidade de votar. Todavia, em algumas situações, utilizo o termo eleitor como intercambiável a cidadão contribuinte; neste último sentido, a capacidade de o eleitor se envolver no processo político vai além do uso do voto. De todo modo, eu não creio que isso possa trazer imprecisão ao texto.

[272] O grupo de interesses pode ser considerado um dos recursos de que dispõem os cidadãos eleitores para revelar a *intensidade* de suas preferências.

Visto por outro lado, há uma probabilidade π de que a coerção percebida se traduza por um voto contrário e uma probabilidade $(1 - \pi)$ de que a inexistência dessa coerção (ou sua não-percepção) se traduza por um voto favorável à coalizão política majoritária. Se A_i, o "apoio ao governo", é identificado ao benefício líquido esperado, como definido anteriormente, então: $\pi_i(A_i)$, para $d\pi_i/dA_i > 0$ e $0 < \pi_i < 1$.

Pode-se ainda distinguir uma gradação no conjunto dos cidadãos eleitores, reconhecendo: o eleitorado primário, a faixa dos adeptos menos dedicados, o segmento independente ou flutuante e, no limite, os oponentes inveterados (o eleitorado oposicionista). Essa diferenciação é tanto mais importante por possibilitar que a estratégia de partidos e políticos se defina em termos de uma atenção preferencial ao eleitorado e, em conseqüência, de uma escala de adesão, ou propensão de longo prazo para apoiar o político ou partido.

Quadro 9

O paradoxo da votação

Nas escolhas públicas, o cidadão tem as opções de revelar-se:

- um "cooperador", já que ele se preocupa com o estado futuro da coletividade e, assim, com ganhos futuros, relativamente ao que se observa na situação atual. Em um jargão um pouco mais abstrato: esse é o tipo de indivíduo que opera com uma baixa taxa de desconto relativamente a ocorrências futuras;
- um "egoísta", quando ele pondera mais os ganhos presentes e dispõe de oportunidades próprias de se assegurar desses ganhos. Outra vez, é o tipo de agente que desconta fortemente o futuro (alta taxa de desconto), estando menos predisposto a abrir mão de ganhos imediatos, comparativamente a obter benefícios posteriores decorrentes da cooperação futura.

Como essas escolhas são contínuas, ou seja, ocorrem repetidamente, sem uma data de término para a interação, o cooperador nunca se mostrará egoísta; já o egoísta operará em causa própria desde o início do jogo ou na primeira interação. A razão para tanto é elementar: o cooperador pondera os ganhos futuros, portanto o jogo deve se desenrolar indefinidamente; o egoísta valora os ganhos imediatos mais que o fluxo de ganhos futuros.

Por que as pessoas votam? Eis um paradoxo, uma vez que a chance de que o voto de um cidadão possa influenciar o resultado final de uma eleição é, em geral, desprezível e, ademais, há custos não tão pequenos no desempenho do ato de votar.

Continua

Posner (1998) propõe que o ato de votar seja tomado por um sinal; é observável, conquanto o voto em si não o seja.

Em uma eleição, tanto o cooperador quanto o egoísta incorrem em custos. Porém o primeiro tem a oportunidade de se ressarcir desses custos ao longo das várias rodadas do jogo, enquanto o segundo, não.

Em determinadas circunstâncias, o eleitor pode ser tomado por um cooperador, enquanto aquele que não vota, por um egoísta. Desse modo, votar funciona como um sinal precisamente porque os custos excedem os ganhos materiais, e ocorre porque o eleitor antecipa obter ganhos da cooperação dos demais eleitores. Um cooperador preferirá interagir com outros cooperadores: nessa busca, ele tenta encontrar quem tenha baixas taxas de desconto, tanto quanto convencer os demais de que ele tem uma baixa taxa de desconto.

É óbvio que, se votar fosse lucrativo, tanto o cooperador quanto o egoísta votariam. Essa interpretação do "paradoxo da votação"[273] difere do habitual apelo à motivação cívica, ou à necessidade do eleitor de expressar seus pontos de vista.[274]

Todavia a eficiência no mercado de votos está longe de ser uma questão analítica e empírica encerrada. Em verdade, podem-se identificar três variantes de análise:

- a hipótese da ignorância racional (Downs, 1957) – o eleitor é mal informado e, se de todo ele se sentir estimulado a votar, não deverá utilizar muitos recursos ao informar-se sobre os candidatos na eleição;
- a eficiência no mercado de votos I – é limitado o uso estratégico de informação passada, ou antiga, nesse mercado. Primeiramente, pela ausência de qualquer mecanismo para que o eleitor possa apresentar algum comprometimento com credibilidade quanto a seus votos futuros. Em segundo lugar, em decorrência da ambigüidade quanto a quem seja o agente efetivo de uma escolha política (o partido?; o presidente da República?; o legislador?);[275]

[273] Que pode ser resumido pela seguinte questão: Por que gastar tempo em votar, se o resultado eleitoral não será afetado pelo voto individual? Todavia, como já escreveu um autor, para azar da teoria, as pessoas votam... Uma excelente introdução a esse paradoxo é apresentada em Green e Shapiro (1994).

[274] Ver quadro 1, atributo 4, capítulo 1.

[275] Pense o leitor no caso brasileiro dos anos 1990, com a hipertrofia do poder de legislar no Executivo federal. Em que extensão o Congresso Nacional pode ser efetivamente responsabilizado por eventuais ônus que a política de estabilização econômica possa ter causado ao cidadão eleitor nesse período? Afinal, essa política era operada em um ambiente institucional em que os legisladores detinham pouca autonomia diante das decisões dos burocratas do Executivo.

- a eficiência no mercado de votos II (Wittman, 1995; Peltzman, 1990) – o eleitor distingue entre efeitos permanentes e transitórios das políticas públicas, e são os efeitos permanentes que contam.[276] Igualmente, apenas as novas informações afetam a decisão do eleitor marginal, isto é, tal como o mercado de ações, o de votos não tem "memória" (Peltzman, 1990).[277]

Dois outros argumentos são igualmente relevantes na relação do político com o eleitor:

- a *expertise* não-transferível do eleitor (Sutter, 1998). Assim, por exemplo, detectar desperdício no orçamento da saúde pode requerer conhecimento de como opera o sistema nacional de saúde e sua adequação, sob diferentes circunstâncias; ora, essa é uma *expertise* que não é rapidamente transferível para um outro tema de política, digamos, os subsídios agrícolas. Um complicador adicional é que uma mudança que ocorra nos resultados, ou nos processos, de uma política, e que o eleitor atribua à atuação dos políticos, requer a aquisição de nova *expertise*, adequada para monitorar essa política em sua nova dimensão;
- voto aberto *versus* voto secreto na decisão legislativa. No rastro da extensa crise política de 2005/06, um tema que se tornou especialmente saliente no debate nacional envolve a recomendação de que o Congresso deva abolir de seu regimento o voto secreto. Torna-se dominante a percepção de que o voto deve ser aberto, tendo em conta a transparência do comportamento do legislador perante o seu eleitorado.[278]

---

[276] O eleitor remunera o agente público apenas pelas melhorias permanentes promovidas em seu bem-estar. A valer essa racionalidade, não se sustenta o argumento do atendimento pré-eleitoral que o político promove junto ao eleitor.

[277] Pelo fato de que toda informação disponível para o eleitor, até a data da ocorrência de uma eleição, já terá sido utilizada em sua decisão de voto, em t_1, isto é, já se fez "acerto de contas" entre o agente (o presidente da República e os legisladores) e o patrocinador (o eleitor); o próximo acerto envolverá apenas a informação obtida subseqüentemente a t_1. Ademais, a informação, que não possa plausivelmente ser relacionada à política pública, é desconsiderada pelo eleitor.

[278] Complementarmente, chamo a atenção do leitor para um paradoxo. Quando um legislador tenta extrair recursos de um segmento da atividade econômica em troca da apresentação de um projeto de lei que transfere ganhos especiais (*rents*) a esse segmento, tal capacidade de extração por parte do político fica condicionada pelo regime das regras eleitorais que esteja em vigor. Diante da incerteza quanto à origem e ao montante das doações de campanha – resultante da exigência de sigilo nessas doações, por exemplo – esse legislador poderá recorrer a uma estratégia punitiva, abrindo, assim, a possibilidade de práticas corruptas e de extorsão. Desse modo, o propósito virtuoso de manter uma troca *quid pro quo*, com a adoção de voto secreto, pode induzir comportamentos contrários ao interesse coletivo, com o político eximindo-se da obrigação ética de não fazer promessas de provisão de atendimentos a grupos preferenciais. A esse respeito, ver Cain (2003).

Conquanto seja desejável a transparência do comportamento do representante eleito perante o seu reduto eleitoral, tal atributo é uma quimera na teia tão complexa de intermediação da qual resultam as escolhas públicas.[279] Desse modo, o conceito de transparência decisória deve ser utilizado com alguma cautela, sobretudo quando de seu contraponto com os custos de abertura do processo de decisão política (Garrett e Vermeule, 2006:2):

- um processo de escolhas públicas opaco pode levar a boas deliberações, enquanto, em troca, a abertura limita a margem de negociação com grupos de interesses preferenciais;
- a transparência tanto viabiliza a responsabilização do político (agente) perante seus patrocinadores-eleitores (o que atende ao interesse geral), quanto facilita a sinalização que esse político pode direcionar a interesses preferenciais (o que é socialmente ineficiente);
- o requisito de transparência em uma escolha pública pode se apresentar com diferente significado e intensidade, segundo as etapas do processo de sua formação;[280]
- políticos podem optar por um espaço de deliberação privado, ainda que os requisitos de abertura do processo decisório sejam substanciais;[281]
- mesmo não havendo exigência legal por transparência, pode-se observar algum grau de abertura decisória que atenda ao interesse privado dos políticos.[282]

Nessa ordem de considerações, a relação eleitor/legislador torna-se opaca, não apenas do ponto de vista do eleitor, mas igualmente da perspectiva do próprio político, conforme a estilização mostrada na figura 22.

O eleitor dispõe de dois instrumentos de participação no processo político: o voto individual *[1]* e a ação coletiva *{[3] → [2]}* de *lobbying*, financiamen-

---

[279] Esse ponto de vista já foi apresentado no capítulo 1.

[280] Uma regulação econômica, por exemplo, pode ser sustentada em uma lógica técnica que é de acesso restrito aos *policy makers* e aparecerá estrategicamente camuflada em uma sinalização mais ampla, em sua forma de comunicado ao mercado a que se aplica. Tal é o caso das deliberações de política do Comitê de Política Monetária do Banco Central (Copom/Bacen).

[281] Tal é o caso, por exemplo, em que os políticos deliberadamente atendem interesses preferenciais de grupos, de modo que seus eleitores e a sociedade em geral não tenham inteira percepção desse atendimento que pode ter por contrapartida no aporte de recursos de campanha ao próprio político ou ao partido ou coalizão partidária a que esse político se vincule.

[282] A pura e simples conexão eleitoral justifica esse tipo de sinalização, especialmente na proximidade de uma data eleitoral, contribuindo para a formação de um ciclo político-eleitoral na trajetória das políticas públicas (capítulo 2).

to de campanhas eleitorais e uso da mídia.[283] Para o político, essas duas vertentes têm implicações distintas na autonomia com que ele participa das votações na legislatura. Em quase todas as votações puramente legislativas, o voto aberto é adotado[284] por ser uma precondição para que se ponham em marcha acordos de troca de votos (*logrolling*) entre os legisladores; com voto secreto, tais acordos só poderiam ir adiante em função do monitoramento do resultado final da votação, uma vez que seria impraticável verificar se o acordo estabelecido *a priori* (o “toma lá”) terá sido cumprido (o “dá cá”).

Todavia, se a transparência do voto aberto na vertente *[1]* pode ser considerada normativamente virtuosa, o mesmo não se pode dizer tão seguramente na vertente *[2]*. Por via do uso da mídia, o voto aberto pode condicionar publicamente o legislador às pressões de grupos preferenciais, tornando o político muito menos autônomo em sua participação nas escolhas majoritárias.[285] Portanto não é correto pensar que o fenômeno da representação política é trivial, a ponto de que desvios verificados entre as preferências de representante (agente) e representado (patrocinador) possam ser descontados ao comportamento pernicioso do agente e que o antídoto para tal síndrome seja necessariamente o voto aberto.

Figura 22
Estrutura do processo político

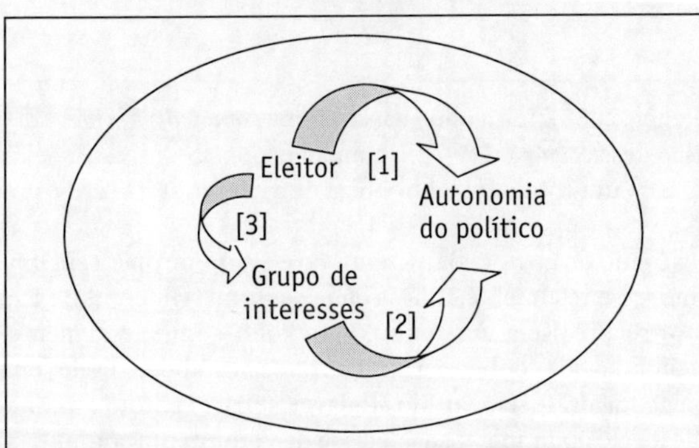

---

[283] Como já abordado anteriormente, *[1]* é de uso eventual e a custo zero, enquanto *[2]* é de uso contínuo e a custo elevado.

[284] Em um único tipo de votação legislativa adota-se voto secreto no Congresso: a apreciação de veto presidencial (art. 66, §3º, da Constituição).

[285] Sobretudo em um ano eleitoral, um mercado de mídia substancialmente concentrado pode ser usado muito efetivamente com tal propósito. Para uma discussão quanto ao papel do *lobbying* dos editores de jornais, como uma das forças que precipitaram nos EUA a aprovação de uma lei de liberdade de informa-

O eleitor competente[286]

Por outro lado, o cidadão é competente em seu desempenho como eleitor, posto que ele vota do mesmo modo que votaria caso tivesse tido toda a informação disponível sobre as conseqüências de políticas públicas decorrentes de sua decisão (Garrett e Lupia, 1999). Esse conceito, que é aparentemente tão intensivo em informação, pode se tornar operacional quando se leva em conta que o eleitor pode apoiar sua decisão em um subconjunto de informação confiável e que o leve a inferir conclusões sobre as conseqüências de suas decisões eleitorais (Garrett e Smith, 2004:4). É a decisão de voto a partir de pistas (Garrett, 2003).[287]

A figura 23 ilustra três potenciais fontes de geração de pistas para a tomada de decisão do cidadão eleitor:

- [F1] – a própria capacidade cognitiva do cidadão, uma vez que o processo decisório do voto não é entendido como aleatório: um fenômeno complexo é tratado em categorias de conhecimento mais elementares induzindo, assim, a um processamento mais rápido. Por certo que nessa suposição está implícito que o cidadão entende as possíveis conseqüências do resultado final de uma eleição. Essa é uma percepção complementar à racionalidade do eleitor antes relacionada à busca por um resultado que minimize a coerção imprópria a que ele possa estar submetido;[288]

ção, em 1966, ver O'Reilly (2003). "Se a informação é uma *commodity*, o *lobby* dos jornais buscava obter maior acesso à provisão dessa *commodity* (...) [com tal propósito, investiu-se] em uma campanha por 'liberdade de informação', um rótulo de tal nobreza que não poderia ser posto em dúvida" (O'Reilly, 2003:560).

[286] Um contraponto extremo do eleitor competente é o eleitor que opera em um vácuo de informações que o leva a votar como, essencialmente, uma "roleta eleitoral" (Boehmke e Patty, 2002).

[287] É como se o eleitor recorresse a um atalho: para votar competentemente em uma eleição para deputado federal, o eleitor deveria conhecer a posição de seu candidato preferido relativamente a uns 10 fatos ou itens da sua plataforma de seu partido. Todavia, se esse eleitor não conhece ou não tem acesso a esse tipo de informação, ele pode apoiar sua decisão de voto em um conjunto mais compacto de fatos e, ainda assim, chegar à mesma decisão. Por exemplo, sendo seu candidato apoiado por uma organização como a Ordem dos Advogados do Brasil (OAB), o eleitor pode dispensar o conhecimento de uma dezena de fatos relevantes às preferências do candidato e chegar à mesma escolha competente. Trivialmente, as pistas podem decorrer da afiliação partidária do candidato ou do fato de que ele já ocupa o posto e, assim, busca a reeleição. Essa é a vantagem da incumbência: o eleitor pode usá-la como *pista* em sua decisão de voto.

[288] Para um dado nível de comprometimento que uma política pública possa provocar no bem-estar do cidadão, há um limite subjetivo a partir do qual o cidadão reage. Pode-se entender esse limite em termos de probabilidade: se o cidadão antecipa que um dano elevado venha a ocorrer em seu bem-estar, ele reagirá quase que prontamente (seu limite em termos de probabilidade é muito baixo), ativando sua mobilização no processo político pelo voto ou na ação de grupo de interesse, por exemplo.

Figura 23
Competência do eleitor e voto a partir de pistas

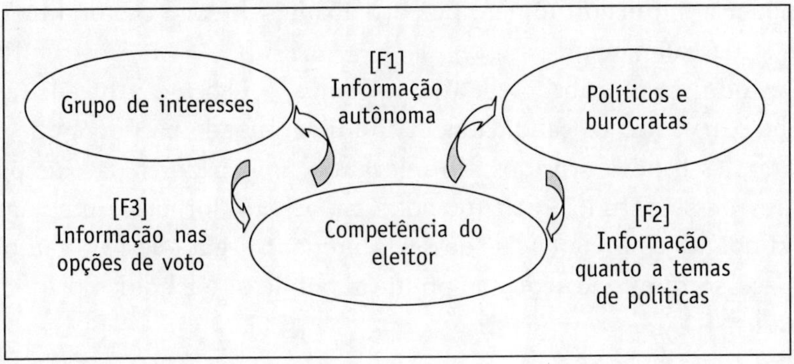

- [F2] – políticos e burocratas em geral podem contribuir para deliberadamente[289] aumentar a competência do cidadão, cuidando de aprimorar a estrutura de informação sob a qual o eleitor faz suas escolhas. Para tanto, há que oferecer aos cidadãos pistas ou métodos a partir dos quais esses possam votar competentemente, ainda que dispondo de dados limitados sobre a realidade político-eleitoral em que atua. Muitas vezes essas pistas tomam a forma da percepção do desempenho efetivo no posto[290] ou simplesmente da afiliação partidária;[291]
- [F3] – a própria informação contida no documento do voto (impresso ou na tela da urna eletrônica) pode ser expandida com o propósito de aumentar a informação relevante na decisão do eleitor.

Tal é a sugestão de que constem anotações sobre as posições dos candidatos (ou de seus partidos) quanto aos temas de políticas públicas mais salientes.[292] Essa é uma circunstância que pode se originar de grupos de interesses em sua associação com os políticos (por identidade ideológica ou por participação no financiamento de campanha). A anotação no voto reforçaria o pleito preferencial do grupo. Independentemente dos efeitos perversos que essa origem pode gerar na autonomia decisória do cidadão, há duas virtudes nessa

---

289 Se não deliberadamente, induzidos por regras de *disclosure* (capítulo 8).

290 Outra vez, essa é uma vantagem da incumbência.

291 Essa é uma perspectiva interessante para se considerar a reforma política na economia brasileira quando a afiliação partidária é tão pouco informativa do ponto de vista do eleitor.

292 Essa é uma sugestão ainda mais viável no ambiente de votações em plebiscitos, referendos e consultas populares (art. 14 da Constituição).

informação adicional (Garrett, 1999): por um lado, o eleitor pode formar uma idéia melhor quanto à ideologia do candidato e, por outro, ela contribui para alocar poder a um maior número de participantes do jogo eleitoral na definição da agenda da campanha.[293]

De todo modo, sabedor de que, digamos, a Federação Brasileira de Bancos (Febraban) apóia os candidatos de um determinado partido e que, por essa razão, grandes bancos privados são relevantes financiadores das campanhas de candidatos desse partido, o eleitor pode ter nessa informação uma sinalização confiável quanto às preferências desses candidatos, sem que para tanto ele precise ter acesso direto ao teor das políticas públicas defendidas pelo candidato ou partido.

Uma vez mais, a sobrevivência eleitoral do político

Como tratado no capítulo 2, especialmente em torno da figura 7, a racionalidade dos políticos é ditada, em última instância, por sua sobrevivência eleitoral e, portanto, aumentar impostos não seria um comportamento observável próximo a uma eleição. Todavia essa dependência é substancialmente qualificada pelo ambiente institucional em que ela possa ocorrer.

Tome-se o caso ocorrido na economia brasileira em meados de maio de 2004: seriam criadas novas alíquotas no imposto de renda da pessoa física (IRPF),

[293] Não apenas os grupos de interesses preferenciais podem defender a prática de votações *mais bem informadas*. Mesmo os partidos políticos de menor expressão poderão perceber que esse é um modo de verem aumentada sua visibilidade pública relativamente aos principais partidos.
Em certos casos, o veículo da difusão dessa informação pode ser mais especializado (sites na internet, correspondência direta aos simpatizantes da facção política e de suas posições preferentemente à propaganda na televisão, por exemplo), no melhor interesse da parte beneficiada, de modo a evitar que, ao mesmo tempo em que a revelação de preferências alcance os que podem dar retorno positivo, ela alcance aqueles que se opõem a tais preferências e suas eventuais repercussões em termos de políticas públicas. Todavia as regras eleitorais podem forçar a sistemática ampliação desse acesso (regras de *disclosure*), contribuindo para que todos os eleitores tenham maior competência, independentemente de se o eleitorado alcançado seja contra ou a favor de determinadas propostas. Uma possível contra-estratégia do grupo de interesses forçado a operar sob regras de *disclosure* é transferir o seu patrocínio de determinadas demandas a outras organizações, por trás das quais ele estará pouco visível: é a estratégia de criar e atuar por meio de *agentes políticos velados* (Garrett e Smith, 2004).
Nas economias contemporâneas, um caso significativo de regra de *disclosure* diz respeito à disciplina da atividade de *lobbying*, sendo o exemplo mais refinado o da legislação norte-americana (Luneburg e Susman, 2006). Nesse mesmo tema, é incipiente o *disclosure* introduzido pelo Código de Conduta da Alta Administração Federal (agosto de 2000). Ver, a propósito, o quadro 8 no capítulo 6 .

de modo a que seu teto fosse puxado dos então vigentes 27,5% para 30%. A estratégia do governo é a de acomodar esse aumento em uma correção nos valores da tabela de descontos do IRPF, isto é:

- no tempo *t* – aceitar atualizar a tabela e, simultaneamente, ter a compensação da eventual perda de receita do imposto de renda, elevando-se o teto das alíquotas de incidência desse imposto;
- em *t* + 1 – os burocratas terão a seu dispor um conjunto ampliado de instrumentos de intervenção, de vez que, mantido o poder discricionário de decidir quanto a futuras atualizações da tabela de descontos, o sistema tributário passará a ser operado com um limite de confisco de renda pessoal mais elevado do que o que vigorava no tempo *t*.

Da perspectiva de 2004, um cenário que se descortinava para 2005 era o de que, diante de mais uma "emergência econômica", a tabela do IRPF não sofreria correção e, ademais, em certas faixas de renda o contribuinte estará se confrontando com alíquotas mais elevadas: e o governo terá apertado um pouco mais o torniquete fiscal.

Heresia eleitoral? Não propriamente.

Perceba o leitor que a questão das alíquotas é deliberadamente encaminhada junto a outra questão mais saliente: a longa e forte defasagem monetária da tabela de descontos do IRPF. Ou, mais didaticamente, a agenda tributária é apresentada aos eleitores contribuintes com a hierarquia mostrada na figura 24.

Por certo que esse é um ambiente institucional muito mais confortável para políticos e burocratas do que decidir avulsamente quanto a *B*. Isso porque, ante decisões quanto a *A*, o eleitor contribuinte está relativamente mais distante de seus interesses, isto é, ele percebe de um modo indireto ou menos imediato o quanto sua renda pessoal fica comprometida por uma não-correção na tabela do IRPF, comparativamente a uma decisão *B* de elevar alíquotas.

Retomando a linguagem técnica utilizada no quadro 1, atributo 4, capítulo 1, a sua atitude como eleitor no tema *A* é expressiva porque ele vota, não em razão de um dado resultado fiscal ("voto instrumental"), mas para expressar uma opinião quanto a que prática fiscal deveria ser adotada (Mueller, 2003:320-

322). Ou, ainda, o ato de apoiar uma política *A*, traduzida por uma legislação que atualiza a tabela do IRPF, equipara-se, por exemplo, à manifestação de um trabalhador da indústria do petróleo contrariamente à eliminação de restrições à perfuração de petróleo em uma dada região por ser ele um adepto da preservação do meio ambiente; essa sua atitude lhe traz benefícios expressivos (Crampton e Ferrant, 2004:78).

Figura 24
Regime do IRPF

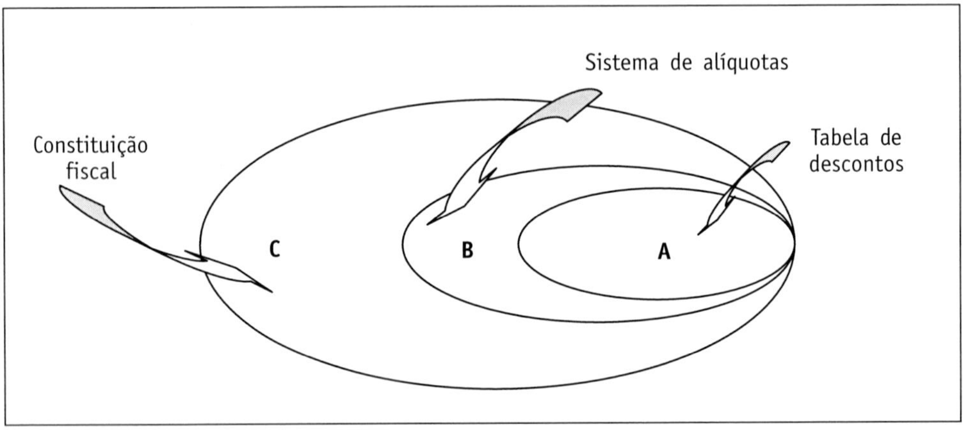

Ao mesmo tempo, essa vinculação adotada pelo governo, em que {*A*→*B*→*C*}, pode ser relacionada à conjetura de Twight (1988): os políticos intencionalmente emolduram suas decisões de política econômica de tal modo que os custos de transação a que fica sujeito o eleitor contribuinte são majorados. A figura 25 ilustra essa possibilidade.

Com *B(A)* indicando o grau de vinculação da decisão *B* relativamente à decisão *A*, percebe-se que tanto mais elevado seja esse grau:

- tanto mais difícil é para o contribuinte perceber o impacto da carga tributária que lhe onera;
- assim como torna-se mais difusa a oposição que ele possa fazer a esse confisco.

Pode mesmo ocorrer que esse eleitor contribuinte acabe por racionalmente apoiar uma política que seja oposta aos seus interesses, uma vez que ele é levado a perceber substanciais benefícios expressivos ao apoiar tal política (Crampton e Ferrant, 2004:79).

Figura 25
Custos de transação na política do IRPF

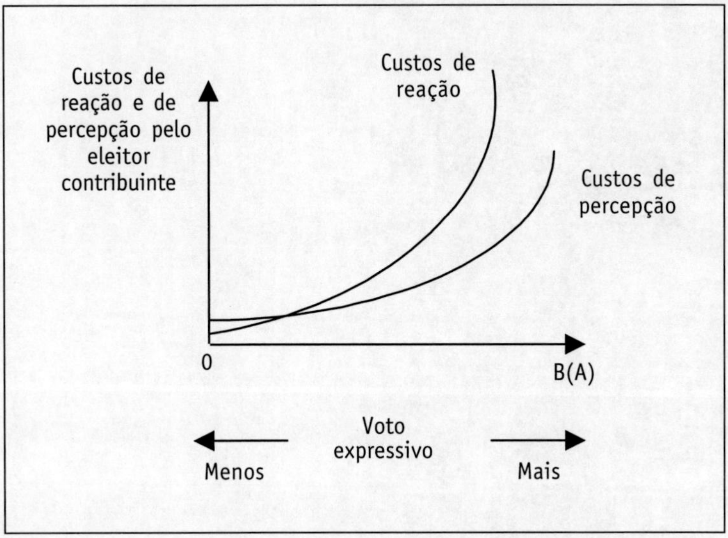

Capítulo 8

Regras do jogo[294]

No centro da percepção analítica das escolhas públicas está a noção de que a melhor garantia para a obtenção de bons e duráveis resultados macroeconômicos é a preservação das instituições representativas, a começar pelo sistema constitucional da separação de poderes.

Regras constitucionais são o estágio em que se decide sobre quem decide e, ao fragmentarem a autoridade decisória, elas circunscrevem o potencial de tirania e corrupção daqueles que exercem o comando, ainda que esse objetivo possa conflitar, ao menos no curto prazo, com a geração de políticas eficientes.

Sob esse atributo, tal fragmentação pode ser reconhecida em quatro classes de regras constitucionais:

- restrições estruturais em que um mesmo grupo controle todo o processo decisório governamental – separação dos poderes Legislativo, Executivo e Judiciário (art. 2º);

---

294 A tipologia Ostrom (1986) decompõe essas regras em: a) *regras de posição*, especificando a distribuição de papéis a serem desempenhados no jogo e o número de participantes em cada papel ou posição; b) *regras de delimitação*, que estabelecem os pré-requisitos para o desempenho desses papéis (ou ocupação de posições), bem como as possibilidades de se trocar posições; c) *regras de amplitude*, que especificam os resultados (ganhos e perdas) e suas induções e riscos; d) *regras de autoridade*, que especificam o conjunto de ações próprias de cada papel ou posição; e) *regras de informação*, que definem os canais de comunicação entre os participantes, bem como conteúdos e formas dessa comunicação; f) *regras de alocação de resultados*, isto é, como os ganhos e perdas são atribuídos aos participantes. Uma subclasse de regras de informação freqüente no ambiente da regulação econômica e política é o *disclosure*. O mercado financeiro e de ações é o exemplo em que mais se reconhecem os condicionamentos do *disclosure*. Todavia também no processo político essa é uma regra muito relevante. As regras de *disclosure* teriam três propósitos (Garrett e Smith, 2004:11): reduzir a possibilidade de ocorrer ou mesmo da aparência de corrupção; ajudar a implementar uma regulação de limites às contribuições e gastos de campanha; e ajudar aos eleitores a avaliar candidatos, especialmente quanto à sua posição no contínuo de propostas de políticas públicas.

- restrições instrumentais em que um mesmo grupo controle todo o processo decisório governamental – poder de veto presidencial (art. 84, V) e apreciação de veto pelo Congresso Nacional (art. 57, §3º, IV); revisão judicial de atos legislativos e executivos (art. 102, I, *a*) ; impedimento do presidente da República (art. 86) e de integrantes do STF (art. 52, II);
- regras eleitorais que tornam mais onerosa a unificação do poder de mando:
  - diferenciadas (deputados federais: mandato com termo mínimo de duração de quatro anos (art. 44) e regra de proporcionalidade (art. 45); senadores: mandato com termo mínimo de duração de oito anos (art. 46); presidente da República: mandato com termo de duração de quatro anos, passível de uma renovação por mais quatro anos (art. 14, §5º) e regra majoritária (art. 46, §1º);
  - parcialmente coincidentes: renovação parcial da composição do Senado a cada quatro anos (art. 46, §2º);
- diferentes jurisdições de governo – definindo o arranjo federativo (arts. 18 e 60, §4º, I), como poderes alocados explicitamente às três jurisdições (arts. 20 a 36).

Modernamente, um complemento a essas quatro classes de regras ocorre por meio de delegações. Por esse mecanismo, o Congresso define leis em que está implícita ampla autonomia decisória que habilita os burocratas do Executivo a intervir na realidade socioeconômica, com a possibilidade de que o próprio *status quo* constitucional seja deslocado, ainda que formalmente não se tenha acionado o procedimento formal de emendas do art. 60, §2º. Com isso, cria-se um lócus relevante de poder semi-autônomo, seja nas agências reguladoras, seja nos consórcios privados que operem parcerias com o Estado (Monteiro, 2006). Por outro lado, deve-se reconhecer que os legisladores podem criar leis quase constitucionais ou superleis que, tal qual regras constitucionais, tornam-se menos imunes a alterações, seja da parte do Judiciário, seja da parte do próprio Congresso.

Uma superlei é uma lei ou um conjunto de leis que (Ferejohn e Eskridge, 2001:1216):

- busca estabelecer uma nova moldura normativa para uma política pública;
- ao longo do tempo, se integra à escala de valores públicos, isto é, que passam a ser generalizadamente aceitos como intrínsecos às escolhas públicas;

- gera amplos condicionamentos e efeitos sobre a formação de outras leis;
- no longo prazo, revela-se como norma ou solução de um problema social ou econômico originalmente tido por renitente.

Um exemplo de superlei é a Lei de Responsabilidade Fiscal (LC nº 101, de 4-5-2000). Essa é uma lei em que o público em geral e outros departamentos de governo desempenham importantes papéis: é como se estabelecesse um "diálogo" focalizado na melhoria econômica da sociedade e que acaba por envolver juízes, burocratas, Ministério Público, meio acadêmico e legisladores e seus *staffs* técnicos (Epstein, 2006:1314).

A complexidade do conjunto de regras das escolhas públicas é, ademais, expressa por diversos atributos (Schuck, 2000):

- densidade – as regras são numerosas e abrangentes, de vez que buscam afetar amplo espectro de condutas dos agentes de decisão;
- tecnicidade – a crescente sintonia fina exigida pela regulação econômica torna a leitura, a compreensão e a aplicação das regras tarefas para especialistas;[295]
- diferenciação – esse é um atributo que se espalha em várias direções simultaneamente. As fontes de legitimação das regras situam-se em níveis decisórios diversificados, demandando diferentes tipos de inteligência organizacional;
- indeterminação – esse é tanto um atributo das regras, quanto de seus processos formais. Por variadas razões, as regras podem ser "flexíveis, multifatoradas e fluidas" (Schuck, 2000:4), levando ao paradoxo de que as próprias regras, que visam reduzir a indeterminação da ordem institucional, podem acabar por ampliá-la.

Quadro 10

Véu de ignorância e *design* constitucional

A imparcialidade que se atribui como desejável à decisão de regras constitucionais no jogo de políticas é habitualmente relacionada à incerteza decorrente do véu rawlsiano (Rawls, 1971; Buchanan e Tullock, 1962). Assim, na deliberação constitucional – empreendida antes de o jogo propriamente dito começar (*ex ante*) –, a incerteza quanto à

Continua

295 Percebe-se nessa tendência a importância de se ter um Congresso que vá além de sua mera competência homologatória, quando mesmo essa capacidade é dissipada pelo fenômeno das MPs, como observado ao longo dos anos 1990 (Monteiro, 1997, 2000).

situação em que se encontrará um determinado indivíduo após uma seqüência de jogadas (*ex post*) fará com que sua racionalidade o faça preferir regras constitucionais que sejam mais equânimes ou justas. Esse é um cenário analítico já rotulado de uma democracia não-discriminatória (Buchanan e Congleton, 1998).

Na fase seguinte a essas escolhas, ou nas deliberações pós-constitucionais, predominam os processos majoritários e o cabo-de-guerra movido pelos interesses individualistas. Tal é o caso da decisão em uma legislatura.

Enquanto o individualismo no *design* constitucional é restringido pela incerteza, a decisão política majoritária segue regras de votação (tais como aquelas que constam do Regimento Interno da Câmara dos Deputados e do Senado Federal) por condicionantes diretamente estabelecidas na Constituição (decisão bicameral, sistema de separação de poderes) e por outros arranjos constitucionais (não compete ao Congresso Nacional, mas ao presidente da República, dar partida no jogo orçamentário da União).

Todavia as próprias regras da Constituição incorporam véus de ignorância (Vermeule, 2001:400).

Em decorrência, esses véus na Constituição poderiam ser considerados uma estratégia geral que promove decisões imparciais? Eles se aplicam uniformemente aos três poderes?

A tendenciosidade da ação judicial no âmbito do STF, por exemplo, é, a princípio, neutralizada em razão da vitaliciedade do mandato dos juízes. Com isso estaria dispensado o véu. Entretanto, como lembra Vermeule (2001:401), nesse caso o presidente da República – que, de todos os políticos, é o que tem o seu mandato previamente restrito a um máximo de oito anos – deveria estar sujeito a inúmeros véus especificados constitucionalmente. Mas na verdade isso não ocorre. Relembro ao leitor a extensa prática legislativa da emissão de MPs ao longo da década de 1990 (Monteiro, 1997, 2000).

O preço de reduzir a tendenciosidade decisória pelo véu de ignorância vem, todavia, acompanhado da redução do conjunto de informações considerado pelo agente decisão: há um *tradeoff* de informação e neutralidade decisória. Ou, dito de outro modo, a supressão de informação operaria de modo análogo à motivação imparcial do agente de decisão. Contudo tal supressão pode ser excessiva, de modo a eliminar mesmo a informação que leve a uma decisão eficiente, por exemplo. Haveria um comprometimento em adotar deliberadamente regras constitucionais que resultem em neutralidade, pagando-se, por isso, o custo da ineficiência.

Uma outra perspectiva, mais moderna, concentra a atenção nas conseqüências indiretas das regras constitucionais que atuem como véus de ignorância. A troca relevante não envolve informação por neutralidade, mas informação por motivação, uma vez que, ao

Continua

suprimir informação ao tomador de decisão, esse tipo de véu pode, igualmente, comprometer o ímpeto de atuar e, assim, afetar a sua escala de atividade do agente público.

Esse condicionamento ramifica a estratégia constitucional em (Vermeule, 2001:408):[296]

- prospectividade – os agentes de decisão criam regras legais sem saber a identidade de quem irá infringi-las, o que, por certo, mina a formação de alianças de legisladores, de vez que se torna difícil identificar ganhadores e perdedores;
- generalidade – os agentes de decisão antecipam que a decisão que empreendem em t gera ocorrências positivas e negativas em $t + 1$, retirando dos agentes de decisão o conhecimento quanto a se a implementação da regra de decisão o ajudará ou prejudicará e à sua facção (Buchanan e Congleton, 1998);
- durabilidade – as regras que tornam as decisões relativamente duráveis fazem com que os seus agentes antecipem que uma decisão tomada hoje governará ocorrências em um futuro longínquo, ocorrências cujos efeitos sobre os interesses futuros desses agentes são correntemente imprevisíveis.[297] As regras devem levar em conta tanto seus efeitos de longo, quanto os de curto prazo. A inerente imprevisibilidade dos interesses de longo prazo leva a que os agentes não possam fazer melhor do que escolher imparcialmente;
- efetividade postergada – atrasar a data efetiva de uma regra que restringe o âmbito da vigência da aplicação futura de uma decisão a longo prazo, ao invés do curto prazo, na expectativa de que os interesses de longo prazo dos agentes de decisão sejam inerentemente não-previsíveis. Ao confinar o alcance da decisão apenas ao período (após a data postergada) em que os interesses dos agentes são imprevisíveis, tenta-se, igualmente, assegurar a imparcialidade de suas escolhas.

Portanto as regras do jogo são complexas e definem uma seqüência de contratos de abrangência e durabilidade diferenciadas, sendo a Constituição a moldura mais ampla e sustentável (quadro 10).

---

[296] Ver, igualmente, os critérios Elster (Monteiro, 2004:70-72).

[297] Alternativamente, esse agente antecipa que os indivíduos pelos quais ele se interessa (seus descendentes, por exemplo) poderão algum dia estar em qualquer posição ocupada presentemente por integrantes da sociedade. Por certo que essa prudência de longo prazo não será a única motivação do agente para se posicionar por trás do véu de ignorância (Riley, 2001).

Em uma outra circunstância, se as posições que os legisladores assumem correntemente limitam as futuras legislaturas, a atual composição do Congresso Nacional será menos voltada para atender a interesses partidários (Katyal, 2001:1389). Em meados de 2006, por exemplo, esse é o caso do vago comprometimento dos partidos políticos quanto a uma proposta de emenda constitucional que venha a cancelar a possibilidade de um segundo mandato presidencial ("Falta consenso sobre o fim da reeleição em 2010", *Valor Econômico*, 23 ago. 2006, Política, A10).

Com efeito, a economia beneficia-se de um dado conjunto de regras constitucionais sob diversos aspectos:

- na promoção de sua ordem institucional de maior nível que seja estável e que, assim sendo, induza a previsibilidade do resultado da interação dos participantes das escolhas públicas.[298] As estratégias ao longo dessa interação são essencialmente determinadas pelas preferências dos agentes quanto a resultados macroeconômicos (inflação, produto e emprego), dada a estrutura dessas escolhas;[299]
- o exercício da autoridade de governar encontra sua legitimidade, em última instância, no conjunto de regras e procedimentos preestabelecidos na Constituição;[300]
- essa mesma autoridade de governar observa uma distribuição de tarefas, segundo os poderes Legislativo (políticos), Executivo (burocratas) e de revisão judicial (juízes) no jogo de políticas;[301]
- dadas as variadas preferências individuais dos participantes desse jogo, o grau de cooperação social que se estabelece é fundamentalmente definido pelo conjunto de regras que prevalecem no jogo. Afinal, a Constituição é o lócus em que se arbitra a extensão de perdas e ganhos que a sociedade aceita sancionar no processo político.

A durabilidade das regras constitucionais traduz-se pela maior dificuldade de serem alcançadas para alteração, o que pode ocorrer por emenda, interpretação do Judiciário e pelo próprio processo de sua implementação.[302] Entende-se que é através das duas primeiras formas que se darão as alterações de

---

298 A evidência mostrada na tabela 3, adiante, propõe-se a dimensionar a fonte maior da instabilidade institucional sob a qual opera a economia brasileira.

299 Seria caótico, por exemplo, ter a possibilidade de simultaneamente decidir quanto aos resultados e à estrutura, num padrão caso a caso.

300 As dúvidas quanto ao exercício impróprio da autoridade de governar, por exemplo, são mais facilmente resolvidas diante de um quadro de regras e procedimentos amplamente reconhecidos e acatados.

301 É precisamente sob esse aspecto que se pode perceber o impacto negativo da estratégia constitucional em voga no Brasil desde 1993.

302 As regras constitucionais estão associadas a um duplo processo (Whittington, 1999): a) de *interpretação*: como um conjunto de restrições sujeitas a interpretação neutra e implementadas externamente pelos tribunais, qualificando a ação dos agentes públicos (legisladores, presidente da República e burocratas); b) de *construção*: tais regras também permeiam o processo político, guiando e restringindo esses agentes em sua atuação nas políticas públicas. Assim, a Constituição depende desses agentes, seja para formular os próprios mecanismos constitucionais, seja para implementá-los no futuro.

maior vulto. As variações permissíveis na operacionalização de uma regra constitucional são, por definição, muito limitadas pela própria clareza e precisão dessa regra.[303]

A estabilidade que decorre da interação dos diversos conjuntos de regras que vigoram no jogo torna difícil perturbar o *status quo*, ainda que as preferências dos participantes do jogo possam se modificar. Percebe-se que o reverso dessa questão diz respeito à própria capacidade de resposta do processo político. Por outro lado, essa estabilidade das regras da Constituição[304] concorre para que elas viabilizem a coordenação das expectativas dos diferentes participantes, pois que uma dada ordem constitucional (Ordeshook, 1992:155):

- promove a coordenação das escolhas públicas em torno de um equilíbrio;
- é do agrado de uma parcela "suficientemente grande" da sociedade, de modo que não seja pressionada por coalizões majoritárias contrárias que venham a se formar.

De todo modo, a falta de instituições claras e firmes inviabiliza que a autoridade exercida pelo governo seja confiável, consistente, uniforme, previsível e duradoura.

As instituições representativas definem especialmente os limites dentro dos quais a sociedade aceita que o governo atue, estabelecendo o nível de coerção que se refletirá nas políticas públicas. Para tanto não se entende ser suficiente a ocorrência freqüente de eleições,[305] dando a oportunidade de remover o

---

303 No caso brasileiro, no entanto, a imprecisão e a transitoriedade desse tipo de regra tornam essa terceira via muito mais freqüente do que se pressupõe no modelo de governo representativo.

304 É curioso notar que a força da coalizão em oposição a um projeto de lei deve ser maior do que a que se opõe a uma proposta de emenda constitucional (PEC). De fato, na extensão em que se exigem três quintos de votos (art. 60, III, §2º) para aprovar uma PEC – e metade mais um para aprovar um projeto de lei –, a coalizão contrária deve arregimentar pouco mais de dois quintos de votos negativos em uma das casas do Congresso para bloqueá-lo. Comparativamente, no caso do projeto de lei – de lado, o veto do presidente da República –, o bloqueio exigirá uma arregimentação mais sólida: pouco mais de 50%. Observe o leitor que esse é um dado relevante no cálculo de estratégias dos grupos de interesses especiais ao optarem pelo atendimento a suas demandas na forma de PEC ou de projeto de lei. É certo, porém, que as quatro votações requeridas para a aprovação de uma PEC podem impor um custo substancial à aprovação dessa proposta, tornando a obtenção do benefício, na forma de um projeto de lei, mais barata.

305 Mesmo porque os representantes eleitos (por exemplo, a legislatura) dificilmente serão um substituto perfeito do próprio conjunto dos cidadãos. Uma boa ilustração dessa dificuldade é tratada nos jogos de barganha, que se apresentam com múltiplos equilíbrios ou soluções em decorrência da variedade de coalizões que podem ser formadas na legislatura, de modo a impedir que certas opções obtenham uma maioria de votos.

governante (ou a coalizão no poder) que, por suas ações, exceda aqueles limites. Mesmo porque, no interregno eleitoral, o cidadão estaria sob o risco de conviver com um nível de coerção impróprio.

Assim, o fracionamento da autoridade governamental é um reforço nessa proteção. O governo é exercido na interação de Executivo, legislatura e Judiciário. São esses os poderes constitucionais que têm a caracterização autônoma de suas funções, porém exercidas sob incentivos a que cada qual opte por estratégias cooperativas. Tal é a essência do sistema de separação de poderes.

Tal sistema define pontos de veto na formulação das escolhas públicas. Em verdade, o que esse sistema promove é a imposição da concordância de instâncias adicionais para que possa ocorrer a mudança no *status quo*, garantindo maior estabilidade às políticas públicas.[306]

Outra importante decorrência da separação de poderes é que ela potencialmente promove o bem-estar social na extensão em que viabiliza maior informação para o cidadão relativamente às escolhas públicas. Um exemplo abstrato, muito simples, serve para ilustrar essa propriedade. Para tanto, o nível de bem-estar do cidadão é aproximado pelo nível de seu consumo a partir da transformação de recursos orçamentários em bens públicos que lhe são providos na quantidade c. A produtividade com que isso ocorre é dada por um parâmetro α. Seja x a quantidade de recursos que é apropriada pelo Executivo e $y(x)$ a quantidade que é apropriada pela legislatura. Assim, pode-se estabelecer que:

$$c = \alpha\,[1 - x - y(x)] \tag{9}$$

Há certas características institucionais nesse jogo: em um primeiro momento, o anúncio da proposta (x) feito pelo Executivo – o controlador da agenda orçamentária – inicia um debate público no qual a legislatura empreende sua avaliação da proposta apresentada, especialmente em termos de suas implicações de políticas; segue-se um processo em que a legislatura oferece a emen-

306 Por meio da formação de coalizões e do próprio arranjo partidário, o controle exercido sobre a agenda das escolhas públicas pode tornar-se mais centralizado, neutralizando em parte as virtudes da ampliação do número de pontos de veto.

da, $y(x)$, à proposta, (x), e o Executivo apresenta sua contraproposta, e assim sucessivamente, até que o processo apresente uma convergência para um determinado nível do orçamento, $[x^o, y^o(x)]$, e seu correspondente perfil de políticas públicas.

Nesse ambiente institucional, os eleitores podem inferir o nível de seu bem-estar a partir das informações geradas pela dinâmica da separação de poderes, assim como quem é o responsável pelas alternativas propostas e a proposta que irá, enfim, vigorar, com suas conseqüências, em termos de resultados de política.

Algo similar à separação de poderes ocorre com outro arranjo institucional: o bicameralismo.

Comparativamente ao arranjo unicameral, o bicameralismo tem a virtude de poder tornar-se um efetivo ônus (ponto de veto) no atendimento de pleitos estritamente minoritários nas barganhas legislativas. Tal atributo é tanto mais verdadeiro quanto mais diferenciada[307] a base da representação política numa e noutra casa legislativa.[308]

Sabe-se que nos processos de escolha estritamente majoritários há uma inerente tendenciosidade à instabilidade: uma vez que uma proposta de política tenha sido votada ou escolhida, em geral haverá uma maioria de votos que prefere algo diferente e, portanto, vota-se para substituir a escolha anterior (*status quo* ou ponto de reversão) por outro resultado. Ao começo dos anos 1980, esse foi um candente tema de discussão entre os cientistas sociais, quando o professor Gordon Tullock indagava, no título de um de seus famosos e instigadores artigos, "por que tanta estabilidade?", de vez que, afinal, os processos majoritários do mundo real não revelam essa irrecorrível instabilidade (Shepsle e Bonchek, 1997).

Percebeu-se então que a estabilidade de uma dada política poderia ser fabricada ou induzida institucionalmente a partir da suposição de que algumas

---

[307] Ou tanto mais diferenciadas sejam as preferências do legislador típico em cada uma das duas casas do Congresso.

[308] O bicameralismo pode, igualmente, ser visto como mecanismo de *freio* na deliberação federativa. O federalismo tende a aumentar a probabilidade da intrusão governamental. Com o federalismo, criam-se superposições de responsabilidades jurisdicionais e, assim, oportunidades de que pequenas coalizões controlem uma legislatura. Levmore (1992) conjectura que o bicameralismo é uma forma de bloquear ou neutralizar essa tendência e, por conseqüência, isso explica por que o arranjo bicameral é uma ocorrência rara em jurisdições locais ou municipais.

dessas alternativas vencedoras possam ser bloqueadas, isto é, deixadas de fora da agenda. Esse é, por exemplo, o caso de uma legislatura que tem seu processo decisório não mais centrado na escolha majoritária de seus N membros, mas, ao invés, passa a ser composto por duas etapas: primeiramente, uma comissão de $n < N$ membros tem a incumbência de construir a agenda de votação e, portanto, tem o poder de veto sobre as propostas mais preferidas por certas coalizões majoritárias. Em seguida, o plenário de N membros vota, também por regra de maioria, tendo em conta a agenda assim construída. Desse modo, a escolha majoritária redundará em um equilíbrio induzido pela estrutura (EIE) ou equilíbrio Shepsle.

Um jogo orçamentário estilizado fornece um exemplo de EIE.

A situação orçamentária vigente é definida pelo orçamento público x_o, o *status quo*. Suponha-se que vigore nesse jogo uma regra que atribua a algum subgrupo de legisladores – a "comissão de orçamento" – o poder de monopólio sobre a agenda de votação, ou seja, somente tal subgrupo pode propor alterações ao *status quo* orçamentário x_o. Uma vez que a comissão tenha feito uma proposta ("abre o portão"), passa-se à votação no plenário da legislatura, caso contrário, o jogo não alcança a fase de votação no plenário ("fecha o portão"). Desse modo, x_o é um EIE, visto que, embora haja propostas alternativas a x_o e que atendem aos interesses de coalizões majoritárias no plenário dessa legislatura, x^S, por exemplo, essas opções não podem ser trazidas à votação, de vez que seus mentores não detêm o controle da formação da agenda na legislatura, isto é, não detêm o controle da decisão na comissão.[309] É uma estrutura decisória com tal configuração que induz x_o como equilíbrio nessa escolha majoritária. Ou, mais formalmente: a) se $V(x_o)$ é o conjunto de propostas que derrotam x_o por uma maioria de votos (o conjunto vencedor de x_o); b) sendo $x^S \in V(x_o)$ e $P_S(x_o)$, o conjunto de pontos preferidos a x_o por uma coalizão majoritária S com $x^S \in P_S(x_o)$; c) x_o é dito invulnerável, ou um EIE, se e somente se: $\{V(x_o) \cap P_S(x_o)\} = \varnothing$, para todo S. Vale dizer, embora haja pontos

[309] A triagem exercida pela comissão como "guardiã do portão" equivaleria ao "poder de dizer não" a coalizões majoritárias que possam se formar no Plenário, mas que não se traduzam por uma maioria na comissão. No entanto, no ambiente das escolhas legislativas, é possível reconhecer uma modulação desse poder de *guarda do portão*: embora a comissão detenha o *poder de propor* (o que vai ser, enfim, votado no Plenário), o Plenário pode solicitar à comissão que apresente uma proposta de política; no caso, a comissão não deteria um poder de *manter fechado* o portão, uma vez que ela deverá atender à solicitação do Plenário (Crombez et al., 2006:323).

preferíveis a x_o, tais como x^S, eles não podem ser propostos, dadas as regras desse jogo.[310]

Outra vez, o arranjo decisório bicameral também pode apresentar esse efeito estabilizador para as escolhas legislativas, visto que ele impõe restrições adicionais à decisão na legislatura: afinal, contentar simultaneamente uma maioria em cada uma das casas legislativas (maioria conjunta) é mais restritivo do que obter *[(N/2) + 1]* de apoio na decisão unicameral.

De todo modo, o valor presente de uma política pública será tanto mais elevado quanto mais tempo se espera que ela permaneça em vigor. Pelo lado da oferta (políticos) e da demanda (grupos de interesses), há o incentivo a optar por regras e procedimentos que tornem a legislação durável, uma vez ela seja implementada.

Quão estáveis são as regras do jogo?

A tabela 3 é um formato simples de mapear a estabilidade do conjunto mais essencial das regras das escolhas públicas na economia brasileira.

Qualificando a incidência numérica dessas alterações (coluna A), a tabela 3 apresenta na coluna B um indicador simples da amplitude com que essas alterações diretamente produzidas por emendas repercutem sobre todo o conjunto da Constituição.[311] Assim, estabeleceu-se que uma emenda de grande extensão (ou amplitude) é a que alcança, por acréscimo ou supressão, pelo menos três artigos do texto constitucional; nos demais casos, a emenda é classificada como de pequena extensão. Em decorrência, o índice exibido na coluna B representa a proporção de emendas de grande extensão no total das emendas promulgadas pelo Congresso Nacional a cada período: por essa estimativa, o percentual total de grandes alterações ultrapassa um terço.[312]

---

[310] Para ganhar proficiência nesse nível de tratamento das escolhas públicas, o leitor poderá consultar os livros-texto de Shepsle e Bonchek (1997) e Hinich e Munger (1997).

[311] Duas outras vertentes de alteração constitucional não estão aí incluídas: a interpretação judicial das regras constitucionais e sua operacionalização no âmbito das políticas públicas que são formuladas pelos burocratas do Executivo. A respeito das várias vertentes em que se pode processar uma alteração constitucional, ver Monteiro (2004:95-99).

[312] Esse indicador de amplitude da alteração de regras constitucionais reflete, em boa margem, o sentido mais intuitivo que comumente se atribuiria a uma emenda de grande amplitude: ela se traduz por um longo texto e, portanto, redefine numerosas regras por adição ou supressão.

Tabela 3

Economia brasileira: estabilidade das regras constitucionais (1988-2006)*

Período	Número de emendas constitucionais aprovadas (A)	Amplitude das emendas aprovadas (B)
1992	2	0
1993	2	0,5
1994**	6	0,16
1995	5	0,2
1996	6	0,16
1997	2	0,5
1998	3	1
1999	4	0,75
2000	7	0,28
2001	4	0,5
2002	4	0,25
2003	3	1
2004	3	0,33
2005	3	0,33
2006	5	0,2
Total***	59	0,37

Nota: Os dados aqui mostrados atualizam e dão um novo formato ao levantamento quantitativo que aparece em "Regras do jogo instáveis & dilema contra-majoritário", *Estratégia Macroeconômica*, v. 14 n. 338, 13 mar. 2006. *Em 1988-91 não houve emendas; **emendas de revisão; ***inclui as emendas de revisão.

Vale ainda notar que, não obstante a Constituição já ter sido alvo de tantas e extensas emendas no espaço de pouco menos de 20 anos, ainda não se define um padrão de alterações que se possa tomar como linha de orientação de uma nova arquitetura constitucional. Prossegue-se promovendo alterações *ad hoc*, ainda que, no longo prazo, elas revelem sérios danos ao sistema da separação de poderes (Monteiro, 2000, 2004). Evidências associadas às recorrentes tentativas de regular a emissão de MPs (em 2001 e 2006), bem como ao cabo-de-guerra entre Legislativo e Judiciário, ocorrido substancialmente entre meados de 2005 e 2006,[313] exemplificam esse ponto de vista.

313 Ver "Eleições 2006: samba do crioulo doido nas alianças", *O Globo*, 4 mar. 2006, O País, 3 e 4. Não obstante a decisão do TSE (25-2-2006) vedar a aplicação da regra de não-verticalização de alianças partidárias já nas eleições de outubro de 2006, o presidente do Congresso ameaça promulgar, enfim, a decisão já tomada pelo Congresso ("Supremo deverá manter restrições para alianças", *Folha de S. Paulo*, 7 mar. 2006, Brasil, A6). De fato, tal ameaça foi concretizada, porém, pouco adiante (8-3-2006), o STF declarou inconstitucionais os termos da EC nº 52 em sua aplicação às eleições do mesmo ano.

O fato é que as lideranças políticas brasileiras não parecem entender que a credibilidade das regras das escolhas públicas demanda uma atitude de apreço pela Constituição. A possibilidade de se alterar regras constitucionais obtém grande notoriedade, sobretudo em épocas eleitorais e no rastro de algum "escândalo político".

Em julho/setembro de 2006 tais pré-requisitos se apresentam simultaneamente e, desse modo, não surpreende que a questão da estabilidade das escolhas públicas fosse, uma vez mais, desconsiderada, como nos seguintes eventos:

- por questões puramente internas ao PSDB, veicula-se na mídia a possibilidade de um acordo tácito que teria sido feito entre as lideranças desse partido quando da aprovação de seu candidato à presidência da República: se eleito, ele não buscará a reeleição, dando chances a que os postulantes preteridos do partido possam almejar a candidatura presidencial em 2010;[314]
- por seu turno, o presidente da República manifesta-se informalmente a favor da convocação de uma Assembléia Nacional Constituinte que teria, a partir de 2007, o propósito único de estabelecer regras da "reforma política";[315]
- pelo fato de não ter sido votado a tempo o projeto de lei de diretrizes orçamentárias (LDO) de 2007 (PLN nº 2 e correspondente EM nº 59-06/MP, de 12-4-2006), e diante da chegada ao Congresso Nacional da proposta orçamentária desse mesmo ano (PLN nº 15 e correspondente EM nº 167-06/MP, de 31-8-2006), em meados de setembro de 2006 é sugerido que, de todo, se ignore o PLN nº 2-06 e se passe a discutir e votar a proposta de orçamento da União.[316]

---

314 "Criada pelo PSDB, regra gerou crise entre tucanos", *O Estado de S. Paulo*, 3 ago. 2006, A4. Para ficar do lado seguro, as partes interessadas na revisão das regras estipuladas, sobretudo nos arts. 14 e 82 da Constituição, optaram por viabilizar um acordo interpartidário (PSDB, PFL e PT) e, por ele, aprovar, na CCJ do Senado Federal (2-8-2006), a proposta de emenda constitucional (PEC nº 41, de 29-5-2003, com alterações) que elimina a regra da reeleição para presidente da República, governador e prefeito, com validade a partir de 2010 ("Acordo suprapartidário leva CCJ do Senado a aprovar fim da reeleição", *O Estado de S. Paulo*, 3 ago. 2006, A4).

315 "Lula propõe Constituinte exclusiva", *O Globo*, 3 ago. 2006, O País, 3. O poder constituinte assim proposto é, ademais, exclusivo, porque seria exercido *externamente* ao Congresso Nacional. Ver, igualmente, Gandra Martins, "Constituinte exclusiva", *Folha de S. Paulo*, 8 ago. 2006, Tendências & Debates, A3; "Enfim, um debate", *Veja*, 9 ago. 2006, 54-55.

316 "Relatores querem votar o orçamento e relegar a LDO", *Valor Econômico*, 19 set. 2006, Política, A10. Ainda em setembro de 2006, o relator da proposta orçamentária na Comissão Mista de Planos, Orçamentos Públicos e Fiscalização (CMO) argumenta que "perdemos o momento" para observar o rito constitucional, como definido nos arts. 165, §2º, da Constituição, e 35, §2º, inciso II, do Ato das Disposições Constitucionais Transitórias. A LDO de 2007 (Lei nº 11.439) foi, enfim, sancionada pelo presidente da República em 29 de dezembro de 2006.

Percebe-se que a recorrência não é apenas do tema de mudança constitucional, porém, igualmente, a do baixo *status* com que as próprias regras constitucionais aparecem nas preferências das lideranças políticas do país, seja porque elas podem ser submetidas aos interesses privados da política partidária, seja porque as mudanças propostas pretendem ser uma ocorrência *ad hoc* em um conjunto que, para ser um efetivo balizamento às expectativas dos que participam do jogo das escolhas públicas, deve ser tratado em sua totalidade.[317] Analogamente, é notório que pouco se aprendeu com a trajetória da EC nº 32 (11-9-2001), que definiu um novo regime de emissão de MP.[318]

A proposta de se reunir uma Assembléia Constituinte, já em 2007, é ainda mais inquietante, pois pressupõe que o Congresso não seja a instância apropriada para promover uma dada agenda de emendas ao texto da Constituição – o que, por certo, contraria outras classes de regras constitucionais, como as especificadas no art. 60, por exemplo. Se a intenção presidencial foi acionar um antídoto para as notórias disfunções com que opera a classe política brasileira – como reveladas nos vários inquéritos em curso desde meados de 2005, dentro e fora do Congresso –, isso pode disparar um mal maior: a aceleração da perda de credibilidade da própria Constituição; mal que, por certo, afetará inescapavelmente a própria "reforma" que o presidente da República busca materializar.

Outra vez, uma reflexão sobre a trajetória de uma emenda constitucional ajuda a entender o quanto é impróprio o encaminhamento que se tem dado às duas propostas sugeridas: a da regra eleitoral do segundo mandato e a da "reforma política".[319]

---

[317] Não se pode pretender alterar regras essenciais à definição do poder de governar e manter inalterado um pilar da arquitetura da democracia constitucional brasileira: o sistema de separação de poderes.

[318] Esse novo regime acabou por criar sérios impedimentos ao funcionamento compartilhado do poder de governar (Monteiro, 2004). Possivelmente, muitos dos que usam o rótulo "reforma política" nem percebem que essa é uma dimensão essencial do que necessita ser feito nesse tipo de reforma. De modo geral, o conteúdo que se tem atribuído a esse rótulo passa ao largo do problema da restauração do sistema de separação de poderes ou da reconsideração do mecanismo de emissão de MP, operando no presidencialismo.

[319] A já citada EC nº 32, que redefiniu o peculiar poder legislativo alocado ao Executivo, acabou por gerar sérias distorções na definição do poder de governar. A exclusão dessa classe de ocorrências da consideração dos poderes a serem alocados ao presidente da República (caso da revogação do segundo mandato), ou do impacto que alterações na organização partidária ou nas regras eleitorais possam trazer para o processo de escolhas majoritárias da legislatura (caso freqüente em propostas de "reforma política"), é um vício que apenas reforça a inerente instabilidade das escolhas públicas.
O padrão dessa instabilidade é ainda mais perverso porque ele passa a influenciar a construção de estratégias pelos agentes privados. Assim, por exemplo, qualquer que seja o conteúdo dos programas

Quem deve mudar as regras constitucionais?

A sugestão referida quanto à convocação de uma Assembléia Nacional Constituinte[320] fez imergir a relevante questão da vocação do Congresso Nacional para cuidar de mudanças nas regras constitucionais. Independentemente de quem sejam efetivamente aqueles que, no Congresso ou fora dele, seriam encarregados dessa tarefa, não é tão elementar alocar as funções de mudança e interpretação das regras constitucionais, tanto quanto assegurar de antemão não ser essa uma competência dos legisladores.

Um primeiro enquadramento analítico dessa questão é a tentativa de conciliar dois objetivos aparentemente tão opostos e que têm tido muito destaque no debate nacional: dispor de regras constitucionais que sejam atualizadas com alguma freqüência (a metáfora para tal é a da "Constituição viva") e, ao mesmo tempo, reforçar a arquitetura do governo democrático, vale dizer, a proteção de direitos individuais (Katyal, 2001:1340):[321]

- o Congresso poderia ocupar maior espaço na interpretação de regras que tenham ficado pressionadas pela passagem do tempo, não mais refletindo valores sociais contemporâneos, ou seja, a questão da "Constituição viva" antes referida;[322]
- tais dispositivos, por certo, não alocarão ao Judiciário a tarefa de supervisionar o bom comportamento dos políticos; para a própria redenção da classe

---

econômicos dos principais competidores na eleição presidencial, o agente privado mais sofisticado antecipará, em alguma extensão, que o comprometimento com as políticas públicas definidas nesses programas fica pendente do horizonte de planejamento que vier a ser definido pela PEC do segundo mandato. Ao mesmo tempo, essa indefinição fica atrelada à configuração partidária que vier a resultar, digamos, de mudanças na legislação partidária e eleitoral, tanto quanto à cobertura que se venha a dar à "reforma política". Para uma economia que já opera sob substancial incerteza quanto aos seus *processos*, nada mais contra-indicado do que fazer propostas *avulsas* de novas mudanças de regras.

320 "Desapreço constitucional", *Estratégia Macroeconômica*, v. 14, n. 348, 14 ago. 2006.

321 Sob essa perspectiva, destaca-se a função do Congresso como instância da interpretação constitucional. Tal desempenho é robustecido pela representatividade pública dos legisladores, o que torna desejável ser o Congresso a instância dessa interpretação; já o mesmo não pode ser dito dos tribunais. O celebrado *dilema contramajoritário* (quadro 4 do capítulo 5) acentua que as decisões do STF, por exemplo, tendem a refletir a pouca competência dos juízes em perceber demandas, crenças e ideais da sociedade, bem como a não-responsabilização pelas decisões a que chegam. Afinal, juízes são um pequeno número de agentes de decisão substancialmente pouco representativo de toda a população (Katyal, 2001:1340).

322 O bloco de novas regras que disciplinem o comportamento de políticos e partidos políticos é um exemplo oportuno: os desmandos constatados nos inquéritos em curso em Brasília, desde meados de 2005, tornaram premente a revisão dos critérios de acesso a postos eletivos e da ordem partidária – o que se refletiu parcialmente em regras eleitorais estabelecidas pelo TRE já para as eleições de 2006.

política e restabelecimento da responsabilização dos políticos, deve caber ao Congresso interpretar as novas regras que, em última instância, terão resultado de demandas da sociedade como um todo.

O risco envolvido em retirar do Judiciário parte dessa competência de interpretar a Constituição é fomentar um padrão de decisões errático, ao sabor dos interesses da coalizão majoritária na legislatura. Todavia essa é uma daquelas situações em que, sem prática, não há aprendizado.[323]

Nesse ambiente institucional, antecipa-se que o Congresso possa emular um comportamento substancialmente baseado em princípios e apartidário, análogo ao observado no processo decisório do Judiciário (Katyal, 2001:1342).

Uma interessante variante dessa linha de argumentação realça a oportunidade que uma maioria de senadores teria para influenciar a confirmação de nomes indicados pelo presidente da República para integrarem o STF (Constituição, arts. 52, III, *a*, e 101, parágrafo único; Regimento Interno do Senado, art. 101, II, *i*).[324] Por essa via indireta:[325]

- ❑ os senadores influenciam a própria interpretação das regras constitucionais: ao ter a ocasião de extrair promessas da parte dos indicados pelo presidente da República – tentativa que pode ou não ser bem-sucedida –, os senadores podem afetar decisões futuras daqueles que sejam "judicialmente ambiciosos", como os que já atuam em níveis mais baixos do Judiciário (Gerhardt, 2005:116-119);
- ❑ os demais 10 membros do STF também poderiam estar sendo influenciados pelos juízos constitucionais emitidos por uma maioria de senadores, seja no âmbito da CCJ, seja no Plenário.

---

[323] Outro exemplo nesse sentido é o processo orçamentário da União:

- ❑ argumenta-se que os legisladores não teriam qualquer cautela no ambiente de decisões orçamentárias *impositivas* (PEC nº 22-2000, Parecer CCJ-SF nº 949, de 17-7-2006) quando a proposta orçamentária, uma vez aprovada no Congresso, oferecesse poucos graus de liberdade aos burocratas do Executivo para a sua implementação. Desse modo, aumentariam o gasto público e o atendimento clientelista;
- ❑ em contraposição, pode-se presumir justo o oposto: desde que a escolha orçamentária fique centrada no processo legislativo, os políticos perderiam o *manto de invisibilidade* com que atuam em um processo decisório público opaco, em que é virtualmente impossível remontar a complexa teia que liga a lei orçamentária aprovada na legislatura e a ampla discricionariedade com que essa lei é sujeita nas subseqüentes decisões gerenciais.

[324] Diferentemente do caso norte-americano, no entanto, esse desempenho no âmbito da CCJ e do Plenário do Senado não tem rendido bons frutos na interpretação constitucional. Ao longo dos anos, o que se tem observado é que a excessiva distorção promovida pela atuação da base parlamentar de sustentação do governo torna esse exercício de confirmação meramente protocolar.

[325] De certo modo, esta discussão retoma a perspectiva da figura 12 (capítulo 5).

Com esse ganho de informação recíproca, o STF poderia passar a atuar em sintonia com as percepções dos políticos, mesmo na circunstância em que, por variadas razões, o Congresso ficasse impedido de empreender decisões de natureza constitucional (Katyal, 2001:1345).[326]

Sob um segundo enquadramento, mais operacional, há que se indagar se o Congresso tem os meios, a motivação e a oportunidade para empreender a mudança que, de modo incerto, tem sido atribuída a um grupo de juristas e ao presidente da República.[327] Outra vez, o debate brasileiro pode ser emoldurado em uma linha de indagação da teoria das escolhas públicas (Epstein, 2006; Devins e Whittington, 2005)

Quanto aos meios disponíveis para o desempenho da tarefa constituinte, a capacidade institucional do Congresso em desempenhar a mudança e a interpretação de regras constitucionais é inegável e pode ser antevista em diferentes vertentes.

Deputados e senadores, por certo, têm *expertise* no tema constitucional, quanto mais não seja por meio das atividades de comissões, especialmente de Constituição e Justiça, que trivialmente são acionadas quando são apreciados projetos de lei de variados graus de complexidade;[328]

A motivação dos legisladores para empreender a tarefa constituinte é fundamental para que se obtenha a qualidade da apreciação das regras constitucionais que se deseja. Para tanto, os fatores que estariam subjacentes a essa motivação se distribuem em três classes (Garrett e Vermeule, 2001): a preferência subjetiva do legislador pelo que ele acredita ser uma escolha pública que atenda ao interesse geral, a sempre presente determinante privada da reeleição e uma combinação de objetivos públicos (boas políticas públicas) e privados (reeleição).

---

326 Por essa via indireta, o Judiciário estaria, de certo modo, espelhando demandas de mais amplo espectro social.

327 Ou, mais especificamente, retomando os termos da sugestão em curso em meados de 2006: teria o Congresso os meios, os motivos e a oportunidade para se encarregar da mudança da Constituição, mesmo que se possa pensar tornar essa mudança circunscrita a uma "reforma política"? (Paes Leme, "A Constituinte exclusiva e a mídia", *O Globo*, 9 ago. 2006, Opinião, 7; Gandra Martins, "Enfim, um debate", *Veja*, 9 ago. 2006, 54-55; "Constituinte exclusiva", *Folha de S.Paulo*, 8 ago. 2006, Opinião, A3).

328 Um caso a lembrar foi a passagem da Lei de PPPs, Lei nº 11 079, de 30 de dezembro de 2004, como sumariado no apêndice A, adiante. Nessa passagem legislativa, no que faltar de competência *interna* ao Congresso, os legisladores sempre poderão contar com a assistência de conhecimento especializado disponível em unidades decisórias do Executivo, do próprio Judiciário e de variados segmentos do setor privado.

Nessa linha de argumentação, é a possibilidade de que os legisladores operem sob uma motivação mista que os predispõem a desempenhar apropriadamente suas tarefas constituintes. De todo modo, mesmo aqueles que buscam frontalmente a reeleição podem ser capazes de revelar um comportamento adequado à boa discussão constitucional: o deputado ou senador que atende aos interesses de seu reduto eleitoral ganha liberdade para levar adiante sua própria visão constitucional. Em decorrência ele pode persistir em sua "consciência constitucional" sem prejudicar suas perspectivas de reeleição, podendo até mesmo aumentar seu capital eleitoral (Tushnet, 2005:288-289);[329]

E quanto à oportunidade para empreender decisões constitucionais?

As emendas constitucionais até aqui aprovadas no Congresso[330] reforçam a predisposição dos legisladores em empreender mudanças nas regras mais fundamentais do funcionamento da economia nacional. Esse resultado final fica qualificado pelo teor das discussões com que essas emendas foram processadas nas instâncias especializadas do Congresso (comissões) e nos plenários da Câmara e do Senado. Em certo sentido, tem sido o Congresso – mais do que o STF – que tem delineado o entendimento de boa parte das regras constitucionais.

Por fim, há que relembrar o argumento já apresentado, neste capítulo, de que, mesmo sem diretamente produzir regras constitucionais, o Congresso pode gerar superleis que, tal qual uma regra constitucional, têm grande estabilidade ante iniciativas do Judiciário ou dos próprios legisladores. Os políticos, autonomamente ou induzidos pela ação de grupos de interesses especiais, têm condições de desfazer informalmente,[331] ou, pelo menos, influenciar significativa-

---

[329] Outro argumento na mesma direção é que o deputado ou senador constituinte necessita gerar credibilidade em torno de sua posição no Congresso, pelo que ele não terá tanta indução a se posicionar tão abertamente contra temas constitucionais de interesse geral. Essa seria a "força civilizadora da hipocrisia" (Garrett e Vermeule, 2005:247).

Em paralelo a questões mais amplas da reforma política, os políticos evidenciam comportamentos que superficialmente podem sugerir serem motivados pelo apreço ao interesse geral. Tal é o caso do vago comprometimento dos partidos políticos quanto a uma proposta de emenda constitucional que venha a cancelar a possibilidade de um segundo mandato presidencial ("Falta consenso sobre o fim da reeleição em 2010", *Valor Econômico*, 23 ago. 2006, Política, A10). Essa é uma circunstância em que a decisão constitucional opera sob um *véu de ignorância* (quadro 10): diante da incerteza eleitoral, e como as decisões constitucionais que os legisladores possam tomar correntemente limitam as *futuras* legislaturas, a atual composição do Congresso volta-se menos para o atendimento de interesses partidários.

[330] Ver a tabela 3.

[331] Isto é, sem aprovação de emenda constitucional.

mente, a alocação formal traduzida nas regras do sistema de separação de poderes (Fitts, 1997).

Reforma política

Essa reforma é, a princípio,[332] um novo bloco de regras do jogo de escolhas públicas, o qual ressalta o financiamento de campanhas eleitorais:

- com dotação específica na lei orçamentária da União, em montante equivalente ao número de eleitores existentes no país ao final do ano imediatamente anterior ao ano eleitoral, multiplicado por um valor folclórico de R$ 7 por voto, como mencionado na justificação da decisão da Comissão Especial;[333]
- o TSE terá acesso a esses recursos até o dia 1º de maio do ano eleitoral para distribuição às direções nacionais dos partidos políticos;
- sujeitos a diversos tipos de contingenciamentos, tais recursos poderão ser utilizados nas eleições presidenciais, federais e estaduais;
- por conseqüência, a disponibilidade desses recursos públicos veda "o uso de recursos em dinheiro, ou estimáveis em dinheiro, provenientes de partidos e federações partidárias e de pessoas físicas e jurídicas".[334]

São instituídas variadas penalidades, tanto para o doador (pessoa física ou jurídica) quanto para o receptor (candidato, partido, coligação e federação partidária). Conquanto o tema envolva o reforço da organização partidária, é a questão do dinheiro político – o dinheiro que indivíduos e grupos se propõem a gastar na persuasão de eleitores, candidatos ou agentes públicos em apoio a seus interesses – que se antecipa e que dominará a discussão dessa reforma. Essa questão fica ilustrada na figura 26.

A perspectiva analítica de um mercado de fundos para o financiamento de campanhas políticas é especialmente relevante, de vez que muito da ênfase na discussão da reforma política tem sido dada ao lado da oferta de dinheiros privados (Nelson, 2000), ou seja, a pretensão é que o centro dessa reforma venha a ser

---

[332] Tal qual o Projeto de Lei nº 2.679, aprovado na Comissão Especial de Reforma Política e que deu entrada na Comissão de Constituição e Justiça e de Redação (CCJR) da Câmara dos Deputados em 10 de dezembro de 2003. Em agosto de 2006, esse PL ainda tramitava na Câmara.

[333] A estimativa é de um financiamento total de aproximadamente R$ 800 milhões por ano eleitoral. No vigente regime do Fundo Especial de Assistência (ou Fundo Partidário) que é repassado pelo TSE aos partidos políticos – e que pouco tem a ver com financiamento de campanhas – a referência é de R$ 0,83 por eleitor.

[334] Art. 20 do PL nº 2.679.

localizado na restrição ao uso desses recursos e de sua eventual substituição por dinheiro público. Isso, no entanto, negligencia a "hidráulica" da reforma do financiamento político-partidário (Issacharoff e Karlan, 1999:1708): tal qual a água, os dinheiros políticos têm que sair por algum lugar; eles não se dissipam pura e simplesmente. Igualmente, eles são parte de um sistema mais abrangente.[335]

Um fato inescapável é que o atendimento que políticos e partidos possam prover a interesses preferenciais de indivíduos ou grupos de indivíduos é extraordinariamente valioso, ao mesmo tempo em que esses mesmos políticos e partidos têm uma necessidade imperiosa de obter fundos para suas campanhas. Para ambas as partes, quanto mais, melhor.

Assim, a negligenciada questão de como neutralizar essa necessidade (o lado da demanda, na figura 26) talvez seja o ponto central de uma reforma que se proponha a reconfigurar o atendimento político na direção do interesse geral ou coletivo. Especialmente porque ela extrapola a pura e simples adoção de tetos às doações privadas ou de um regime em que os dinheiros privados sejam substituídos por recursos do orçamento público (o lado da oferta).[336] Ao mesmo tempo, essa conclusão é uma decorrência do segundo aspecto da analogia hidráulica mencionada anteriormente: a reforma política não se contém dentro dos limites estritos de umas poucas regras do processo eleitoral, mas se insere na moldura de todo o processo político.

Figura 26
Mercado de recursos de campanha

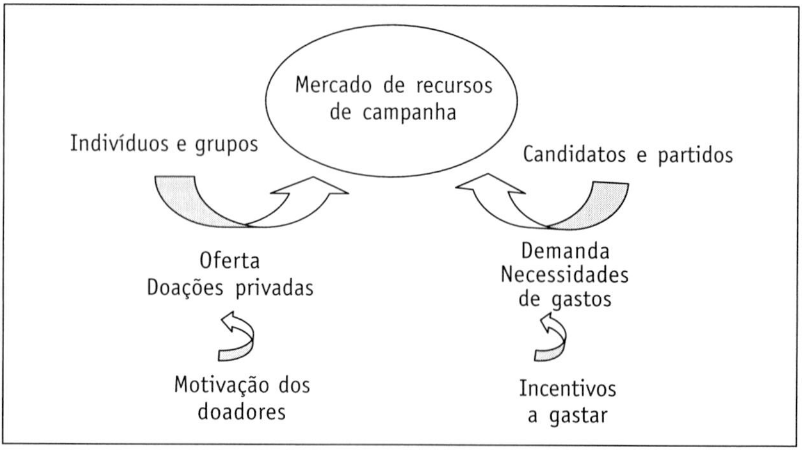

[335] Esse ponto de vista é elaborado mais adiante neste capítulo.

[336] Ou, ainda mais enfaticamente, em uma democracia representativa, somente com o deslocamento do peso da oferta para a regulação da demanda se poderá ter um sistema mais efetivo de financiamento de campanhas (Nelson, 2000:526).

Ainda em referência à figura 26, observe o leitor que:

- sendo muito pequena a probabilidade de que o cidadão eleitor participe de qualquer um dos lados desse mercado, ele acaba ficando, de um modo ou de outro, cativo do interesse preferencial de uns poucos segmentos organizados da sociedade;
- nessa concepção de processo político, o bem comum ou interesse geral emerge de negociações e ajustes que ocorrem entre todos os agentes políticos que buscam atender, cada qual, o seu próprio interesse privado.

Há que se levar em conta a grande flexibilidade com que o ambiente institucional pode ser alterado, ainda que as regras do jogo não sejam formalmente modificadas. O caso mais notório nesse sentido é do aporte de recursos não-monetários (espaço físico, meios de transporte, material de escritório e de telecomunicação, por exemplo) em complemento ou substituição às doações em dinheiro aos partidos.[337]

Ademais, na eventualidade da adoção do financiamento público de campanhas:

- os partidos na coalizão majoritária – e, na atualidade, o PT – têm substancialmente consolidada sua força no processo político;[338]
- corre-se o risco de se adicionar um fluxo substancial de recursos públicos que não conseguirá nem desativar o aporte de recursos privados às campanhas políticas, nem vir a ser amplamente reconhecido como uma regulação confiável.

O novo regime de financiamento busca essencialmente fortalecer o partido político. Não obstante, ele pode tornar-se uma frágil barreira à ação de grupos de interesses que venha a corromper os partidos, tanto ou mais do que se alega ocorrer na atualidade.[339]

---

337 Um contraponto do caso norte-americano, envolvendo a mera organização de uma convenção nacional do Partido Democrata, em 2004, evidencia essa tênue fronteira. Ver, a esse respeito, "Funding slows for political parley: democratic convention hunting for big donors", *Boston Globe*, 11 Nov. 2003.

338 Essa regulação da oferta pode acabar gerando um resultado oposto ao inicialmente desejado: ao invés, emergirá um sistema em que os partidos estabelecidos podem usar os fundos públicos para alimentar campanhas extravagantes e vazias (Issacharoff e Karlan, 1999:1735).

339 Uma circunstância em certo sentido análoga decorre da adoção do regime da *quarentena* no âmbito do Código de Conduta da alta administração federal, em vigor desde agosto de 2000: nominalmente, esse período de transição visa desestimular um comportamento reprovável por parte de um ex-membro da alta gerência pública; todavia, ao mesmo tempo, ela concorre para reduzir o custo político da futura vinculação do ex-regulador aos interesses da atividade econômica que, antes, ele regulava.

O propósito maior da introdução do financiamento público de campanhas eleitorais é o de deixar o sistema eleitoral neutro perante os variados grupos de interesses especiais. Limitações às contribuições ou, como no caso em discussão, a pura proibição desses dinheiros, impediria que um único grupo detivesse peso indevido. Quando acoplada à imposição de tetos aos gastos realizados por candidatos e partidos, tal peso de interesses preferenciais será ainda mais reduzido, portanto aumentando a influência do cidadão comum.

A figura 27 resume a mecânica do acesso de interesses preferenciais ao processo político.[340]

O conjunto de regras contemplado por uma reforma política, nos moldes do já citado PL nº 2.679, opera exclusivamente na conexão *[1]* mostrada na figura 27. Contudo, mesmo que se venha a disciplinar outro tipo de recurso nessa mesma conexão (ajuda não-monetária), remanesce a poderosa influência por via da conexão *[2]*.[341]

Do lado da oferta, o poder de muitos desses grupos se manterá inalterado, impelindo-os a atuar em outras frentes, trocando a ação direta no processo eleitoral *[1]* por atuação indireta *[2]*, via mercado, por exemplo, com substanciais gastos em *lobbying*, e na mídia. Já do lado da demanda, "reformas constitucionais muito provavelmente terão sucesso quando os políticos pouco percebam suas conseqüências adversas para suas carreiras" (McGinnis e Rappaport, 1999:465).

A regulação eleitoral ajusta-se a essa observação com o efeito perverso adicional de que as restrições à oferta de dinheiros de campanha tendem a

---

[340] Esta figura retoma, pelo lado da ambientação institucional, a discussão empreendida ao longo do capítulo 6.

Para que o leitor não subestime o poder de mobilização de grupos privados ou menospreze o efetivo impacto desses grupos na autonomia do processo político, mesmo em uma economia que já dispõe de um conjunto de sofisticadas instituições restritivas ao *lobbying* e aos "dinheiros políticos", resumo, a seguir, um caso *sui generis* sobre a interação de expectativa de ganhos financeiros privados agenciados junto a processo político, *lobbying*, contribuição de campanhas e comportamento de legisladores.

Em 2000, o Congresso norte-americano aprovou uma lei que assegurava à autoridade alfandegária transferir o resultado da arrecadação de tarifas lançadas sobre práticas de *dumping* às firmas *que, originalmente, tivessem demandado ações antidumping* (anteriormente, o Tesouro dos EUA era o destinatário desse tipo de receita). Portanto tais firmas se asseguraram, por via da nova legislação, de uma fonte adicional de receita. Em 2001/02, tal esquema resultou na distribuição de mais de US$ 500 milhões às firmas beneficiárias. Demonstrando ser esse um caso bastante transparente de *rent seeking* bem-sucedido, Liebman e Reynolds (2006) apresentam detalhada evidência da extensão em que cada firma se beneficiou dessa legislação, focalizando, ademais, o fluxo de doações de campanha originado nesse grupo privado e orientado para os patrocinadores da referida legislação no Congresso norte-americano.

[341] Portanto a limitação de acesso pretendida no PL nº 2.679 parece ser um objetivo muito ambicioso.

tornar ainda mais desproporcionais as vantagens dos políticos e partidos que detêm o mando. Assim, a dominância na fixação da agenda de políticas pode acabar exacerbada, com o governo controlando a quantidade, o conteúdo e a qualidade do discurso político (BeVier, 2002). Essa é uma ocorrência muito previsível quando se verifica que a lei eleitoral comumente já apresenta normas quanto ao uso da mídia, por exemplo. Nessa direção, o propósito de tornar mais pulverizado o acesso ao processo político pode mesmo levar a que se administrem criteriosamente as informações que possam chegar ao eleitorado.[342]

Figura 27
Neutralizando o *rent seeking*

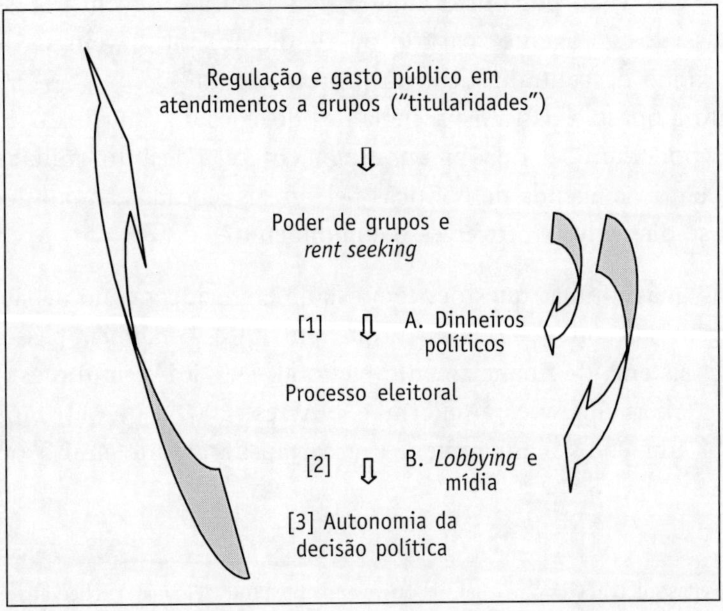

Todas essas considerações conduzem a que se considerem pelo menos as seguintes questões:

- a substituição de dinheiros privados por financiamento público de campanhas será mesmo peça central de uma reforma político-eleitoral? Complementando ou substituindo esse aspecto eleitoral, não se poderá filtrar o acesso por outra classe de regras constitucionais?

---

342 Os fatos da política econômica brasileira pós-EC nº 16, de 4 de junho de 1997, a "emenda do segundo mandato", servem de cautela quanto a isso. Para evidências, ver Monteiro (2000).

Esse é um ponto de vista que se vincula à teoria de supermaiorias (McGinnis e Rappaport, 1999, 2002): a exigência rotineira de majoritária qualificada (três quintos, por exemplo) nas decisões de política no Congresso Nacional teria um impacto mais efetivo e neutro sobre todos os grupos de interesses, independentemente de seu porte ou força econômica. Ao mesmo tempo, deixaria mais confortáveis os próprios legisladores na circunstância de não serem atendidos pleitos de certos grupos de interesses, tanto quanto economizaria recursos do orçamento público.[343] Em termos da nomenclatura da figura 27, esse é um mecanismo intrínseco às conexões do tipo *[3]*.

- Em que grau de centralização deve ser operacionalizado o financiamento público? Ou, visto por outro ângulo, tais recursos devem necessariamente ser repassados ao agente (partido ou candidato), ou devem ser administrados de modo descentralizado pelo próprio eleitor?
- E quanto à questão da transparência das doações de campanha? Esses recursos não poderiam ser doados anonimamente e, portanto, minar a troca de atendimento via agenda de políticas pelos reais alocados ao político ou partido que se disponha a prover esse atendimento?

Estas duas últimas questões têm estado em evidência no debate acadêmico, à margem da economia dos EUA, que, em 2002,[344] também passou por uma reforma do sistema de financiamento eleitoral. Destaca-se muito especialmente o modelo Ackerman-Ayres (Ackerman e Ayres, 2002), que atribui ao eleitor não apenas um voto, mas também um cartão de crédito muito peculiar – e

---

[343] Leis aprovadas sob regra de supermaioria provavelmente produzem maiores benefícios líquidos por unidade monetária, comparativamente a leis aprovadas por maioria de metade mais um. Ou, ainda, quanto maior o apoio político que sustenta uma lei aprovada no Congresso, maior o benefício líquido por unidade monetária que essa lei produz (McGinnis e Rappaport, 2003).
Pode-se argumentar que, sob regra de supermaioria, os *custos da decisão* coletiva tendem a ser mais elevados do que os em que se incorre sob regra de maioria de metade mais um, uma vez que as negociações em torno da construção de uma coalizão vencedora tendem a ser mais onerosas em termos de gasto de tempo e esforço. Para uma decomposição dos custos da decisão coletiva, ver capítulo 6.
Por uma outra perspectiva, a exigência de que se obtenha um apoio de supermaioria pode induzir a aprovação de uma decisão que talvez não fosse aprovada por apoio de maioria de metade mais um. No âmbito de uma legislatura, isso se converte em *incentivo* a que se reformule o projeto de lei que não obteve o apoio de uma maioria mínima, de modo a que ele, agora, possa atender às preferências de uma coalizão de supermaioria. Em certo sentido, o produto final dessa decisão poderá levar a uma legislação de melhor qualidade (McGinnis e Rappaport, 2003).

[344] PL nº 107-55, de 2002, também referido como "Lei McCain-Feingold".

também inalienável – por meio do qual ele, o eleitor individual, financia anonimamente seu candidato favorito.[345]

Por fim, vale ressaltar o sentido tão estreito que se tem atribuído no Brasil ao rótulo "reforma política".

Em outros segmentos deste texto já foi enfatizado que tal reforma deveria ser considerada por seu vínculo com o sistema da separação de poderes. Uma decorrência empírica dessa necessidade é tratada em comentário apresentado em torno da figura 7 do capítulo 2, com a ilustração de uma ocorrência em outubro de 2006: o candidato presidencial à reeleição detém o peculiar poder de editar leis (MP) de impacto imediato; em ano de eleição, essa é uma formidável vantagem comparativa na competição eleitoral que pode ser usada para elevar os custos dos candidatos desafiantes. O caso da MP nº 324, 4 de outubro de 2006, mencionado no já citado capítulo 2, reforça essa visão de que uma reforma política efetiva não poderá deixar de reconfigurar o sistema da separação de poderes.

Paradoxo da onipotência

A economia brasileira caracteriza-se por uma elevada instabilidade institucional, vale dizer, as regras que vigoram nas escolhas públicas são incertas e transitórias, seja porque apresentam muitas lacunas, seja porque políticos e Judiciário promovem freqüentes reinterpretações do significado dessas regras, ainda que elas tenham *status* constitucional.

Um exemplo muito peculiar dessa instabilidade está relacionado à "reforma do Judiciário" (EC nº 45, de 8-12-2004). Por esse extenso bloco de regras constitucionais, foi criada a instância decisória do Conselho Nacional de Justiça. Em 24 de maio de 2005, o Senado Federal aprovou as indicações dos 15 membros do Conselho Nacional de Justiça (CNJ). Todavia um fato institucional de grande relevância passou-se em Brasília nessa votação:[346] um dos nomes indicados não foi aprovado em votação ocorrida em 18 de maio de 2005; logo adiante,

---

[345] Em uma trajetória analítica contrária, esse modelo vê a transparência das doações de campanha como o problema, e não como parte da solução, na contenção do acesso dos grupos de interesses. Mesmo que se mantenham as doações mais amplas de interesses organizados, o pressuposto é que os dinheiros políticos tenham sua aplicação estabelecida de forma anônima. O leitor ganhará em entendimento dos pontos de vista aqui tratados conectando-se ao esquema analítico apresentado no capítulo 6.

[346] *Jornal do Senado*, 25 de maio de 2005.

em 24 de maio de 2005, o dito ficou pelo não dito e, assim, voltou-se atrás, e o nome antes rejeitado foi então aprovado em nova e peculiar votação.[347]

Essa classe de ocorrência pode ser explorada analiticamente no que se convencionou rotular o "paradoxo da onipotência" (Suber, 1990:12): ao deter o poder de fazer qualquer lei, em qualquer circunstância, poderão os políticos limitar o seu próprio poder decisório? Se a resposta for afirmativa, eles não podem se autolimitar; em caso negativo, eles podem!

Por esse paradoxo percebe-se, no caso da votação para o CNJ, que, ao não se pautarem pelos procedimentos regimentais preestabelecidos, os senadores:

- estariam evitando manifestar um comprometimento efetivo, ou seja, a sinalização feita no caso do CNJ é que um resultado desejado por uma coalizão majoritária do Senado poderá ocorrer ainda que os senadores atuem sob regras que não estejam em seu regimento;
- ao mesmo tempo, eles deixam de sinalizar com um comprometimento persuasivo (Law, 2005): o objetivo desse comportamento não pressupõe que os senadores atuem de um modo previsível, mas que eles convençam os demais participantes do jogo de que o Senado se comportará sempre desse modo.

Figura 28

Votação do CNJ no Senado Federal: comprometimento efetivo e persuasivo

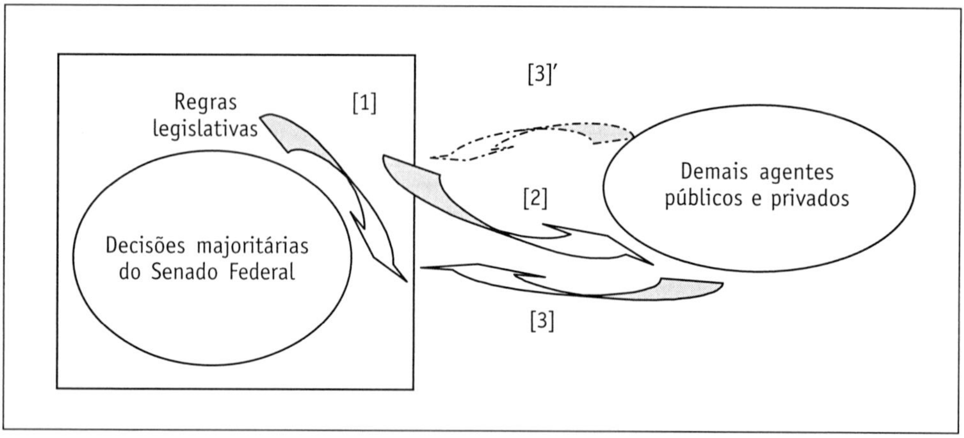

[347] Não obstante o CNJ ser uma construção constitucional, sua decorrente operacionalização foi tratada por um expediente improvisado à margem das regras legislativas (Regimento Interno) em vigor. Ver "Alexandre de Moraes irá para o CNJ", *Folha de S. Paulo*, 25 maio 2005, A10.

O único caminho para que os senadores convençam os demais agentes de que o Plenário do Senado respeita uma dada ordem institucional-constitucional é forçando, a si próprios, a não agir, como de fato agiram os senadores. Mais especificamente: os procedimentos legislativos são fixos porque os senadores precisam convencer os demais agentes do jogo de que certas estratégias não são passíveis de serem acionadas.

A figura 29 sintetiza essa visão analítica e suas implicações.

A estabilidade da dependência *[1]* indica o comprometimento efetivo; *[2]* é o condicionamento da decisão legislativa do Senado sobre os demais agentes de decisão, enquanto a seqüência *{[1] → [2]} → [3]* sumaria a noção do comprometimento persuasivo: o Senado opta por *[1]* de modo a ser percebido pelo resultado *[2]* e assim induzir a que os demais agentes optem por *[3]*. No caso da decisão de 25 de maio de 2005, a seqüência percebida acaba sendo *{[1] → [2] } → [3]'}*.[348]

Ademais, a ocorrência eleitoral torna os políticos menos propensos a sustentar comprometimentos em ambos os sentidos ilustrados na figura 29. Por outro lado, da parte dos agentes privados, sua estratégia *[3]*, na perspectiva *{[1] → [2]}* eventualmente voltada para melhor atender o interesse coletivo, torna-se ainda mais improvável, uma vez que eles antecipam a indução eleitoral a que os políticos estarão sujeitos, fazendo, assim, *[3]'*.

De todo modo, em épocas eleitorais, apresentar comprometimentos que não possam ser revistos representa um risco a que dificilmente os políticos desejam se sujeitar: as circunstâncias pregressas costumam se alterar muito rapidamente, de modo que tais comprometimentos necessitarão ser atualizados. O receio nesse caso é de incorrer em supercomprometimento (Law, 2005). Daí a aversão de todo a ter comprometimentos ou apenas mantê-los nominalmente.[349]

---

[348] Por certo que a classe política não se dá conta da gravidade da ocorrência narrada. Um senador do PFL chegou a argumentar que todo o procedimento da votação representava "uma das mais importantes etapas da reforma do Judiciário", enquanto o presidente do Congresso Nacional sentenciava ter sido a votação "não apenas a repetição da anterior (ocorrida seis dias antes) com o objetivo de respeitar o desejo da maioria" (*Jornal do Senado*, 25 maio 2005). Em termos do desenrolar do jogo, a expectativa que especialmente os agentes privados terão é a de que *nada é para sempre* no ambiente institucional em que se determinam as escolhas públicas. Qualquer comprometimento de política que o governo possa vir a apresentar será deixado de lado por iniciativa do próprio governo, ou pela dificuldade de o governo fazer prevalecer no Congresso os termos de seus acordos políticos.

[349] No caso da composição do CNJ, a coalizão PSDB-PFL não aceitou pagar o elevado custo de ver o nome do jurista patrocinado pelo governador de São Paulo (na ocasião, virtual candidato à presidência da República) recusado por uma maioria de votos no plenário do Senado.

Sob instituições de governo representativo, caberia ao Judiciário lidar com problemas decorrentes de onipotência decisória, como ilustrado no caso aqui tratado. Contudo, ao fazê-lo, o Judiciário confronta-se com um outro problema: a indução ao subcomprometimento (Law, 2005). Afinal, como o STF poderia reverter a decisão do Senado quanto ao CNJ sem deixar de prejudicar a capacidade do Congresso de agir autonomamente em futuras decisões? Ao mesmo tempo, tanto mais complacente seja o STF, tanto menor a propensão dos políticos em aceitar pré-comprometimentos.[350]

[350] Embora a ocorrência da votação no Senado possa ser tomada como um caso muito específico, ela oferece um comportamento do Congresso que contamina a formulação de políticas. Mesmo porque o contratante honesto e o produtor de leis confundem-se na mesma figura de governo (Hadfield, 1999:467).

Bibliografia

ABRAMS, K. Hybridizing citizenship? *University of Richmond Law Review*, n. 37, p. 4, p. 935-958, maio 2003.

ACKERMAN, B.; AYRES, I. *Voting with dollars*: a new paradigm for campaign finance. New Haven: Yale University Press, 2002.

ADLER, J. Rent seeking behind the green curtain. *Regulation*, v. 19, n. 4, p. 1-10, Fall 1996.

ALT, J.; LASSEN, D. Transparency, political polarization and political budget cycles in OECD countries. *American Journal of Political Science*, v. 50, n. 3, p. 530-550, July 2006.

ANDERSON, J.; PRUSA, T. Political markets structure. *NBER Working Paper Series*, n. 8371, July 2001.

APPELBAUM, E.; KATZ, E. Seeking rents by setting rents: the political economy of rent-seeking. *Economic Journal*, v. 97, p. 685-699, Sept. 1987.

BAILEY, M. The two sides of money in politics: a synthesis and framework. *Election Law Journal*, v. 3, n. 4, p. 653-669, 2004.

BAKER, L. Direct democracy and discrimination: a public choice perspective. *Chicago-Kent Law Review*, v. 67, p. 707-730, 1992.

BARKOW, R. More supreme than court? The fall of the political question doctrine and the rise of judicial supremacy. *Columbia Law Review*, v. 102, n. 2, p. 237-336, Mar. 2002.

BARON, D. Theories of strategic nonmarket participation: majority-rule and executive institutions. *Journal of Economics and Management Strategy*, v. 10, n. 1, p. 47-89, Spring 2001.

__________; FEREJOHN, J. The power to propose. In: ORDESHOOK, P. (Ed.). *Models of strategic choice in politics*. Ann Arbor: Michigan University Press, 1989. p. 343-366.

BECKER, G. A theory of competition among pressure groups for political influence. *Quarterly Journal of Economics*, v. 98, n. 3, p. 371-400, Aug. 1983.

__________. Political competition among interest groups. In: J. SHOGREN, J. (Ed.). *The political economy of government regulation*. Boston: Kluwer, 1989. Chapter 2, p. 13-27.

BERTELLI, A.; WHITFORD, A. *Separation of powers and credible commitments*: evidence from perceptions of regulatory quality. 2005. (Department of Public Administration and Policy of the University of Georgia Working Paper Series).

BEVIER, L. Campaign finance regulation: less, please. *Arizona State Law Journal*, v. 34, p. 1115-1121, Winter 2002.

BOEHMKE, F.; PATTY, J. *Voter information and cues in direct legislation settings*. 13 abr. 2002. ms.

BOTTOM, W.; HANDLIN, L.; KING, R. et al. *Institutional modifications of majority rule*. SSRN E-Library, 30 July 2002.

BOUDREAUX, D.; PRITCHARD, A. Rewriting the Constitution: an economic analysis of the constitutional amendment process. *Fordham Law Review*, v. 62, p. 111-162, 1993.

BOWLER, S.; DONOVAN, T. Do voters have a cue? Television advertisements as a source of information in citizen-initiated referendum campaigns. *European Journal of Political Research*, v. 41, n. 6, p. 777-793, Oct. 2002.

BRIFFAULT, R. Distrust of democracy. *Texas Law Review*, v. 63, p. 6-7, p. 1347-1375, Mar./Apr. 1985.

BRONARS, S.; LOTT, J. Do campaign donations alter how a politician votes or, do donors support candidates who value the same things that they do. *Journal of Law and Economics*, v. XL, p. 317-350, Oct. 1997.

BROOK, D. Meta-strategic lobbying: the 1998 steel imports case. *Business and Politics*, v. 7, n. 1, p. 1-24, 2005.

BUCHANAN, J. From redistributive churning to the plantation state. *Public Choice*, v. 51, n. 2, p. 241-243. Sept. 1986.

__________. Tax reform as political choice. *Economic Perspectives*, v. 1(a), p. 29-35, Summer 1987.

__________; CONGLETON, R. *Politics by principle, not interest*. Cambridge: Cambridge University Press, 1998.

__________; TULLOCK, G. *The calculus of consent:* logical foundations of constitutional democracy. Ann Arbor: University of Michigan Press, 1962.

BUTT, S. How voters evaluate economic competence: a comparison between parties in and out of power. *Political Studies*, v. 54, n. 4, p. 743-766, Dec. 2006.

CAIN, B. Cheap talk citizenship: the democratic implications of voting with dollars. *University of Richmond Law Review*, v. 37, n. 4, p. 959-978, May 2003.

CALABRESI, S. Some normative arguments for the unitary executive. *Harvard Journal of Law & Public Policy*, v. 22, n. 1, p. 1-7, Fall 1995.

__________. The structural Constitution and the countermajoritarian difficulty. *Harvard Journal of Law & Public Policy*, v. 22, n. 1, p. 1-7, Fall 1998.

__________; MELAMED, A. Property rules, liability rules, and inalienability: one view of the cathedral. *Harvard Law Review*, v. 85, p. 1089-1128, Apr. 1972.

CAMINKER, E. Sincere and strategic voting norms on multichamber courts. *Michigan Law Review*, v. 97, n. 8, p. 2297-2380, Aug. 1999.

CLARK, S. A populist critique of direct democracy. *Arkansas Law Review*, v. 48, n. 1, p. 23-104, 1998.

COATE, S.; MORRIS, S. On the form of transfers to special interests. *Journal of Political Economy*, v. 103, n. 6, p. 1210-1235, 1995.

COOTER, R. *The strategic constitution*. Princeton: Princeton University Press, 2000.

__________. *Who gets on top in democracy*? Elections as Filters. Berkeley: University of California, 2003. (Center for the Study of Law and Society Jurisprudence and Social Policy Program Working Paper n. 5).

CRAIN, M.; TOLISSON, R. The executive branch in an interest-group theory of government. In: CRAIN, M.; TOLLISON, R. (Eds.). *Predicting politics*: essays in empirical public choice. Ann Arbor: University of Michigan Press, 1990. p. 101-114.

CRAMPTON, E.; FERRANT, A. Expressive and instrumental voting: scylla and charybdis of constitutional political economy. *Constitutional Political Economy*, v. 15, n. 1, p. 77-88, Mar. 2004.

CROMBEZ, C.; GROSECLOSE, T.; KREHBIEL, K. Gatekeeping. *Journal of Politics*, v. 68, n. 2, p. 322-334, 2006.

CRONIN, T. *Direct democracy*: the politics of initiative. Referendum and recall. Cambridge: Harvard University Press, 1989.

DE GROOT, H.; LINDERS, G.; RIETVELD, P. et al. The institutional determinants of bilateral trade patterns. *Kyklos*, v. 57, n. 1, p. 103-124, 2004.

DEMSETZ, H. Information and efficiency: another viewpoint. *Journal of Law and Economics*, v. 12, n. 1, 1969.

DeSHAZO, J.; FREEMAN, J. Public agencies as lobbyists. *Columbia Law Review*, v. 105, n. 8, p. 2217-2309, Dec. 2005.

DEVINS, N. In search of the lost chord: reflections on the 1996 item veto act. *Case Western Reserve Law Review*, v. 47, n. 4, p. 1605-1642, 1997.

__________; WHITTINGTON, K. *Congress and the Constitution*. Durham: Duke University Press, 2005.

DOWNS, A. *An economic theory of democracy*. New York: Harper and Row, 1957. [Tradução brasileira *Uma teoria econômica da democracia*. São Paulo: Edusp, 1999].

EAVEY, C.; MILLER, G. Subcommittee agenda control. *Journal of Theoretical Politics*, v. 7, n. 2, p. 125-156, 1995.

EDLIN, A. If voters wont'n go for taxing oil to conserve energy, how do we do it? *Economists' Voice*, art. 2, p. 1-5, Nov. 2006.

EPSTEIN, L. Who shall interpret the Constitution. *Texas Law Review*, v. 84, n. 2, p. 1307-1315, Apr. 2006.

ESKRIDGE, W.; SCHWARTZ, K. Chevron and agency norm-entrepreneurship. *Yale Law Journal*, v. 115, n. 9, p. 2623-2632. Sept. 2006.

EYLON, Y.; HAREL, A. The right to judicial review. *Virginia Law Review*, v. 92, n. 5, p. 991-1022, Sept. 2006.

FALLON, R. Should we all be welfare economists? *Michigan Law Review*, v. 101, n. 4, p. 979-1025, Feb. 2003.

FARBER, D; SHERRY, S. *Desperately seeking certainty: the misguided quest for constitutional foundations*. Chicago: University of Chicago Press, 2002.

FELLI, L.; MERLO, A. *Endogenous lobbying*. Philadelphia: Center for Analytical Research in Economics and the Social Sciences, University of Pennsylvania, 2000. (Caress Working Paper, n. 00-03).

FEREJOHN, J. Independent judge, dependent judiciary: explaining judicial independence. *Southern California Law Review*, v. 72, p. 353-384, 1999.

__________; ESKRIDGE, W. Super-statutes. *Duke Law Journal*, v. 50, n. 5, p. 1215-1276, Mar. 2001.

FIGUEIREDO, J.; GARRETT, E. *Paying for politics*. 2004. (University of Southern California Law and Public Policy Research Paper n. 014-19).

FITTS, M. The foibles of formalism: applying a political "transaction cost" analysis to separation of powers. *Case Western Reserve Law Review*, v. 47, n. 4, p. 1563-1570, Summer 1997.

FIORINA, M. Legislative choice of regulatory forms: legal process or administrative process. *Public Choice*, v. 39, n. 1, p. 39-66, Apr. 1982.

FREDERICKSEN, P.; LONDON, R. Disconnect in the Hollow State: the pivotal role of organizational capacity in community-based development organizations. *Public Administration Review*, v. 60, n. 3, p. 230-239, May/June 2000.

FREEMAN, J. The contracting state. *Florida State University Law Review*, v. 28, n. 1, p. 155-214, Fall 2000.

FRIEDMAN, B. The birth of an academic obsession: the history of the countermajoritarian difficulty, part five. *Yale Law Journal*, v. 112, p. 153-259, 2002.

__________. The counter-majoritarian problem and the pathology of constitutional scholarship. *Northwestern University Law Review*, v. 95, n. 3, Spring, 2001.

__________. The politics of judicial review. *Texas Law Review*, v. 84, n. 2, p. 257-337, Dec. 2005.

GARDNER, J. Democracy without a net? Separation of powers and the idea of self-sustaining constitutional constraints on undemocratic behavior. *St. John's Law Review*, v. 79, n. 2, p. 293-317, Spring 2005.

GARRETT, E. Who directs direct democracy? *University of Chicago Law School Roundtable*, v. 4, n. 1, p. 17-36, 1997.

__________. The law and economics of "informed voter" ballot notations. *Virginia Law Review*, v. 85, n. 8, p. 1533-1587, Nov. 1999.

__________. Voting with cues. *University of Richmond Law Review*, v. 37, n. 4, p. 1011-1148, May 2003.

__________. E. *California's Hybrid Democracy*. USC Law School and California Institute of Technology, 2005. (Center for the Study of Law and Politics Working Paper n. 39).

__________; LUPIA, A. Voter competence in direct legislation elections. In: ELKIN, S.; SOLTAN, K. (Eds.). *Citizen competence and democratic institutions*. University Park: Pennsylvania State University Press, 1999. Chapter 7, p. 147-160.

__________; SMITH, D. *Veiled political actors:* the real threat to campaign disclosure status. Los Angeles: University of Southern California Law School, 2004. (USC Public Policy Research Paper n. 03-13).

__________; VERMEULE, A. Institutional design of a Thayerian congress. *Duke Law Journal*, v. 50, n. 5, p. 1277-1334, March 2001. Reimpresso em DEVINS, N.; WHITTINGTON, K. (Eds.). *Congress and the Constitution*. Durham: Duke University Press, 2005. p. 242-268.

__________; __________. *Transparency in the budget process*. 2006. (University of Southern California Law School Law and Economics Working Paper Series, n. 44).

GERHARDT, M. The federal appointments process as constitutional interpretation. In: DEVINS, N.; WHITTINGTON, K. (Eds.). *Congress and the Constitution*. Durham: Duke University Press, 2005. p. 110-130.

GILLMAN, H. how political parties can use the courts to advance their agends: federal courts in the United States, 1875-1891. *American Political Science Review*, v. 96, n. 3, p. 511-524, Sept. 2002.

GINTIS, H. *Game theory evolving*: a problem-centered introduction to modeling strategic interaction. Princeton: Princeton University Press, 2000.

GREEN, D.; SHAPIRO, I. *Pathologies of rational choice theory*. New Haven: Yale University Press, 1994.

HADFIELD, G. Of sovereignt and contract: damages for breach of contract by government. *Southern California Interdisciplinary Law Journal*, v. 8, p. 467-537, Spring 1999.

HASSEN, F. *Is there a politically optimal level of judicial independence*? Stanford Law School, 2001. (John M. Olin Program in Law and Economics Working Paper, n. 218).

HAYES, M. *Lobbyists and legislators*: a theory of political markets. Piscataway, NJ: Rutgers University Press, 1981.

HILL, C.; LYNN JR., L. Is hierarchical governance in decline? Evidence from empirical research. *Journal of Public Administration Research and Theory*, v. 15, n. 2, p. 173-195, 2005.

HILLMAN, A.; HITT, M. Corporate political stability formulation: a model of approach, participation and strategy decisions. *Academy of Management Review*, v. 24, n. 4, p. 825-842, Oct. 1999.

HINICH, M.; MUNGER, M. *Analytical politics*. Cambridge: Cambridge University Press, 1997.

HIRSCHL, R. The political origins of judicial empowerment through constitutionalization: lessons from four constitutional revolutions. *Law and Social Inquiry*, v. 25, n. 1, p. 91-149, Winter 2000.

HOESLY, C. Reforming direct democracy: lessons from Oregon. *California Law Review*, v. 93, n. 4, p. 1191-1248, July 2005.

HOWLETT, M. Managing the “Hollow State”: procedural policy instruments and modern governance. *Canadian Public Administration*, v. 43, n. 4, p. 412-431, Winter 2000.

HYLTON, K. Property rules and liability rules, once again. *Review of Law and Economics*, v. 2, n. 2, p. 137-191, 2006.

IARYCZOWER, M.; SPILLER, P.; TOMMASI, M. Judicial lobbying: the politics of labor law constitutional interpretation. *National Bureau of Economic Research Working Paper*, n. 11317, May 2005.

ISSACHAROFF, S. Oversight of regulated political markets. *Harvard Journal of Law & Public Policy*, v. 24, n. 1, p. 91-100, Fall 2000.

__________. KARLAN, P. The hydraulics of campaign finance reform. *Texas Law Review*, v. 77, n. 7, p. 1075-1738, June 1999.

__________; PILDES, R. Politics as markets: partisan lockups of the democratic process. *Stanford Law Review*, v. 50, p. 643-717, Feb. 1998.

KATYAL, N. Judges as advicegivers. *Stanford Law Review*, v. 50, n. 6, p. 1709-1824, July 1998.

__________. Legislative constitutional interpretation. *Duke Law Journal*, v. 50, n. 5, p. 1335-1394, Mar. 2001.

__________. N. Internal separation of powers: checking today's most dangerous branch from within. *Yale Law Journal*, v. 115, n. 9, p. 2314-2349, Sept. 2006.

KIEWIET, D.; McCUBBINS, M. *The logic of delegation:* congressional parties and the appropriations process. Chicago: University of Chicago Press, 1991.

KINGDON, J. *Agendas, alternatives and public policies*. 2. ed. New York: HarperCollins College, 1995.

KONTOROVICH, E. The Constitution in two dimensions: a transaction cost analysis of constitutional remedies. *Virginia Law Review*, v. 91, June 2005.

KUNICOVA, J.; ROSE-ACKERMAN, S. *Electoral rules as constraints on corruption*. 24 Feb. 2003. ms.

LANDES, W.; POSNER, R. The independent judiciary as an interest group perspective. *Journal of Law and Economics*, v. 18, p. 875-902, 1975.

LAW, D. *The paradox of omnipotence*: courts, constitutions, and commitments. 2005. (University of San Diego School of Law Research Paper Series, p. 6-16).

LAWSON, G. Discretion as delegation: the "proper" understanding of the nondelegation doctrine. *George Washington Law Review*, v. 73, p. 235-268, Jan. 2005.

LEVINSON, D. Empire-building government in constitutional law. *Harvard Law Review*, v. 118, n. 3, p. 916-972, Jan. 2005.

__________; PILDES, R. Separation of parties, not powers. *Harvard Law Review*, v. 119, n. 8, p. 2312-2386, June 2006.

LEVMORE, S. Bicameralism: when are two decisions better than one? *International Review of Law and Economics*, v. 12, n. 2, p. 145-162, June 1992.

__________. Precommitment politics. *Virginia Law Review*, v. 82, p. 567-627, May 1996.

__________. Voting paradoxes and interest groups. *Journal of Legal Studies*, v. 28, n. 2, p. 259-281, June 1999.

__________. Public choice defended. *University of Chicago Law Review*, v. 72, n. 2, p. 706-777, Spring 2005.

LIEBMAN, B.; REYNOLDS, K. The returns from rent-seeking: campaign contributions, firm subsidies and the Byrd amendment. *Canadian Journal of Economics*, v. 39, n. 4, p. 1345-1369, Nov. 2006.

LOWENSTEIN, D. Voting with votes. *Harvard Law Review*, v. 116, p. 1971-1994, 2003.

LUNEBURG, W.; SUSMAN, T. *Lobbying disclosure*: a recipe for reform. 2006. (University of Pittsburg School of Law Working Paper Series, paper 45).

MACEY, J. The role of Democratic and Republican parties as organizers of shadow interest groups. *Michigan Law Review*, v. 89, n. 1, p. 1-25, 1990.

__________. Executive branch usurpation of power: corporations and capital markets. *Yale Law Journal*, v. 115, n. 9, p. 2416-2444, Sept. 2006.

MAGILL, E. Beyond powers and branches in separation of powers law. *University of Pennsylvania Law Review*, v. 150, n. 2, p. 603-660, Dec.2001.

__________. *Images of representation*. 2005. (University of Virginia Law School Public Law and Legal Theory Working Paper Series, paper 38).

MALTZMAN, F. The politicized judiciary: a threat to executive power. In: WATERMAN, R.; ROCKMAN, B. (Eds.). *Presidential leadership*: the vortex of power. Los Angeles: Roxbury Publishing Company, 2006.

__________; SPRIGGS, J.; WAHLBECK, P. *Crafting law on the supreme court*: the collegial game. Cambridge: Cambridge University Press, 2000.

MANHEIM, K.; IDES, A. *The unitary executive*. Los Angeles, 2006. (Loyola Law School Legal Studies Paper n. 2006-39).

MASHAW, J. Accountability and institutional design: some thoughts on the grammar of governance. In: DOWDLE, M. (Ed.). *Public accountability*: designs, dilemmas and experiences. Cambridge: Cambridge University Press, 2006. Chapter 5, p. 115-156.

MAYERSON, R. Analysis of democratic institutions: structure, conduct and performance. *Journal of Economic Perspectives*, v. 9, n. 1, p. 77-89, Winter 1995.

McCHESNEY, F. *Money for nothing*: politicians, rent extraction, and political extortion. Cambridge: Harvard University Press, 1997.

__________; "Pay to play" politics examined, with lessons for campaign-finance reform. *The Independent Review*, v. 6, n. 3, p. 345-364, Winter 2002.

McGINNIS, J. Supermajority rules as a constitutional solution. *William & Mary Law Review*, v. 40, p. 365-468, Feb. 1999.

__________.; RAPPAPORT, M. Our supermajoritarian Constitution. *Texas Law Review*, v. 80, n. 4, p. 703-806, Mar. 2002a.

__________; __________. Symmetric entrenchment: a constitutional and normative theory. *Virginia Law Review*, v. 89, p. 101-161, 2003.

MCNOLLGAST. *Conditions for judicial independence*. 2006. (University of San Diego School of Law Legal Studies Research Paper Series, Research Paper n. 07-43).

MILWARD, H. Nonprofit contracting and the hollow state. *Public Administration Review*, v. 54, n. 1, p. 73-77, Jan./Feb. 1994.

__________; PROVAN, K. Governing the hollow state. *Journal of Public Administration Research and Theory*, v. 10, n. 2, p. 359-379, 2000.

__________; __________. Managing the hollow state: collaboration and contracting. *Public Management Review*, v. 5, n. 1, p. 1-18, 2003.

MOE, T. Politic control and the power of the agent. *Journal of Law, Economics & Organization*, v. 22, n. 1, p. 1-29, 2005.

__________. HOWELL, W. The presidential power of unilateral action. *Journal of Law, Economics, and Organization*, v. 15, n. 1, p. 132-179, Spring 1999.

__________; WILSON, S. Presidents and the politics of structure, law and contemporary problems, v. 57, p. 1-44, Spring 1994.

MONDAK, J. Elections as filters. *Political Research Quarterly*, v. 48, p. 701-727, Dec. 1995.

MONTEIRO, J. V. Mecanismos decisórios da política econômica no Brasil: 1965-1982. *Revista IBM*, v. 4, n. 16, p. 18-29, jun. 1983.

__________. *Economia & política*: instituições de estabilização econômica no Brasil. Rio de Janeiro: FGV, 1997.

__________. *As regras do jogo*: o Plano Real, 1997-2000. Rio de Janeiro: FGV, 2000.

__________. *Lições de economia constitucional brasileira*. Rio de Janeiro: FGV, 2004.

__________. O contexto institucional de uma escolha fiscal: A MP 232. *Revista de Administração Pública*, v. 39, n. 1, p. 151-163, jan./fev. 2005a.

__________. Contenciosos constitucionais & indução eleitoral. *Revista de Administração Pública*, v. 39, n. 2, p. 423-437, mar./abr. 2005b.

__________. Economia da crise política. *Revista de Administração Pública*, v. 39, n. 3, p. 799-811, maio/jun. 2005c.

__________. Estado oco & parcerias público-privadas. *Revista de Economia & Relações Internacionais*, v. 5, n. 9, p. 53-76, jul. 2006.

MUELLER, D. *Public choice III*. Cambridge: Cambridge University Press, 2003.

NELSON, J. The supply and demand of campaign finance reform. *Columbia Law Review*, v. 100, n. 2, p. 524-557, Mar. 2000.

NEWBERRY, S.; PALLOT, J. Fiscal (ir)responsability: privileging PPPs in New Zealand. *Accounting, Auditing and Accountability Journal*, v. 16, n. 3, p. 463-492, 2003.

NISKANEN, W. *Bureaucracy and representative government*. Chicago: Aldine, 1971.

NZELIBE, J. Interest groups, power politics, and the risks of two mission creep. *Harvard Journal of Law and Public Policy*, v. 28, n. 1, p. 89-95, Fall 2004.

O'REILLEY, J. "Access to records" versus "access to evil": should disclosure laws consider motives as a barrier to records release? *Kansas Journal of Law and Public Policy*, v. 12, n. 2, p. 559-578, Spring 2003.

ORDESHOOK, P. Constitutional stability. *Constitutional Political Economy*, v. 3, n. 2, p. 137-175, Spring/Summer 1992.

ORTIZ, D. The price of metaphysics: deadlock in constitutional theory. In: BRINT, M.; WEAVER, W. (Eds.). *Pragmatism in law and society*. Boulder: Westiew Press, 1991. p. 311-322.

__________. Pursuing a perfect politics: the allure and failure of process theory, *Virginia Law Review*, v. 77, p. 721-745, May 1999.

__________; ISSACHAROFF, S. *Governing through intermediaries*. 1999. (University of Virginia School of Law Legal Studies Working Paper Series, Working Paper n. 99-6).

OSIATYNSKI, W. Paradoxes of constitutional borrowing. *International Journal of Constitutional Law*, v. 1, n. 2, p. 244-268, Jan. 2003.

OSTROM, E. An agenda for the study of institutions. *Public Choice*, v. 48, p. 3-25, 1986.

PAINTER, C. Review of *Making Public Policy*, by M. Considine. *Public Administration*, v. 84, n. 2, p. 498-501, June 2006.

PARISI, F. Sources of law and the institutional design of lawmaking. *Journal of Public Finance and Public Choice*, v. 19, p. 95-122, 2001.

PAYNE, J. *The culture of spending*: why congress lives beyond our means. San Francisco: ICS Press, 1991.

PELTZMAN, S. How efficient is the voting market? *Journal of Law and Economics*, v. 33, p. 27-63. Apr. 1990.

POSNER, E. Symbols, signals, and social norms in politics and the law (Part II). *Journal of Legal Studies*, v. 27, n. 2, p. 765-798, June 1998.

RAMSAY, I. Interest groups and the politics of consumers bankruptcy reform in Canada. *University of Toronto Law Journal*, v. 53, n. 4, p. 379-423, Fall 2003.

RAMSEYER, J. The puzzling (in)dependence of courts: a comparative approach. *Journal of Legal Studies*, v. 23, n. 2, p. 721-747, June 1994.

RAPPAPORT, M. The selective nondelegation doctrine and the line item veto: a new approach to the nondelegation doctrine and its implications for Clinton vs. New York. *Tulane Law Review*, v. 76, n. 2, p. 265-372, Dec. 2001.

RAWLS, J. *A theory of justice*. Cambridge: Belknap, 1971.

RILEY, J. Constitutional democracy as a two-stage game. In: FEREJOHN, J.; RAKOVE, J.; RILEY, J. (Eds.). *Constitutional culture and democratic rule*. Cambridge: Cambridge University Press, 2001. Chapter 4, p. 147-169.

ROBINSON, G. Public choice speculations on the item veto. *Virginia Law Review*, v. 74, 1988. (Reproduzido parcialmente em M. Stearns [1997], P. 101-109).

RODRIGUEZ, D.; MCCUBBINS, M. *The Judiciary and the role of law:* a positive political theory perspective. 2006. (University of San Diego School of Law Legal Studies Research Paper Series n. 07-33).

RODRIK, P. Tariffs, subsidies, and welfare with endogeneous policy. *Journal of International Economics*, v. 21, n. 3-4, p. 285-299, Nov. 1986.

RUBIN, P. Public choice and tort reform. *Public Choice*, v. 124, n. 1-2, p. 223-236, July 2005.

__________; CURRAN, C.; CURRAN, J. Litigation versus legislation: forum shopping by rent seekers. *Public Choice*, v. 107, n. 3-4, p. 295-310, June 2001.

SAVAS, E. *Privatization and public-private partnerships*. New York: Chatham House, 2000.

SCHACTER, J. The pursuit of "popular intent": interpretive dilemmas in direct democracy. *Yale Law Journal*, v. 105, n. 1, p. 107-169, Oct. 1995.

SCHUCK, P. *The limits of law*: essays on democratic governance. Boulder: Westview Press, 2000.

SHEPSLE, K.; BONCHEK, M. *Analyzing politics*: rationality, behavior, and institutions. New York: W. W. Norton, 1997.

SHOGREN, J. The optimal subsidization of Baptists by bootleggers. *Public Choice*, v. 67, n. 2, p. 181-189, Nov. 1990.

SHUGART, M.; CAREY, J. *Presidents and assemblies*: constitutional design and electoral dynamics. Cambridge: Cambridge University Press, 1992.

SIEGEL, J. *Political questions and political remedies*. George Washington University Law School, 2005. (Public Law Research Paper n.92).

SINCLAIR, B. Can congress be trusted with the constitution? The effects of incentives and procedures. In: DEVINS, N.; WHITTINGTON, K. (Eds.) *Congress and the Constitution*. Durham: Duke University Press, 2005. p. 293-311.

SKELCHER. Does democracy matter? A transatlantic research design on democratic performance and special purpose governments. *Journal of Public Administration Research and Theory*, v. 17, n. 1, p. 61-76, Jan. 2007.

SPENCE, D. A public choice progressivism, continued. *Cornell Law Review*, 2001.

STACK, K. The statutory president. *Iowa Law Review*, v. 90, p. 539-600, 2005.

STEARNS, M. *Public choice and public law*: readings and commentary. Cincinnati: Anderson Publishing Co., 1997.

STEPHENSON, M. "When the devil turns ...": the political foundations of independent judicial review. *Journal of Legal Studies*, v. 32, n. 1, p. 59-89, Jan. 2003.

STRAUSS, P. The internal relations of government: cautionary tales from inside the black box. *Law and Contemporary Problems*, v. 61, n. 2, p. 155-170, Spring 1998.

SUBER, P. *The paradox of self amendment*: a study of law, logic, omnipotence, and change. New York: Peter Lang, 1990.

SUNSTEIN, C. Beyond marbury: the executive's power to say what the law is. *Yale Law Journal*, v. 115, n. 9, p. 2580-2610, Sept. 2006.

SUTTER, D. Constitutions and the growth of government. *Journal of Economic Behavior and Organization*, v. 34, n. 1, p. 129-142, 1998.

__________. Politicians' motives in the rent seeking society. *Managerial Finance*, v. 25, n. 3/4, p. 38-52, 1999.

SWIRE, P. Financial privacy and the theory of high-tech government surveillance. *Washington University Law Quarterly*, v. 77, n. 2, p. 461-512, Summer 1999.

__________. Katz is dead. Long live katz. *Michigan Law Review*, v. 102, p. 904-932, Mar. 2004.

TERRY, L. The thinning of administrative institutions in the hollow state. *Administration & Society*, v. 37, n. 4, p. 426-444, Sept. 2005.

TUERCK, D. Constitutional asymmetry. *Public Choice*, v. 2, p. 27-44, Spring 1967.

TULLOCK, G. The welfare cost of tariffs, monopolies and theft. *Western Economic Journal*, v. 56, p. 224-232, 1967.

__________. The welfare cost of tariffs, monopolies and theft. *Western Economic Journal*, v. 5, p. 224-232, June 1997.

TUSHNET, M. *Taking the Constitution away from the courts*. Princeton: Princeton University Press, 1999.

__________. Non-judicial review. *Harvard Journal of Legislation*, v. 40, n. 2, p. 453-492, Summer 2003.

__________. *Constitutional hardball*. 2004. (Georgetown University Law Center Public Law and Legal Theory Working Paper n. 451960.)

__________. Misleading metaphors in comparative constitutionalism: moments and enthusiasm. *International Journal of Constitutional Law*, v. 3, n. 2-3, p. 262-268, June 2005.

TWIGHT, C. Government manipulation of constitutional level transaction-costs: a general theory of transaction-costs and the growth of government. *Public Choice*, v. 56, n. 2, p. 131-152, 1988.

VERMEULE, A. Veil of ignorance: rules in constitutional law. *Yale Law Journal*, v. 111, n. 2, p. 399-433, Nov. 2001.

__________. Selection effects in constitutional law. *Virginia Law Review*, v. 91, n. 4, p. 953-998, June 2005.

WAGNER, R. Complexity, governance and constitutional craftsmanship. *American Journal of Economics and Sociology*, v. 61, n. 1, p. 105-122, Jan. 2002.

WALDRON, J. The core of the case against judicial review. *Yale Law Journal*, v. 115, n. 6, p. 1346-1406, April 2006.

WEHNER, J. Assessing the power of the purse: an index of legislative budget institutions. *Political Studies*, v. 54, n. 4, p. 767-783, Dec. 2006.

WEIDENBAUM, M. Public policy: no longer a spectator sport for business. *Journal of Business Strategy*, v. 3, n. 4, p. 46-53, 1980.

WILEY JR., J. Antitrust and core theory. *University of Chicago Law Review*, v. 54, p. 556-589, Spring 1987.

WILSON, J. *Political organizations*. Princeton: Princeton University Press, 1973.

__________. *Bureaucracy*: what government agencies do and they do it. New York: Basic Books, 1989.

__________. Are efficiency improvements in government transfer policies self-defeating in political equilibrium? *Economics and Politics*, v. 2, p. 241-258, Nov. 1990.

WISEMAN, J. Principles of political economy: an outline proposal, illustrated by application of fiscal federalism. *Constitutional Political Economy*, v. 1, n. 1, p. 101-124, Winter 1990. (Inaugural issue).

WHITTINGTON, K. *Constitutional interpretation*: textual meaning, original intent, and judicial review. Lawrence: University Press of Kansas, 1999.

WITTMAN, D. *The myth of democratic failure*: why institutions are efficient. Chicago: University of Chicago Press, 1995. [Tradução brasileira *O mito do fracasso da democarcia:* por que as instituições políticas são eficientes. Rio de Janeiro: Bertrand Brasil, 1999].

YANDLE, B. Bootleggers and Baptists: the education of a regulatory economist. *Regulation*, v. 7, n. 3, p. 12-16, May/June 1983.

__________. Bootleggers and Baptists in the market of regulation. In: SHOGREN, J. (Ed.). *The political economy of government regulation*. Norwell, MA: Kluwer, 1989. p. 29-53.

__________. *Bootleggers, Baptists and global warming*. Montana: Political Economy Research Center, Nov. 1998. (PERC Policy Series, n. 14).

__________. Bootleggers and Baptists in retrospect. *Regulation*, v. 22, n. 3, p. 5-7, 1999.

Apêndice A

A separação de poderes em operação

Não obstante a desordem institucional em que opera a economia brasileira (Monteiro, 2004), em 2004 pôde-se observar, na aprovação do PL nº 2.546 (do qual se originou a Lei nº 11.079), como é importante o funcionamento das instituições de governo representativo. A trajetória desse projeto de política pública (PPP) é uma ocorrência muito relevante – corriqueiramente relevante, em uma democracia constitucional –, sem que por isso tenha merecido a devida notoriedade na discussão econômica e política nacional.

O fato sob consideração é sumariado na tabela 4.

A feitura da Lei nº 11.079
Política de parcerias público-privadas

Ponto do tempo	Versão ou estágio
19-11-2003, Executivo	PL nº 2.546: apresentação à Câmara dos Deputados
18-2-2004, Câmara dos Deputados	Aprovação na Comissão Especial
17-3-2004, Câmara dos Deputados	Aprovação no Plenário da Câmara
4-5-2004, Senado Federal	Aprovação na Comissão de Infra-Estrutura
18-11-2004, Senado Federal	Aprovação na Comissão de Assuntos Econômicos
9-12-2004, Senado Federal	Aprovação na Comissão de Constituição e Justiça
22-12-2004, Senado Federal	Aprovação no Plenário
22-12-2004, Câmara dos Deputados	Aprovação no Plenário
30-12-2004, Executivo	Sanção[351] da Lei nº 11.079

Por essa tramitação legislativa infere-se como é saudável para a democracia que o arranjo decisório multicameral seja deixado operar como previsto na Constituição.[352] A virtude desse processo decorre das diferentes perspectivas sob as quais uma proposta de política passa a se sujeitar:

[351] Com veto parcial. Ver adiante neste mesmo apêndice.

[352] Basicamente, esse arranjo envolve o Executivo, o Legislativo (comissões e plenários da Câmara dos Deputados e do Senado Federal) e a instância eventual do Judiciário (STF).

- o presidente da República dá início ao jogo de política apresentando sua proposta *x*, no caso o PL nº 2.546. Nessa etapa é dominante a peculiaridade de o presidente, entre todos os políticos, ser aquele que representa o reduto eleitoral mais amplo e diversificado; ademais, somente ele se confronta com a limitação do tempo contínuo em que pode exercer esse papel no jogo: no máximo oito anos. Por certo que outras influências determinarão o *timing* e o teor dessa proposta, mas fundamentalmente são esses os dois parâmetros mais fundamentais a explicar o seu comportamento;
- a fase propriamente legislativa passa a ocorrer, com a manifestação de um processo de escolhas majoritárias envolvendo 513 deputados.
  Distintamente do presidente, esses são políticos que têm conexão com um reduto eleitoral bem mais restrito e homogêneo; igualmente, podem buscar a renovação – junto a seu patrocinador – de sua condição de agente, a cada quatro anos, sem a limitação do número de mandatos sucessivos. Em adição, nessa escolha legislativa majoritária opera outra relevante relação agente-patrocinador: o Plenário da casa legislativa delega poderes, funções e recursos a subgrupos de deputados que passam a operar como especialistas no âmbito de jurisdições bem definidas: as comissões. No caso sob análise, a passagem do PL nº 2.546 na Câmara, por exemplo, deu-se em uma Comissão Especial integrada pelas comissões de Economia, Indústria e Comércio, Trabalho, Administração e Serviço Público, Finanças e Tributação, e Constituição e Justiça e de Redação.[353] É essa decisão que será, então, submetida à votação majoritária pelo plenário da respectiva casa legislativa, o que ocorreu com a política aprovada pelos deputados, como sendo $y(x)$, que apresenta maior ou menor semelhança com x;[354]
- da Câmara a decisão passa pelo filtro de outra decisão coletiva que, a princípio, opera sob um conjunto de induções específicas: a escolha majoritária dos 81 senadores. Esses são políticos que têm redutos eleitorais pelo menos tão amplos – e possivelmente mais abrangentes – quanto os dos deputados, o mesmo valendo para a diversidade de demandas de seus eleitores com as quais eles se confrontam; quanto ao horizonte relevante de suas decisões, os senadores contemplam um período que é o dobro do que predomina no cál-

[353] A propósito, perceba o leitor nessa formação tão diversificada um sinal da complexidade da política de parcerias (Monteiro, 2006).
[354] O arranjo em comissões opera como um *sui generis* poder do *agente* perante o seu *patrocinador*, na medida em que o que é votado no Plenário, $y(x)$, é a proposta (substitutivo) da preferência da maioria dos membros da comissão: trata-se de um poder de veto *ex ante*.

culo de estratégias do deputado, ou seja, oito anos. Por igual, vale para os senadores a restrição da decisão em jurisdições específicas: como detalhado na tabela, a proposta de política de parcerias passou por três filtros internos: Comissão de Serviços de Infra-Estrutura (4-5-2004), Comissão de Assuntos Econômicos (18-11-2004) e Comissão de Constituição, Justiça e Cidadania (9-12-2004). Outra vez, é após esse circuito de decisões tomadas segundo diversas óticas especializadas que a proposta chegou ao plenário do Senado para aprovação por regra de maioria, possivelmente com a determinação $y'(x) \neq y(x)$;[355]

- instruído pela alta gerência econômica do Executivo, o presidente poderá então reentrar nesse jogo, desde que perceba que $y'(x)$[356] é significativamente diferente de x. Dessa vez ele recorre a um outro seu poder legislativo: o poder de veto *ex post*, vale dizer, vetando parcial ou totalmente o texto aprovado no circuito do Congresso Nacional.[357] Por certo que esse jogo não necessariamente termina aqui. Possibilidades adicionais são a derrubada do veto presidencial por uma coalizão majoritária no Congresso[358] e a revisão judicial (STF), quando pode ser argüida a inconstitucionalidade de um ou mais aspectos do projeto aprovado no Congresso e sancionado pelo presidente da República.

O que é notável nessa transformação do PL nº 2.546 na Lei nº 11.079 é a possibilidade de que os mecanismos de tão complexa política viessem a ser aperfeiçoados na longa e criteriosa deliberação dos legisladores. O projeto das PPPs, tal como originariamente apresentado pelos burocratas, é, por certo, muito cru em face da versão terminal aprovada na CCJ do Senado e que, afinal, foi o texto logo em seguida aprovado nos plenários do Senado e da Câmara e levado à sanção do presidente da República. Apesar dos entreveros ocorridos em torno do assunto e que contrapõem "situação" e "oposição", muitas vezes, por questões político-eleitorais, essa é uma ocor-

---

355 Para simplificar, ignora-se nessa argumentação a possibilidade de ocorrer um *loop*, quando $y(x)$ e $y'(x)$ forem consideradas regimentalmente distintas, a ponto de as fontes de diferença virerem a ser reconsideradas na etapa legislativa precedente, isto é, com o projeto voltando à deliberação dos deputados – o que efetivamente ocorreu, como indicado na tabela deste apêndice.

356 No caso, o substitutivo da CCJ do Senado e aprovado sucessivamente nos plenários do Senado e da Câmara.

357 Ao sancionar a Lei nº 11.079, o presidente da República vetou parcialmente a versão do projeto de PPP aprovado pelo Congresso. Os vetos incidiriam sobre o inciso II do art. 11 (realização de obra pública envolvida na parceria) e o terceiro parágrafo do art. 28 (comprometimento de receita líquida das empresas públicas).

358 De acordo com as regras definidas no art. 66 da Constituição.

rência muito louvável e que há muito não se observava na democracia representativa brasileira.

Trata-se de uma rara ocasião em que os procedimentos constitucionais foram deixados operar em toda sua extensão. Um expressivo – embora tardio – teste da arquitetura da Constituição. Não obstante as virtudes da feitura da Lei nº 11.079, desde a ocasião de sua entrada em vigor o comprometimento público, tanto quanto o privado, para com a política de PPP foi virtualmente deixado de lado ao longo de 2005/06. Estimo que a razão para tal descaso tenha sido o pouco tempo disponível para operacionalizar diversos projetos de parcerias bem-sucedidos e, assim, gerar resultados significativos para serem capitalizados eleitoralmente. Antecipando essa circunstância, o setor privado também parece ter dado trégua em sua pressão para que o novo arranjo institucional viesse a ser testado.[359] É muito provável que, diante das sérias limitações orçamentárias com que o governo se confronta para estimular o crescimento da economia brasileira a partir de 2007 – portanto, passada a eleição –, o tema das PPPs volte a ganhar atenção, notoriedade e um comprometimento mais firme do que até aqui observado.[360]

Eis aí um exemplo de ciclo político-eleitoral como conceituado ao longo de todo este texto.

---

[359] Para variados exemplos da pressão exercida por grupos de interesses preferenciais, quando da passagem legislativa da política das PPPs, ver Monteiro (2006).

[360] Em aviso da Agência Nacional de Transportes Terrestres (ANTT) no *Diário Oficial da União*, Seção 3, 6 set. 2006, são divulgadas minutas de edital e contrato referentes à primeira PPP do governo federal. Trata-se de projeto de restauração e aumento de capacidade das rodovias BR-116 e BR-324, que ligam Salvador a Feira de Santana, na Bahia. A proposta do orçamento da União de 2007 aloca R$ 44 milhões para a contraprestação pública nessa PPP. Sobre aspectos controversos desse primeiro edital de PPP, ver "Regras criam dúvidas sobre retorno previsto para PPP da União", *Valor Econômico*, 25 set. 2006, Brasil, A3.

Apêndice B

Déficit de democracia

O poder tão vigoroso e extenso do Executivo nas escolhas públicas decorre, em grande parte, do próprio processo decisório do Congresso Nacional, uma vez que é o Executivo que operacionaliza os projetos de lei aprovados no Congresso.[361] Com isso, recursos e poder discricionário que vêm incorporados a essa tarefa inescapavelmente sustentam e ampliam o poder do presidente da República e dos burocratas do Executivo (Macey, 2006:105).

Quantidade emitida de medidas provisórias no governo Lula (2003-06)*

Situação	2003	2004	2005	2006
Convertidas em lei	55 (30)	76 (49)	35 (18)	58 (43)
Tramitando	27 (27)	10 (10)	16 (16)	19 (19)
Revogadas	1 (1)	–	1 (1)	–
Rejeitadas	–	4 (4)	3 (3)	2 (2)
Prejudicadas	–	–	2 (2)	–
Perda de eficácia**	–	2 (2)	3 (2)	3 (3)
Total***	58	65	42	67
MP/leis****	46,4%	36,5%	29,4%	51,5%

*Os números entre parênteses representam a quantidade de MPs com data de emissão do ano indicado na respectiva coluna; **caso não seja convertida em lei no prazo constitucional (art. 62, §3º) e, de acordo com a Resolução nº 1, 2002-CN, de 8 de maio de 2002 (parágrafo único do art. 14), a MP perde a validade; ***há um estoque de 53 outras MPs que, emitidas sob o regime anterior à EC nº 32 (11-9-2001), ainda preservam seu *status* de medida provisória; ****equivalência da produção de MPs em termos de leis aprovadas no Congresso Nacional no respectivo ano, descontadas as leis de conversão e as de revogação de MPs.

361 Este apêndice retoma, com evidências empíricas do caso brasileiro, a questão tratada no quadro 2, capítulo 3, dos condicionamentos sob os quais opera a separação de poderes na democracia constitucional.

Todavia, desde 1988 atribui-se[362] ao presidente da República e, por extensão, à alta gerência do Executivo, o poder de emitir leis que envolvem a anuência *ex post* do Congresso. Desse modo, deputados e senadores devem reagir a fatos consumados pela entrada em vigor da MP.[363] Em 2003-06,[364] esse peculiar poder de propor atribuído ao Executivo equipara-se em volume a cerca de dois quintos da produção de leis originadas no Congresso Nacional, como indicado na tabela.[365]

Esse segundo fator de poder do Executivo nas escolhas públicas está associado ao argumento convencional de que os problemas de política apresentam-se em janelas de oportunidade que muito rapidamente podem se fechar, demandando, desse modo, pronta tomada de decisão e feitura de leis (Kingdon, 1995, cap. 8). Em verdade, essa tem sido a mais freqüente linha de argumentação entre os que defendem esse formato de lei.[366]

---

[362] Art. 62 da Constituição. O conjunto de regras que regem o mecanismo de MP se apresenta em dois regimes distintos: a) de 5 de outubro de 1988 a 11 de setembro de 2001; b) atual: pós EC nº 32, de 11 de setembro de 2001.

[363] A experiência do presidencialismo norte-americano também revela uma peculiar fonte de concentração de poder legislativo na participação do Executivo, no jogo de escolhas públicas. Trata-se dos *signing statements*, recurso de uso posterior à aprovação de leis pelo Congresso e que permite ao presidente alterar unilateralmente o sentido de provisões em uma lei aprovada na legislatura; como tal, esse recurso já foi equiparado ao veto absoluto (Manheim e Ides, 2006).

[364] Para evidências detalhadas da época áurea do uso de MP, ou seja, ao longo do período 1994-2001, ver Monteiro (1997, 2000).

[365] No entanto, em determinadas circunstâncias, o uso do mecanismo das MPs pode ser ainda mais substancial do que o indicado na tabela. Nos subperíodos 1-1 a 14-8-2006, e 1-1 a 24-11-2006, por exemplo, não mostrados na tabela deste apêndice, essa proporção supera quatro quintos dessa produção. Portanto é inegável que, em algumas conjunturas, o sistema de separação de poderes pode ser virtualmente desabilitado.

O significado empírico do uso de MP na trajetória do Plano Real, entre 1994 e meados de 2001, é discutido em Monteiro (1997, 2000). A emissão de MP e suas conseqüências continuam sendo um contencioso inesgotável entre Congresso e Executivo. Para uma evidência de mais uma fase desse *cabo-de-guerra*, reflita o leitor sobre a seguinte observação "(...) a Câmara não vota um projeto que não seja Medida Provisória desde 23 de Março [de 2006]. No Senado, há mais de três meses a pauta está trancada com MP. Só em Abril houve uma janela de dois dias, quando foram votados alguns projetos" ("Governo e oposição acusam-se por falta de votações", *Valor Econômico*, 4 jul. 2006, A6). Igualmente, ao início de setembro de 2006, 20 MPs trancavam os trabalhos legislativos da Câmara ("Acordo pode limpar a pauta do Plenário", *Jornal da Câmara*, 8[1707], 4 set. 2006, 3). Todavia essa disfunção torna-se ainda mais grave, pois que, quando da decisão de "destrancar a pauta", vota-se sumariamente um conjunto de leis que mereceriam reflexão e debate mais apurados. Para um exemplo, ver a sessão da Câmara dos Deputados na noite de 4 de setembro de 2006, quando 18 das citadas MPs foram aprovadas e duas, rejeitadas ("Plenário vota 20 MPs e desbloqueia pauta", *Jornal da Câmara*, 5 set. 2006, 1 e 3). Esse é o *processo deliberativo da pressa*, quando as soluções são concebidas e traduzidas na lei, antes que os problemas sejam apropriadamente entendidos (Levinson e Pildes, 2006:2339, nota 116).

[366] Complementarmente, o recurso das MPs ajusta-se à argumentação convencional quanto à centralização decisória no Executivo: disponibilidade de informação, tomada de decisão conclusiva e habilidade de administrar ingerências externas.

Tal ponto de vista pode ser tornado mais refinado quando se consideram (Macey, 2006:108):

- a natureza crescentemente precisa da formação de preferências da alta gerência do Executivo, comparativamente ao que ocorre na legislatura, com suas divisões em linhas partidárias e mesmo nas diferenciações de correntes dentro de um mesmo partido;
- a janela de oportunidade de política econômica é ainda mais breve e significativa quando um novo tema de política irrompe, tal qual em uma crise.

Essas duas vertentes destacam o Executivo como o departamento de governo que opera sob um menor número de restrições ou, ainda, sob restrições mais flexíveis, para coordenar e operar uma política pública.

Com o uso do substancial poder de legislar por parte dos burocratas, são questões fundamentais para que melhor se entendam os condicionamentos com que opera o sistema de separação de poderes (Gardner, 2005:298):

- Por que – e sob quais circunstâncias – o Executivo pôde ser levado a expandir seus poderes, apropriando-se de prerrogativas exercidas pelo Congresso e, em certas circunstâncias, mesmo pelo Judiciário?
- Como – e por quais meios – pode o Executivo buscar exercer autoridade, formal e substancialmente alocada ao Congresso?[367]
- Como têm reagido deputados e senadores que, ao fim e ao cabo, estão sujeitos a esse tipo de invasão?[368]
- O que persuade o Executivo – que tenha o propósito de se expandir nessa frente legislativa – a retroceder diante da resistência encontrada?
- A não-usurpação dessa classe de autoridade pode ser uma estratégia bem-sucedida, e, caso não o seja, qual a razão disso?[369]

---

367 Apesar de o mecanismo de emissão de MP ser reconhecido nas regras constitucionais, essa "apropriação" decorre da intensidade com que esse mecanismo tem sido acionado (Monteiro, 1997, 2000, 2004); ademais, ao longo do tempo, a prática desse padrão de feitura de leis acabou por gerar inúmeros submecanismos, entre os quais o controle da agenda legislativa do Congresso.

368 Cientes do potencial estratégico das MPs, oposição e situação optaram por manter os graus de liberdade que a emissão de MP confere a quem detenha a autoridade de governar. A propósito, vale lembrar que somente em 11 de setembro de 2001 é que as lideranças políticas se dispuseram a aprovar a primeira reformulação do regime de emissão de MP, com a EC nº 32.

369 Tal qual o veto presidencial, o significado estratégico do mecanismo de MP estende-se a seu uso dissuasório, ou seja, em diversas circunstâncias a MP tem efeito significativo no condicionamento do processo decisório do Congresso, mesmo que nenhuma MP seja emitida.

Em certo sentido, a política partidária recondiciona os incentivos a que estão sujeitos os legisladores e o presidente da República. Um exemplo é o fato de um ou mais partidos poderem transformar a presidência da República em um contrapeso genuinamente independente do Congresso (Levinson e Pildes, 2006:2321): os interesses políticos do presidente da República se afastam de um suposto papel apropriado que ele desempenharia nesse sistema constitucional; em troca, tais interesses andam a reboque de interesses partidários. Ou, visto de outra forma, os ocupantes dos postos no Executivo e no Congresso passam a ter poder e motivações atadas a temas de políticas públicas e eleições – o que configura incentivos a que eles sejam amplamente indiferentes aos poderes e interesses dos departamentos de governo *per se* (Levinson e Pildes, 2006:2323). Lamentavelmente, questões como as aqui apresentadas têm sido mantidas à margem de propostas de "reforma política" na economia brasileira. No entanto a desabilitação da separação de poderes pode estar fundamentalmente entrelaçada a uma separação de partidos em sua localização no Executivo e no Congresso.[370]

Por outro lado, as estratégias de veto e de emissão de MP podem estar fortemente associadas umas às outras – o que reconfigura as possibilidades de uso do veto presidencial. Considere o leitor o seguinte exemplo de incentivo tributário. Ao final de 2006, houve expressiva mobilização da classe dos artistas com o fim de pressionar senadores ante a votação do Projeto de Lei de Incentivo ao Esporte (PLC nº 118-06) na Comissão de Educação do Senado Federal. Os artistas temiam perder estímulos a projetos culturais (Lei nº 8.313, de 23-12-1991, ou "Lei Rouanet", que criou o Programa Nacional de Apoio à Cultura [Pronac]) que passariam a ser compartilhados com as atividades esportivas. Em um pronto atendimento, senadores, artistas e desportistas acordaram quanto à diferenciação de incentivos fiscais: tanto a cultura quanto o esporte passariam a ser servidos por benefícios providos por vias fiscais distintas ("Atletas e artistas chegam a acordo para projeto de incentivo", *O Estado de S. Paulo*, 13 dez. 2006, Nacional, A5). Em verdade, a mobilização provou ser muito efetiva: não apenas o projeto foi modificado, mas, no mesmo dia (13-12-2006), o PLC nº 118-06 foi aprovado na comissão e no plenário do Senado. No entanto a Câmara dos Deputados – ao se pronunciar uma segunda vez, em razão de seu PLC nº 118 ter sofrido mudanças no Senado Federal – acabou por anular o acordo fechado por artistas, desportistas, senadores e governo, aprovando o texto da Lei nº 11.438, de 29 de dezembro de 2006. Como foi contornada a rebeldia do plenário da Câmara? Restabeleceu-se o acordo inicial obtido no Senado, com a emissão da MP nº 342, de 29 de dezembro de 2006, que neutralizou os efeitos da decisão impertinente dos deputados.

Perceba o leitor a flexibilidade de que dispõe o Executivo na feitura de leis. Foi possível ao presidente da República dispensar-se de vetar a Lei nº 11.438, recorrendo, ao invés, ao instrumento da MP que contornou os pontos que o Executivo considerou impróprios na deliberação dos deputados.

[370] Assim, por exemplo, diante da eleição de 2006, era razoável antecipar que, com a possibilidade de o PT vir a deter o comando do Executivo, porém atuando como força minoritária no Congresso, a competição partidária é que alimentaria a separação de poderes. Em contraposição, com o PT aliando-se ao PMDB como coalizão majoritária, a engrenagem da competição partidária seria removida da estrutura interna de governo e, assim, se dissiparia a competição entre Executivo e Congresso (Levinson e Pildes, 2006:2329). O potencial de uso de MPs, por outro lado, ficaria reconfigurado, numa e noutra circunstância.

Por certo que tanto o Congresso quanto o Judiciário poderiam ter, ao longo dos últimos 10 ou 15 anos, se empenhado em neutralizar essa tendência de um departamento do governo se tornar tão poderoso. Durante os anos 1990, secundando a operacionalização do Plano Real, por exemplo, Congresso e STF preferiram referendar tacitamente o substancial fluxo de MPs que deu forma a essa política de estabilização de preços.

De fato, a dissipação da separação de poderes na economia brasileira deve-se em grande parte à abdicação, por longo tempo, do Congresso Nacional em interferir na trajetória das leis emitidas pelo presidente da República (especialmente em política econômica) e à conseqüente aceitação de ele próprio legislar sobre temas marginais.[371]

Isso se deu pelo elevado custo político em que se incorreria rejeitando ou impugnando parcialmente muitas dessas leis em formato de MP que cuidavam de privatizações, operações de socorro ao mercado bancário, indexações (Unidade Real de Valor – URV) e desindexações (introdução do real) generalizadas promovidas na economia nacional. Todavia a estratégia de *logrolling* coordenada pelas lideranças dos partidos da coalizão que detenham o mando no Executivo – e, muito especialmente, o comando da Câmara dos Deputados e do Senado Federal – muito contribui para o sucesso de minimizar o peso da legislatura na determinação das escolhas públicas.

Esse expansionismo legislativo do Executivo tem ocorrido muito mais por ser conveniente a todas as partes envolvidas do que em troca de um impasse institucional de grandes proporções.[372] Com isso, a autonomia decisória das

---

Outro tema com forte vinculação à representação política e ao comportamento dos políticos que tem sido sistematicamente excluído da "reforma política" no Brasil é o disciplinamento da atividade de *lobbying* nos moldes discutidos no capítulo 8, à margem da figura 27.

371 Em termos mais abstratos, pode-se afirmar que, por questões institucionais que vão desde as pressões decorrentes da conexão eleitoral até os elevados custos de coordenar uma decisão majoritária (*custos de transação*), o Congresso é uma fonte de restrição muito frágil às ações do presidente da República (Stack, 2005:542).

372 Contudo, do ponto de vista da Constituição, essa é uma cooperação perversa, uma vez que a persistência em conviver com implicações negativas do uso do mecanismo de MP é uma estratégia que tanto pode servir para contornar (ou mesmo apagar) as próprias regras constitucionais, quanto para se adaptar a essas regras (Gardner, 2005:305). Outra frente em que o poder legislativo do Executivo é reforçado está implícita na variada e complexa delegação desse poder aos burocratas das agências reguladoras. Tal complexidade se expressa sobretudo pelo fato de que o presidente da República tem, a princípio, um poder limitado sobre o processo decisório dessas agências. Não obstante, no frágil arranjo institucional da economia brasileira, há algum espaço para o condicionamento político dessa independência formal. Ver, a propósito, o "caso Anatel", em Monteiro (2004:188-191), e "Hélio Costa abre crise e ameaça intervir na Anatel", *O Estado de S. Paulo*, 18 ago. 2006, Economia, B8.

duas casas legislativas passou a assumir uma configuração *ad hoc*, sendo negociada tema a tema, segundo o melhor dos interesses da coalizão no poder. Somente em 2001 (EC nº 32, 11-9-2001), possivelmente levada pela incerteza eleitoral (Monteiro, 2004:142), a classe política optou pela introdução de um regime mais restritivo de feitura de leis pelo Executivo.[373]

Figura 29
A participação do Executivo na feitura de leis: regime pós-EC nº 32

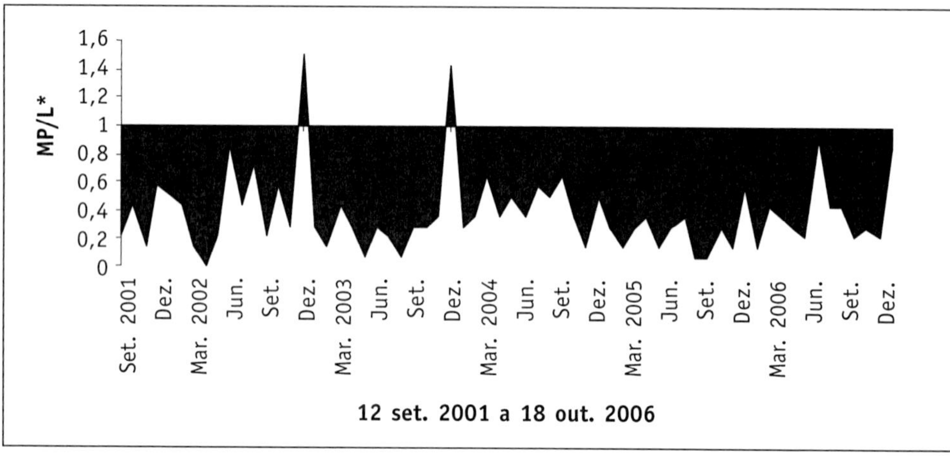

[373] Essa é a mesma incerteza que se descortina no ano eleitoral de 2006 e que poderá levar os legisladores a, mais uma vez, restringir adicionalmente o regime de emissão de MP, por exemplo, com a aprovação da PEC nº 511/2006 que, em junho de 2006, tramitava na Câmara dos Deputados.
Em outra vertente, o Congresso também já poderia, desde longa data, ter recorrido a seus poderes para aumentar o seu controle sobre a lei orçamentária aprovada na legislatura. Essa seria uma significativa melhoria institucional: ter o orçamento da União executado em bases substancialmente próximas daquelas aprovadas por uma maioria dos representantes eleitos. Da forma que opera atualmente, a aprovação do orçamento corrompe o próprio processo orçamentário público, uma vez que todos os envolvidos antecipam um elevado grau de uso de contingenciamento e de veto na lei aprovada; isso viabiliza que deputados e senadores se ocultem sob responsabilidades difusas. Tal prática também evade o processo eleitoral, pois o Congresso acaba suplantado em suas escolhas orçamentárias pelas preferências da alta gerência econômica do Executivo. Essa pode ser uma ocorrência conveniente à gerência pública, porém é péssima da perspectiva da democracia representativa: implicitamente, trata-se da transferência de poder decisório dos que detêm mandato eletivo para agentes de decisão sem mandato eletivo. Tal ocorrência (tanto quanto a emissão de MP) tipifica, em certa extensão, um *dilema contramajoritário* (Monteiro, 2004:41) e a reação dos legisladores, numa e noutra frente, no entanto, tem sido muito mais a de buscar transferir poder de decisão para o Congresso do que propriamente restabelecer uma forma viável de operação do sistema de separação de poderes.
A figura 29 pode ser reinterpretada em um sentido oposto ao que foi apresentado. A tolerância do Congresso Nacional quanto ao poder legislativo do Executivo seria um problema de *auto-expansão do Congresso*: não obstante os incentivos de que dispõem para sustentar sua própria autoridade, deputados

Como anteriormente mencionado, a emissão de MP exemplifica um *dilema contramajoritário*.[374]

Até meados de 2001, o fenômeno das MPs desenvolvia-se por uma trajetória em que a relação MP/L*, ou seja, a quantidade mês a mês de MP em unidades de leis produzidas no Congresso Nacional, em muito excedia a proporção 1:1 (Monteiro, 2004:232, fig. 16). Em contraposição, a figura 29 mostra que essa mesma trajetória, sob o novo regime de emissão de MP instituído pela EC nº 32, revela um comportamento bem mais contido.[375]

Em meados da década de 2000, tal desempenho da produção de MP também pode ser visto pelo ângulo da relação do Executivo com ele próprio, ou seja, da divisão interna de poderes detidos pelos burocratas (Katyal, 2006). Nessa reconfiguração da separação de poderes, é central o papel desempenhado pela alta gerência econômica que, de fato, detém a iniciativa da emissão de MP. Igualmente, por corolário, torna-se necessário visualizar algum tipo de mecanismo de coordenação decisória que preencha, no âmbito dessa separação "interna" de poderes, o papel que a alocação tripartite de funções, poderes e recursos entre Congresso, Executivo e Judiciário desempenha no sistema constitucional de separação de poderes.[376]

Em janeiro de 2007, a introdução do Programa de Aceleração do Crescimento, PAC 2007-2010, voltou a demonstrar como o governo pode instrumentar vigorosamente uma complexa escolha pública: o PAC processa-se por meio de oito MPs (nºs 346 a 353, de 22 de janeiro de 2007), dois projetos de lei sob a

---

e senadores não atuam nesse sentido. Por boa parte do período 1994-2001, por exemplo, a coalizão majoritária no Congresso compartilhou a mesma ideologia do Executivo e, assim, o Congresso fazia escolhas públicas a um menor grau de exposição aos custos dessas políticas, por via de MPs emitidas pelo Executivo (Levinson, 2005:954). Ou ainda, com as MPs, o Congresso não se terá autolimitado em seu poder decisório, mas sim exercitado indiretamente esse poder!

A valer tal interpretação, o uso tão intenso e persistente de MP não compromete tão severamente o sistema da separação de poderes; afinal, o Executivo não estaria prevalecendo sobre o Congresso na feitura das leis.

374 Ver quadro 4 no capítulo 5.

375 Tal qual o procedimento adotado em Monteiro (2000, 2004), nessa figura *L** indica a quantidade de leis aprovadas na legislatura, já descontado o número de leis de revogação e de conversão de MP, isto é, aquelas que, originadas de MP, não caracterizam uma decisão inteiramente autônoma tomada pelo Congresso. Ao mesmo tempo, *L** é calculada como média dessa produção de leis por todo o período da trajetória mostrada na figura. A propósito, nos anos 1990 – portanto sob o regime anterior à EC nº 32 – a equivalente *mancha preta* da figura 29 aparecerá sistematicamente *acima* do eixo horizontal (Monteiro, 2004:232).

376 Para uma importante evidência nessa direção, cabe refletir sobre a experiência brasileira de arranjos colegiados a que se recorreu tão intensamente entre meados das décadas de 1960 e 1970 (Monteiro,1983).

cláusula de urgência (art. 64, §1º. da Constituição) e por pelo menos dois decretos (n°s 6.006 e 6.025, ambos de 22 de janeiro de 2007). Tal processo torna o governo refém de sua iniciativa de promover o crescimento econômico e, para escapar disso, deverá ceder poder decisório a outras instâncias como a legislatura e o colegiado de governadores dos estados.[377]

[377] "Os processos do PAC – III", *Estratégia Macroeconômica*, v. 15, n. 363, 26.2.07).

Impressão e acabamento

psi7 | BOOK7